Helmut Krebs

Klassischer Liberalismus

Die Staatsfrage – gestern, heute, morgen

herausgegeben und mit einem Aufsatz von
Michael von Prollius

FORUM FREIE GESELLSCHAFT

FSC
www.fsc.org
MIX
Papier aus verantwortungsvollen Quellen
Paper from responsible sources
FSC® C105338

Bibliografische Information der Deutschen Nationalbibliothek:

Die Deutsche Nationalbibliothek verzeichnet diese Publikation in der Deutschen Nationalbibliografie; detaillierte bibliografische Daten sind im Internet über http://dnb.dnb.de abrufbar.

Herstellung und Verlag: BoD - Books on Demand, Norderstedt
Umschlaggestaltung: Björn von Prollius
Layout: Susanne Junge

ISBN 9-783-7357-7957-1

Inhaltsverzeichnis

Vorwort **9**

David Hume – Begründer der klassisch-liberalen Staatslehre **13**

I. Kooperation 14

II. Konventionen 14

III. Recht 16

IV. Gesellschaftsordnungen 25

John Locke – Begründer der modernen Staatslehre **31**

Die Rechtfertigung staatlicher Macht 32

Die Frage des Souveräns 32

Die Begründung der Volkssouveränität 32

Das Naturrechtsmodell 33

Die Initialisierung der staatlichen Macht 34

Die Bindung der staatlichen Macht an das Allgemeinwohl 35

Die Bindung der Staatsmacht an das Gemeinwohl 36

Die Gefährdung des Rechts durch die menschliche Natur 37

Die Technik der Verhinderung absoluter Staatsmacht 38

Widerstandsrecht und Revolution 40

Lockes Rolle als Vorläufer und Begründer liberaler Ideen 41

Die Grenzen von Lockes Argumentation im Vergleich zu Hume 42

Immanuel Kant – Kritik und Neubegründung **45**

I. Der Vernunftbegriff des Rechts 47

II. Das Privatrecht: Eigentum 52

III. Das öffentliche Recht: die Begründung des Rechtsstaates........59

IV. Völkerbund........67

Wilhelm von Humboldt – die Grenzen der Wirksamkeit des Staates........69

Einleitung........69

Die Liberalen in Deutschland Ende des achtzehnten Jahrhunderts.71

Programm zur Begrenzung des Umfangs staatlichen Wirkens.......72

Absage an den Wohlfahrtsstaat........73

Absage an den moralischen Staat – gegen Einmischung in Erziehung, Religion und Sitten........74

Für die Freiheit der Wissenschaft, der Rede und der Künste..........79

Die Aufgaben des Staates........80

Gesellschaft und Staat........84

Nationalanstalten........86

Humboldt, ein Denker an der Zeitwende........86

Claude-Frédéric Bastiat – Kämpfer gegen einen neuen Absolutismus........89

Kampf gegen den Interventionismus........90

Die Staatsphilosophie Bastiats........93

Was ist das Gesetz?........93

Das Recht auf Verteidigung und die Grenzen der Gewalt..............94

Die Wirklichkeit des Staates........95

Die Perversion des Gesetzes........96

Primitiver Egoismus........96

Fehlgeleitete Philanthropie........98

Die Ideengeschichte des Etatismus........100

Freiheit ... 101

Jeremy Bentham – Utilitarismus und die liberale Moralphilosophie ... 103

Einführung ... 103

Gesinnungsethik ... 103

Verantwortungsethik ... 104

Der geschichtliche Hintergrund des Utilitarismus ... 105

Ideengeschichtliche Wurzeln des Utilitarismus ... 106

Benthams Ausgangsfrage ... 107

Die Schwierigkeiten des Bentham'schen Systems ... 108

Kritische Analyse der moralphilosophischen Hauptschrift ... 109

Zusammenfassung und Kritik ... 118

Benthams Stellung im Liberalismus ... 120

Ludwig von Mises – Die Vision der Freiheit ... 123

I. Einführung ... 123

II. Individualismus – ein Fundament der Freiheitslehre ... 131

III. Das Konzept der Gesellschaft ... 140

IV. Die Rechtsordnung ... 154

V. Die Rolle des Staates ... 156

VI. Die Potenz der spontanen Ordnung ... 167

VII. Die Umkehrung des geschichtlichen Trends ... 174

Anhang: Die Interventionsspirale am Beispiel der Milchpreisfixierung ... 177

Legitime Staatsausgaben ... 183

Legitim ... 185

Aufgaben ... 190

Addendum: vermeintliche Kernaufgaben des Staates, die keine sind ... 198

Ausgaben ... 205

Fazit: Legitime Staatsausgaben ... 210

Der Autor ... 214

Der Herausgeber ... 214

Forum Freie Gesellschaft ... 215

Vorwort

Vom Wert des klassischen Liberalismus zeugt das Kompendium herausragender Denker, die in der Achsenzeit politischer Philosophie die Staatsfrage stellten. Gedankliche Klarheit, zeitlose Erkenntnisse sowie heute erodierte Werte und Prinzipien zeichnen ihre Schriften aus. Helmut Krebs hat sich der ideengeschichtlich bedeutsamen und politisch drängenden Aufgabe gestellt, das staatstheoretische Fundament des Liberalismus freizulegen – mit lehrreichen Ergebnissen.

Beispielhaft kommt das Anliegen von Helmut Krebs in seiner persönlichen Schilderung zum Ausdruck, mit der er in einem elektronischen Brief die aktuelle Herausforderung umriss: Er würde gerne an einer Rekonstruktion der theoretischen Grundlagen des Liberalismus mitarbeiten, die einer breiten ideologischen und sozialen Bewegung für Freiheit dienen und diese einen könne. Das Lager der Freiheitsfreunde sei in Extreme zerrissen, zwischen einem politisch angepassten Bindestrichliberalismus einerseits und einem radikalen Anarchismus einerseits. Keine dieser beiden Richtungen könne erfolgreich im Sinne des Liberalismus sein. Zunächst müssten die gewaltigen geistigen Traditionen Deutschlands und Europas ins Spiel gebracht werden. Wer für die Abschaffung des Staates eintrete, würde den Faden abschneiden, an dem Jahrhunderte lang die besten Köpfe gesponnen hätten. Und Helmut Krebs fuhr fort: „Auf meinem Lesetischchen liegt ein Kompendium Wilhelm von Humboldts. Insbesondere das Werk von Ludwig von Mises kann dazu dienen gegen alle Gefahren der Machtkorrumpierung zu immunisieren. Er war der einzige Theoretiker von Belang, der sich nicht in das Fahrwasser des Ordoliberalismus begeben hat.“

Dementsprechend müsse eine Renaissance des liberalen Gedankens von der Erkenntnis ihren Ausgang nehmen, dass das Konzept des Ordoliberalismus gescheitert sei und notwendig scheitern musste, weil der Staat niemals ein neutraler Sachwalter des Allgemeinwohls sein könne. „Er fällt in die Hände von Gruppen, die ihre Sonderinteressen verfolgen und entwickelt schließlich ein systemisches Eigeninteresse, nämlich immer mehr zu regulieren und seinen Apparat immer weiter auszubauen", konstatiert Helmut Krebs treffend, um griffig abzuschließen: „Die steigende Staatsquote bildet die Schleimspur dieses unausweichlichen Vorganges."

Im Mittelpunkt der nachfolgenden Rekonstruktionen der maßgeblichen Erkenntnisse klassisch liberaler Staatstheoretiker steht die Frage nach der Aufgabe und Begrenzung des Staates; sie steht seit Jahren angesichts der strukturellen Krise der EU und der Nationalstaaten auf der Tagesordnung, ohne aufgerufen zu werden. Die Debatten bleiben weitgehend verengt auf Märkte und deren Regulierung sowie einen Staat, der sich als vermeintlich neutraler Schiedsrichter, Spielgestalter und Coach dem Kollektiv annimmt. Über die Grenzen der Zuständigkeit des Staates wird indessen kaum oder nur in kundigen Kreisen ohne viel Aufsehen in der Öffentlichkeit diskutiert. Das kann sich nach der Lektüre dieses Bandes ändern, denn David Hume, John Locke und Immanuel Kant, Wilhelm von Humboldt und Claude-Frédéric Bastiat, gezielt ausgewählt auch Jeremy Bentham und vor allem Ludwig von Mises haben uns heute viel Wegweisendes zu sagen.

Ludwig von Mises ist der „Visionär der Freiheit", wie Helmut Krebs aufzeigt, der an die Erkenntnisse von Hume, Kant, Humboldt und Bastiat anknüpft, sie weiterführt und systematisch zu etwas Neuartigem, Miseanischem zusammenführt. Der herausragende Kopf der Österreichischen Schule insgesamt hat einen evolutorischen und pragmatischen Liberalismus neu begründet, der gerade wegen der ihm eigenen kompromisslosen Konsequenz für eine zweite Aufklärung Europas geeignet ist. Und die frohe Botschaft lautet, dass dafür keine Revolution erforderlich ist, sondern jeder Schritt, der die Freiheit des Einzelnen erweitert, ein Schritt zu mehr Wohlstand und Selbstbestimmung ist. Es ist kein geringer Verdienst von Helmut Krebs, das Gedankengebäude quellennah herausgearbeitet zu haben.

Ich wünsche Ihnen eine anregende Lektüre – vielleicht mögen Sie sich mit dem Band zurückziehen und über das Gelesene nachdenken. Sobald der Wert der besseren Ideen Zugang zu möglichst vielen klugen Köpfen gefunden hat, ist ein wichtiger Anfang gemacht, um Freiheit, Recht und Einigkeit (über das Wesentliche) wieder mehr Geltung zu verschaffen. Eine Fortsetzung mit weiteren Autoren in der kontinuierlich wachsenden Reihe freiheitlicher Gegenwartspublizistik für jedermann ist geplant.

Berlin, im Oktober 2014

Michael von Prollius

David Hume – Begründer der klassisch-liberalen Staatslehre

David Hume (1711–1776) konstruiert seine politische Lehre, indem er drei Ebenen menschlichen Handelns unterscheidet, die sachlogisch aufeinander aufbauen. Die Grundfrage der Moral lautet: Wie ermöglicht die durchgängige Selbstsüchtigkeit (T 486 / 313 / II 230) des Menschen Kooperation?

> „Die Selbstsüchtigkeit des Menschen lebt vom Missverhältnis zwischen den Gütern, über die er verfügt, und seinen Bedürfnissen.“ (T 495 / 318 / Buch II 238)

> „Da jeder Mensch sich selbst mehr liebt als irgend eine andere Person, wird er natürlicherweise dazu getrieben, seine Erwerbungen so weit auszudehnen wie möglich; und nichts kann ihn in dieser Neigung einschränken als Überlegung und Erfahrung, die ihn lehren, welche gefährlichen Folgen solche Freizügigkeit hat und dass sie eine völlige Auflösung der Gesellschaft nach sich ziehen muss.“ (Essays 480 / 316)

Der Mensch ist ein Mängelwesen, ein bedürftiges und schwaches Wesen.

> „Unter allen Tieren, die den Erdball bevölkern, gibt es keines, gegen das die Natur auf den ersten Blick grausam verfahren zu sein scheint; nur gegen den Menschen. Wie zahllos sind die Bedürfnisse und notwendigen Mittel, die sie ihm zur Befriedigung derselben gewährt hat.“ (T Buch III, 2. Teil, 2. Abschn., *Der Ursprung von Rechtsordnung und Eigentum*, S. 564)

Darum kann er nicht auf sich allein gestellt leben, mindestens aber sehr viel schlechter als in Gesellschaft.

I. Kooperation

Der Mensch ist in der Lage, die Befriedigung seiner Bedürfnisse durch gesellschaftliche Zusammenarbeit erheblich zu verbessern und den Nutzen der Kooperation zu erkennen. Die Zusammenarbeit schließt die Aufgabe von Unabhängigkeit und die Einbuße von Freiheitsgraden mit ein. Die Kooperation droht aber immer wieder am Egoismus der Menschen zu zerbrechen. Die Frage ist, wie sie auf Dauer erhalten werden kann.

II. Konventionen

In der Zusammenarbeit mit anderen bilden sich Konventionen heraus. Eine Konvention

> „ist nichts weiter als ein allgemein geteiltes Verständnis gemeinsamer Interessen, das alle Mitglieder der Gesellschaft einander zum Ausdruck bringen und das sie bewegt, ihr Verhalten gewissen Regeln zu unterwerfen. Ich sehe, dass es in meinem Interesse ist, einen anderen im Besitz seiner Güter zu lassen, wenn dafür gesorgt ist, das er in derselben Weise mir gegenüber handeln wird. Ihm ist bewusst, dass eine gleiche Regulierung seines Verhaltens in seinem Interessen ist. Wenn nun dieses gemeinsame Interessenverständnis [common sense of interest] für beide Seiten deutlich zum Ausdruck kommt und beiden Seiten bekannt ist, dann erzeugt es entsprechende Entscheidungen und ein entsprechendes Verhalten. Und das mag mit Fug und Recht eine Konvention oder ein Einvernehmen zwischen uns heißen, obwohl dabei keinerlei Versprechen eingeschaltet ist. Denn die Handlungen eines jeden von uns sind auf die Handlungen des anderen bezogen und geschehen unter der Annahme, dass auch der andere etwas Bestimmtes tun wird."
> (T 490 / 314 f / II 233; vgl. auch T 498 / 319 / II 242)

Konventionen stellen Erfahrungswerte dar und begründen die Möglichkeit der Zusammenarbeit während der Zeit der Zusammenarbeit. Es sind drei Konventionen wirksam:

1. Anerkennung des *Eigentums* aller beteiligten Individuen, die sich aus der Tatsache ergibt, dass erworbene Güter geraubt werden können.

2. Anerkennung des Eigentums nach einer Eigentumsübertragung oder Anerkennung der Gültigkeit von *Tauschakten*.

3. Verlässlichkeit der *Vertragserfüllung* oder Einhaltung von Absprachen.

> „Wer sieht zum Beispiel nicht, dass alles, was durch die Geschicklichkeit oder den Fleiß eines Menschen erzeugt oder vervollkommnet wurde, ihm für immer gehören sollte, um so nützliche Gewohnheiten und Fertigkeiten zu ermutigen? Dass sich das Eigentum auch auf Kinder und Verwandte vererben sollte, um demselben nützlichen Zweck zu dienen? Dass es durch Vereinbarung übertragen werden darf, um den für die menschliche Gesellschaft so förderlichen Handel und Verkehr zu schaffen? Und dass alle Verträge und Versprechungen sorgfältig erfüllt werden sollten, um den Glauben der Menschen aneinander und wechselseitiges Vertrauen zu gewährleisten, wodurch das allgemeine Interesse der Menschheit so sehr gefördert wird?“ (UPM, 3. Abschnitt, S. 115)

Doch auch eine Gesellschaft, die Konventionen pflegt, ist gegen Verletzungen der konventionellen Werte ungeschützt. Daher schließt sich die Frage an, wie kann die Gültigkeit von Konventionen auf Dauer sichergestellt, also garantiert werden. Zunächst werden situative Lösungen entwickelt. Die Individuen zeigen ihre *Kooperationsbereitschaft* an. Die Gültigkeit der Konventionen wird durch Symbolhandlungen bekräftigt.

> „Es ist offensichtlich, dass der Wille oder die Zustimmung allein niemals Eigentum überträgt noch ein Versprechen verbindlich macht (denn für beide gilt dieselbe Begründung), sondern der Wille muss durch Worte und Zeichen ausgedrückt werden, um

> einem Menschen eine Verpflichtung aufzuerlegen. Sobald der Ausdruck eingeführt wurde, um als Zeichen des Willens zu dienen, wird er bald zum wichtigsten Teil des Versprechens; auch wird jemand dadurch nicht weniger an sein Wort gebunden, wenn er insgeheim seiner Absicht eine andere Richtung gibt und innerlich seine Zustimmung vorenthält.“ (UPM, 3. Abschnitt, S. 120, Fußnote)

Doch muss die Gültigkeit der Verträge über die Situation hinaus und schon vorher glaubhaft sein. Die Notwendigkeit der Bekräftigung und Beglaubigung von Willensakten führt zur Idee des Rechts. Recht ist das, was gilt, auch wenn sich die Wünsche und Absichten der Handelnden zwischenzeitlich verschoben haben. Es garantiert Verlässlichkeit gegen die Gefahr der Willkür.

III. Recht

Die Individuen in gesellschaftlicher Kooperation sichern die Konventionen durch Recht. Dazu bilden sie einen Staat, der Rechtsbrechern Strafen androht und gegen sie verhängt. Das Recht allein genügt aber nicht, da es nicht über die Kraft hinausgeht, die die Konventionen bereits stiften, so lange das Recht nicht die Willkür beugen kann.

> „Positive Gesetze können unbestreitbar Eigentum übertragen. … Auch Richtern, selbst wenn ihr Urteil unrichtig und gesetzeswidrig sein sollte, muss um des Friedens und der Ordnung willen eine maßgebende Autorität und ein letztes Entscheidungsrecht über das Eigentum zugestanden werden.“ (UPM, 3. Abschnitt, S. 123)

> „Du hast dieselbe Neigung wie ich, das Nähere dem Entfernteren vorzuziehen. Du wirst also, ebenso wie ich, von Natur zu rechtswidrigen Handlungen getrieben. … Diese Eigenschaft der menschlichen Natur ist nun aber nicht nur sehr gefährlich für die Gesellschaft, sondern es scheint auch bei flüchtiger Betrachtung, als gäbe es kein Mittel dagegen. … Ist es uns also unmöglich, das Entferntere vorzuziehen, so ist es uns ebenso

unmöglich, uns [freiwillig] einer Macht zu unterwerfen, die uns zu einer solchen Handlung zwingen würde.“ (T, Buch III, 2. Teil, 2. Abschn., Der Ursprung von Rechtsordnung und Eigentum, S. 620)

„Die einzige Schwierigkeit besteht nun in der Auffindung dieses Mittels, durch das die Menschen ihrer natürlichen Schwäche abhelfen und sich die Nötigung auferlegen, die Normen des Rechts und der Billigkeit einzuhalten, trotz ihrer heftigen Neigung, das Nähere dem Entfernteren vorzuziehen. … Und da es unmöglich ist, etwas Wesentliches in unserer Natur zu ändern oder abzustellen, so können wir nichts anderes tun, als unsere Lage und Umstände so zu verändern, dass die Erhaltung der Rechtsnormen unser nächstes und ihre Übertretung unserer entferntestes Interesse wird. Dies ist aber unausführbar in Bezug auf die ganze Menschheit; es kann nur wenigen gegenüber geschehen. Nur wenige können wir in solcher Weise unmittelbar für die Ausübung der Rechtsnormen interessieren. “ (ebd., S. 671)

Zu diesem Zweck werden Regierungen gebildet, indem die Persönlichkeiten ausgewählt werden, die „gegenüber dem Staat neutral sind und kein oder nur ein sehr entferntes Interesse an den Akten der Rechtswidrigkeit haben.“ (ebd., S. 622)

Aufgaben der Regierung sind: Ausführung des Rechts, Entscheidung über das Recht, Zwang zur Lösung von gesellschaftlichen Konflikten auf dem Weg von Vereinbarungen, die Planung und Ausführung von Investitionen, die der Allgemeinheit zugute kommen.

„Dies ist der Ursprung der bürgerlichen Regierung und [damit der bürgerlichen oder staatlichen] Gesellschaft. … Aus diesen beiden Dingen, Ausführung des Rechtes und Entscheidung über dasselbe, ziehen die Menschen den Vorteil der Sicherheit gegen die eigene und fremde Schwäche und Leidenschaft. Unter dem Schutz ihrer Regierung fangen sie an, die Annehmlichkeiten der Gesellschaft und der gegen-seitigen Hilfestellung in Ruhe zu genießen. … Es können wohl zwei Nachbarn sich vereinigen, um eine Wiese zu bewässern, die ihnen gehört. Für diese ist es leicht, sich wechselseitig zu kennen, und jeder sieht unmittelbar, wenn er seinen Teil der Arbeit ungetan lässt, so bedeutet dies die

> Vereitelung des ganzen Unternehmens. Dagegen ist es sehr schwer, ja unmöglich, dass tausend Personen in solcher Weise zu einer Handlung sich vereinigen. Es ist schon schwer, in einem so verwickelten Falle einen klaren und einheitlichen Plan festzustellen, noch schwerer, ihn auszuführen; jeder wird einen Vorwand suchen, um sich von der Mühe und den Kosten zu befreien und die ganze Last den anderen aufzuhalsen. Die staatliche Gesellschaft erst hilft beiden Übelständen ab. ... So werden Brücken gebaut, Häfen eröffnet, Wälle errichtet, Kanäle gezogen, Flotten ausgerüstet und Armeen geschult." (ebd., S.622 ff.)

Die Auswahl geeigneter Personen zur Führung der Regierungsgeschäfte ist allerdings die Voraussetzung, dass die Regierung auch zum Wohle der Allgemeinheit tätig wird.

Die Rechtfertigung des Rechts und der rechtswahrenden Einrichtungen des Staates (Gesetze, Rechtsprechung) muss sich aus dem Nutzen herleiten, den sie für die Gesellschaft haben, also für die Befriedigung der Bedürfnisse der in der Gesellschaft zusammenarbeitenden Menschen. Aus der Nützlichkeit speist sich die Zustimmung, das Ansehen und die Wertschätzung der Gerechtigkeit.

> „Hätte jeder Mensch genügend Klugheit, jederzeit das starke Interesse wahrzunehmen, das ihn zur Beachtung von Gerechtigkeit und Fairness verpflichtet, und genügend Willensstärke, beständig in der Verfolgung eines allgemeinen und fernliegenden Interesses zu beharren, anstatt den Verlockungen gegenwärtigen Vergnügens und Vorteils nachzugeben; in diesem Fall hätte es nie so etwas wie eine Regierung oder staatliche Gesellschaft gegeben, sondern jeder lebte, seiner vollkommenen Harmonie mit allen anderen. Wozu bedarf es eines positiven Rechts, wenn die natürliche Gerechtigkeit schon von sich aus eine ausreichende Schranke bildet? Warum Behörden schaffen, wenn niemals irgendeine Unordnung oder Ungerechtigkeit geschieht? Warum unsere angeborene Freiheit einschränken, wenn die äußerste Verwirklichung derselben sich in jedem Fall als unschädlich und förderlich erweist? Es ist offensichtlich, dass, wenn die Regierung gänzlich nutzlos wäre, sie niemals hätte bestehen können und dass die einzige Rechtfertigung für

> Untertanentreue der Vorteil ist, den sie der Gesellschaft bringt, indem Frieden und Ordnung unter den Menschen erhalten bleiben." (UPM, 4. Abschnitt, S. 126)

Im Unterschied zu den Staatsbildungstheorien von Hobbes und Locke lehnt Hume die Vorstellung ab, dass sich die Legitimität der staatlichen Rechtssicherung aus einem verfassungsgebenden Akt ableitet. Einen solchen Urvertrag gab es nicht und er ist auch nicht erforderlich. Recht wächst aus der Konvention, also aus der Gewohnheit des gesellschaftlichen Handelns und sichert diese ab. Recht bezieht seine Legitimität praktisch durch die Anerkennung und Nutzanwendung der Konventionen, die es sichert. Es findet Zustimmung, weil es nützlich ist. Daher ist es legitim auch ohne einen förmlichen Initialakt. Die letzte Rechtfertigung des Rechts ist seine Nützlichkeit für die Erfüllung der Bedürfnisse eines jeden Individuums, die besser in einem Rechtsstaat als in einer rechtlosen Gesellschaft gelingt. Wie die Konventionen hat auch das Recht für die Individuen einen abgeleiteten Wert.

Gesellschaftsrecht und Völkerrecht

Im Vergleich zwischen gesellschaftlichen Kooperation und dem Verhalten von Staaten zu anderen erläutert Hume den Nutzen von Rechtsordnungen.

> „Gerechtigkeitsregeln, die sich zwischen Individuen durchsetzen, behalten auch im zwischenstaatlichen Verkehr eine gewisse Geltung. Alle Fürsten geben vor, die Rechte anderer Fürsten zu achten; und einige davon zweifellos ohne Heuchelei. Bündnisse und Verträge werden jeden Tag zwischen souveränen Staaten geschlossen, die doch nur eine große Pergamentverschwendung wären, wenn nicht die Erfahrung lehrte, dass sie ein gewisses Maß an Einfluss und Autorität besitzen. Aber hier zeigt sich der Unterschied zwischen Königreichen und Individuen. Die menschliche Natur kann in keiner Weise ohne die Vereinigung der Individuen existieren; und diese Vereinigung könnte nie stattfinden, wenn nicht die Gesetze der Fairness und Gerechtigkeit beachtet würden. Unordnung, Verwirrung, der Krieg aller gegen alle, sind die notwendigen Konsequenzen eines so zügellosen Verhaltens. Aber Nationen können ohne

> Beziehung miteinander weiterbestehen: bis zu einem gewissen Grad können sie es sogar in einem allgemeinen Kriegszustand. Die Beachtung von Gerechtigkeit, obwohl auch unter Völkern nützlich, ist nicht von so dringender Notwendigkeit wie zwischen Individuen; und die moralische Verpflichtung steht im direkten Verhältnis zum Nutzen." (UPM, 4. Abschnitt, S. 126 f.)

Anthropologische Voraussetzungen von Kooperation, Konvention und Recht

Drei anthropologische Konstanten macht Hume aus: *Bedürftigkeit*, *Sympathiefähigkeit* und *Klugheit*.

Der Mensch ist ein *Mängelwesen*. Seine Bedürfnisse ergeben sich aus einem Mangel an Zufriedenheit, der trotz ständiger Befriedigung unablässig wiederkehrt.

> „Die menschliche Natur kann in keiner Weise ohne die Vereinigung der Individuen existieren." (UPM, 4. Abschnitt, S. 126 f.)

Aber er verfügt auch über geistige Vermögen. Erstens ist er *sympathetisch* begabt. Sympathie bedeutet nicht, den egoistischen Standpunkt zu verlassen und einen altruistischen, also den egoistischen fremden anzunehmen. Der Mensch handelt eigennützig, aber im Zusammenspiel eigennütziger Handlungen bildet sich auf der Grundlage von Zusammenarbeit eine stabile Gesellschaft heraus. Die Sympathiefähigkeit befähigt den Menschen dazu, das Mein und Dein zu unterscheiden und anzuerkennen. Es ist somit die Voraussetzung für seine Gesellschaftsfähigkeit. Er ist zur Selbstreflexion fähig, er kann den anderen so sehen, wie er von außen gesehen werden möchte.

Moral fußt auf Sympathie und Selbstreflexion sowie auf *Klugheit*.

> „So ist Eigennutz das ursprüngliche Motiv zur Festsetzung der Rechtsordnung, aber Sympathie für das Allgemeinwohl ist die Quelle der sittlichen Anerkennung, die dieser Tugend gezollt wird. (T, Buch III, 2. Teil, 2.. Abschn., Der Ursprung von Rechtsordnung und Eigentum, S. 579)

> Soll sich aber die Gesellschaft bilden, so muss dieselbe nicht nur [tatsächlich für den Einzelnen] vorteilhaft sein, sondern die Menschen müssen sich dieser ihrer Vorteile auch bewusst werden.“ (ebd., S. 565)

Die Konventionen sind auch dann gültig, wenn sie den unmittelbaren Bedürfnissen des Individuums widersprechen. Der Mensch ist in der Lage, durch seine Sympathiefähigkeit die Reziprozität seiner Interessen und der der anderen Individuen zu erkennen und aufgrund seiner Klugheit, seine komplexen Interessen auch in längeren Zeiträumen vorauszusehen, die langfristigen den kurzfristigen Interessen vorzuziehen. Er kann sich selbst Nutzen verschaffen, indem er auf einen unmittelbaren Nutzen in Übereinstimmung mit Konventionen verzichtet, zum Beispiel, indem er Tauschhandlungen als Eigentumsübertragungen respektiert. Er kann in den Konventionen selbst Werte erkennen, auch dann, wenn sie nicht unmittelbar ein Bedürfnis befriedigen.

Recht und Konventionen werden für den verständigen Menschen zu abgeleiteten Gütern.

Gerechtigkeit und Tugend

Hume führt das Recht auf die Konventionen zurück und die Konventionen auf die Notwendigkeit zur gesellschaftlichen Zusammenarbeit. Ursprünglich gründet sich die ganze Kette von Instanzen auf die Nützlichkeit der Güter zur Bedürfnisbefriedigung des Mängelwesens Mensch. Die Grundlage sind demnach die unmittelbaren Güter der Bedürfnisbefriedigung, auf denen sich Verhaltensgewohnheiten aufbauen, die die Erlangung der Güter vermitteln. Diese Mittel zum Zweck werden als Werte angesehen. Die Sicherung der Verhaltensgewohnheiten durch positives Recht schafft eine Wertehierarchie, wobei auf der Grundlage die Güter der Bedürfnisbefriedigung stehen und an der Spitze das Recht.

Recht und Konventionen müssen ihre Nützlichkeit erweisen, indem sie die Beschaffung der unmittelbaren Güter vermitteln. In diesem

Sinne sind sie selbst nützlich. Das ist die Bedeutung des Begriffs Gerechtigkeit.

> „Dass Gerechtigkeit nützlich für die Gesellschaft ist und folglich wenigstens ein *Teil* ihrer Wertschätzung aus dieser Überlegung stammen muss, dies zu beweisen wäre ein überflüssiges *Unternehmen*. Dass aber der öffentliche Nutzen der *alleinige* Ursprung von Gerechtigkeit ist und dass Erwägungen über die wohltätigen Folgen dieser Tugend die *alleinige* Grundlage ihres Wertes sind; diese interessantere und wichtigere Behauptung verdient eher unsere Prüfung und Untersuchung." (UPM, 3. Abschnitt, S. 101)

Tugend und Laster bezeichnen nützliche und schädliche Verhaltensdispositionen, oder, was dasselbe ist, gerechte und ungerechte Handlungsweisen.

> „Daher hat die Frage, ob der Mensch von Natur aus böse oder gut sei, mit der Frage nach dem Ursprung der Gesellschaft nicht das mindeste zu tun. Das einzige, was eine Rolle spielt, ist Klugheit oder Torheit. Denn ob man die Selbstinteressiertheit des Menschen nun als böse oder gut erachtet, das läuft auf dasselbe hinaus, weil es allein Selbstinteressiertheit ist, die sich selbst restringiert. Ist sie eine Tugend, so werden die Menschen durch ihre Tugend zu sozialen Wesen; ist sie ein Laster, so hat ihre Lasterhaftigkeit denselben Effekt." (T 492 / 316 / II 236)

Gut oder Böse ist auch eine Frage der Umstände.

> „So hängen also die Regeln der Fairness oder Gerechtigkeit vollständig von dem besonderen Zustand und der Lage ab, worin sich die Menschen befinden; und ihrem Ursprung und ihre Existenz verdanken sie gerade jenem Nutzen, der dem Gemeinwesen aus ihrer strengen und regelmäßigen Befolgung erwächst." (UPM, 3. Abschnitt, S. 106)

Konventionen müssen auch eingehalten und angewendet werden. Die kurzfristigen selbstsüchtigen Handlungsimpulse müssen gegen den langfristigen Nutzen einer Achtung der Konventionen abgewogen werden. Die Abwägung muss situativ aktualisiert werden. Da der Mensch fehlbar ist, hilft eine Erziehung zur Tugend in Sinne einer

Erziehung zu gerechtem, konventionellen Verhalten. Auch wenn der Mensch Verstand genug besitzt, den Nutzen der Konventionen zu verstehen, muss er doch auch die Willensstärke besitzen, seine Gelüste zu zügeln. Eine moralische Erziehung von Tugenden unterstützt den Menschen bei der Wahl zwischen kurzfristigen und langfristigen Gütern.

Aber es müssen auch die Bedingungen für Gerechtigkeit und Tugend gegeben sein. In Zeiten bitterer Not, bei Schiffbruch, Belagerung, in Hungersnöten, in Gefangenschaft gehen die Voraussetzungen verloren. Die Gesellschaft löst sich auf, die Konventionen werden gebrochen, die Zusammenarbeit wird durch den rücksichtslosen Egoismus ersetzt.

> „Und wäre eine zivilisierte Nation in einen Krieg mit Barbaren verwickelt, die nicht einmal Kriegsgesetze anerkennen, so müsste auch sie aufhören, dieselben zu befolgen, da sie in diesem Fall zwecklos geworden sind; und sie müsste jeden Kampf und jeden Zusammenstoß für die ersten Angreifer so blutig und verderblich als möglich machen.“ (UPM, 3. Abschnitt, S. 106)

Recht und Eigentum

Wenn die Güter der Befriedigung reichlich vorhanden sind, braucht es keine Regeln.

> „Weshalb eine Aufteilung der Güter, wenn jeder schon mehr als genug hat? Warum das Eigentum einführen, wenn ein Zuwiderhandeln ohnedies nicht möglich ist? Warum einen Gegenstand mein nennen, wenn ich, sobald ein anderer ihn sich aneignet, nur meine Hand auszustrecken brauche, um mir etwas zu verschaffen, das gleich wertvoll ist? Gerechtigkeit wäre in diesem Fall, weil völlig nutzlos, ein leeres Zeremoniell und könnte wahrscheinlich niemals einen Platz im Verzeichnis der Tugenden finden.
>
> Selbst in der gegenwärtigen dürftigen Lage der Menschheit sehen wir, dass überall dort, wo von Natur aus ein nützlicher Gegenstand in unbegrenzter Fülle zur Verfügung steht, dieser

stets Gemeingut bleibt und wir keine Unterscheidungen nach Recht und Eigentum vornehmen." (UPM, 3. Abschnitt, S. 102)

Ferner, wenn die Menschen nicht egoistisch wären, bräuchte es auch keine Regeln.

> „Warum sollte ich jemanden anderen durch einen Vertrag oder durch ein Versprechen binden, mir einen guten Dienst zu erweisen, wenn ich weiß, dass er ohnedies schon von der intensivsten Neigung bewegt wird, mein Glück zu fördern und den gewünschten Dienst von sich aus zu leisten? … Unter dieser Voraussetzung wäre jeder Mensch dem anderen ein zweites Ich und vertraute alle seine Interessen dem Belieben jedes anderen an: ohne Eifersucht, ohne Rückhalt, ohne Unterschied. Und die ganze Menschheit bildete eine einzige Familie, wo allen alles gemeinsam gehörte und frei zu gebrauchen wäre, ohne Rücksicht auf Eigentum; aber doch mit Bedacht, mit ebenso aufrichtiger Beachtung der Bedürfnisse jedes einzelnen, als ob unsere eigenen Interessen aufs innigste betroffen wären." (UPM, 3. Abschnitt, S. 103)

Aus dem Zusammenwirken von Knappheit der Güter und Eigennutz des Handelnden erwächst die Gefährdung des Besitzes. Das Recht ist nützlich, wo Eigentum besteht. Eigentum erwächst aus der gesellschaftlichen Zusammenarbeit. Recht ist daher ein gesellschaftlicher Faktor, der dem Erhalt des Eigentums dient.

> „Die Rechtsordnung hat nur in der Selbstsucht und der beschränkten Großmut der Menschen, im Verein mit der knappen Fürsorge, die die Natur für die Bedürfnisse getragen hat, ihren Ursprung. (T, Buch III, 2. Teil, 2. Abschn., Der Ursprung von Rechtsordnung und Eigentum, S. 575)
>
> Der Affekt des Eigennutzes wird durch die Regel, die die Sicherheit des Besitzes begründet, in Schranken gehalten." (ebd., S. 572)
>
> Das Rechtsbewusstsein entspringt nicht der menschlichen Natur, sondern durch Kunst und menschliche Übereinkunft". (ebd., S. 576)

Es hängt von der Bildung und vom Verstand der Menschen ab, ob sich die Rechtsordnung erstmals herausbildet und auch erhält. Denkende Menschen können den Vorteil erkennen, den sie aus einer arbeitsteiligen Gesellschaft ziehen. Geht dieses Bewusstsein aber verloren, sind die Grundlagen der Kultur gefährdet.

> „Ohne Rechtsordnung würde die Gesellschaft sich alsbald auflösen und jedermann würde in jenen wilden und vereinsamten Zustand zurückfallen, der unendlich schlimmer ist als die denkbar schlechteste Lage in der Gesellschaft. Sobald darum die Menschen genugsam erfahren haben, dass, welche Folgen auch ein einzelner, von einer einzelnen Person ausgeübter rechtlicher Akt haben mag, doch das ganze System von Handlungen, wofern die ganze Gesellschaft zu seiner Verwirklichung sich vereinigt, unendlich vorteilhaft für das Ganze und für jeden einzelnen Teil ist, so kann es nicht lange dauern, und Rechtsordnung und Eigentum müssen Geltung gewinnen." (ebd., S. 377)

IV. Gesellschaftsordnungen

Zwei Zustände und zwei Handlungsweisen

Im Normalfall befinden wir uns in einer Lage, in der die Güter knapp sind und der Nutzen gerechten Verhaltens gegeben und einsehbar ist. Im Normalfall werden Eigentumsrechte sinnvoll und nützlich für alle, werden Konventionen gebildet und können stabilisiert werden, kann Recht gesetzt und auf diese Weise ein Rechtsstaat begründet werden. Gleichzeitig können wir im Umgang mit unseren Freunden, speziell innerhalb der Familie andere Gewohnheiten annehmen, die vom Egoismus absehen und uns die Sorge um das Wohl des anderen zu eigen machen. Zwei Handlungsweisen bestehen nebeneinander: die unparteiische, egoistische aber faire, auf gerechte Lösung zielende und die parteiische, selbstlose auf das Bedürfnis des anderen zielende Weise.

„Die übliche Situation der Menschen hält die Mitte zwischen allen diesen Extremen. Wir sind von Natur aus für uns und unsere Freunde voreingenommen, sind aber fähig, den Vorteil zu erkennen, der sich aus einem unparteiischen Verhalten ergibt. Wenige Genüsse empfangen wir aus der offenen und freigebigen Hand der Natur; aber durch Geschicklichkeit, Mühe und Fleiß können wir sie in großer Anzahl gewinnen. Dadurch werden aber die Eigentumsideen unentbehrlich; von hier leitet die Gerechtigkeit ihre Nützlichkeit für die Öffentlichkeit ab; und darauf allein beruht ihr Wert und ihre moralisch verpflichtende Kraft." (UPM, 3. Abschnitt, S. 107)

Der Mythos vom Goldenen Zeitalter und der Naturzustand

Die Fantasie vom Goldenen Zeitalter verabsolutiert die familiär-freundschaftliche Handlungsweise und verbindet sie mit der Vorstellung des Güterüberflusses. Sie verlegt diese Fantasie an den Anfang der Menschheitsgeschichte und schreibt ihr den Charakter eines ursprünglichen Naturzustandes zu. Einer der Urheber dieses Mythos war Platon, im zweiten bis vierten Buch seiner Politeia. Gegen diese irrtümliche Sichtweise erinnert Hume an die philosophische Fiktion des Naturzustandes. Nicht Hobbes, Cicero macht er als ersten Autor aus, der den Naturzustand negativ beschreibt. Er sei das gerade Gegenteil einer goldenen Zeit gewesen.

„Im Urzustand der Menschheit, sagt man uns, waren Unwissenheit und Wildheit so übergroß, dass man sich gegenseitig kein Vertrauen schenken konnte, sondern jeder sich auf sich selbst und auf seine eigene Kraft und Schlauheit verlassen musste, wenn es galt, sich zu schützen und abzusichern. Von Gesetzen hatte man nicht gehört; eine Gerechtigkeitsregel war unbekannt; kein Eigentumsunterschied wurde beachtet; und ein immerwährender Krieg aller gegen alle war die Folge der ungezähmten Selbstsucht und Grausamkeit der Menschen." (UPM, 3. Abschnitt, S. 108)

Doch Hume beglaubigt diese fiktive Beschreibung nicht. Er zitiert sie nur als Gegenentwurf zur positiven Fiktion des Goldenen Zeitalters. Die Wahrheit lag aus seiner Sicht wohl eher in der Mitte.

> „Ob ein solcher Zustand der menschlichen Natur jemals existieren konnte und, falls er existierte, ob er so lange andauern konnte, um die Bezeichnung Staat zu verdienen, mag mit Recht bezweifelt werden. Menschen werden notwendigerweise zumindest in eine Familien-Gesellschaft hineingeboren und von ihren Eltern zu gewissen Formen des Betragens und Benehmens angehalten.“ (UPM, 3. Abschnitt, S. 109)

Diese Mitte nennt er Zivilisation oder Kultur. Im

> „unkultivierten Naturzustand“ gibt es kein Recht auf Eigentum, weil es überhaupt weder Recht noch Konvention gibt. (T, Buch III, 2. Teil, 2. Abschn., Der Ursprung von Rechtsordnung und Eigentum, S. 567)

Familie als Ursprung der Gesellschaft

Da auch im Naturzustand kein Mensch sich selbst genügt, schon zur Fortpflanzung den Partner benötigt, ist die Familie die natürliche Voraussetzung jeder Gesellschaft, sowohl funktionell als auch historisch. Aus der Verbindung der Geschlechter zur Fortpflanzung bildet sich die Familie, das

> „erste und ursprünglichste Fundament der menschlichen Gesellschaft“... In dieser regieren die Eltern vermöge ihrer höheren Kraft und Klugheit; sie werden gleichzeitig in der Ausübung ihrer Herrschaft durch die natürliche Zuneigung, die sie für ihre Kinder haben, in gewissen Grenzen gehalten.“ (T, Buch III, 2. Teil, 2.. Abschn., Der Ursprung von Rechtsordnung und Eigentum, S. 565)

In der Familie werden auch Gewohnheiten entwickelt und tradiert, die die Selbstbezogenheit der Menschen zugunsten einer Sorge für die Angehörigen überwinden.

> „Weit entfernt zu glauben, dass die Menschen nur für ihr eigenes Selbst Interesse haben, bin ich der Meinung, dass wenn man auch selten jemand finden mag, der eine einzelne fremde Person mehr liebt als sich selbst, man doch ebenso selten jemand begegnet, dessen wohlwollende Regungen zusammen genommen nicht seine selbstischen Neigungen überwögen. Man

> frage nur die alltägliche Erfahrung. Seht Ihr nicht, dass, obgleich in der Familie alle Aufwendungen gewöhnlich von dem Familienoberhaupt bestimmt werden, es nur wenige gibt, die nicht den größten Teil ihres Vermögens für das Vergnügen ihrer Frauen und die Erziehung ihrer Kinder ausgeben, und nur den kleinsten Teil für ihren eigenen Gebrauch und ihre eigene Unterhaltung zurückbehalten." (T, Buch III, 2. Teil, 2. Abschn., Der Ursprung von Rechtsordnung und Eigentum, S. 565f.)

Aus der gedanklichen Verbindung mehrerer Familien rekonstruiert Hume die Entstehung der Gesellschaft.

> „Nehmen wir an, dass sich mehrere Familien zu *einer* Gesellschaft zusammenschließen, die von allen anderen vollkommen abgeschieden ist, so würden sich die Regeln, die Frieden und Ordnung sichern, bis auf die äußeren Grenzen dieser Gesellschaft erstrecken; einen einzigen Schritt darüber hinaus verlieren sie sogleich ihre Geltung, da sie vollkommen nutzlos werden. Nehmen wir aber weiter an, dass mehrere verschiedene Gesellschaften zum gegenseitigen Nutzen und Vorteil einen gewissen Umgang miteinander pflegen, dann erweitern sich die Grenzen der Gerechtigkeit in dem Maße, wie sich der Blickwinkel der Menschen erweitert und ihre gegenseitigen Verbindungen stärker werden." (UPM, 3. Abschnitt, S. 111)

Auf diese Weise gelingt es ihm, den Ursprung des Staates, des Rechts und der fairen gesellschaftlichen Zusammenarbeit als naturwüchsigen, sich zwanglos legitimierenden Vorgang herzuleiten.

Quellen:

Die Zusammenfassung folgt und zitiert aus:

Jens Kulenkampff: *David Hume*, Becksche Reihe Denker, 2. Auflage, München, 1989. (Seitenangaben zwischen Schrägstrichen)

Essays = zitiert nach der englischen Ausgabe von E. Miller und nach der deutschen Übersetzung von S. Fischer, Hamburg 1988.

T = *Traktat von der menschlichen Natur*, zitiert nach der englischen Ausgabe von Selby-Bigge und Norton und nach der deutschen Ausgabe von Brandt. (T II bezeichnet den Band II der deutschen Ausgabe, Hamburg, 1989)

T = *Ein Traktat über die menschliche Natur,* nach der Ausgabe des Felix Meiner Verlags zitiert, Hamburg, 2013.

UPM = *Eine Untersuchung über die Prinzipien der Moral*, Reclam Stuttgart, 3. Aufl. 2002, Übersetzung von G. Streminger.

John Locke – Begründer der modernen Staatslehre

Locke (1632–1705) lebte in einer Zeit, in der das nachmalige Großbritannien in religiöser und machtpolitischer Hinsicht gärte. Er stammte von puritanischen Eltern ab, war zeitlebens gläubiger Christ, schloss sich aber früh der anglikanischen Staatskirche an. Dies öffnete ihm eine akademische Karriere, die am Christ Church College in Oxford begann. Er war in der traditionellen Scholastik und vielen weiteren Fächern bewandert. Seine Interessen waren weit gefächert. Insbesondere die empirische Naturerkenntnis zog ihn an. Er brachte es so weit als Mediziner, dass er prominente Patienten mit Erfolg behandeln konnte. Die geistige und politische Elite des Landes erkannte seine Größe. Isaac Newton zum Beispiel schätzte ihn als Gesprächspartner. Von Hause aus leidlich vermögend, verbrachte er die größte Zeit seines Lebens als Sekretär Lord Ashleys, des Earl of Shaftesbury, der der Partei der Whigs angehörte, der ersten liberalen Strömung Englands, und für den er viele Schriften verfasste, die in die Debatten der Zeit eingriffen.

Mitte des 17. Jahrhunderts erlosch das Geschlecht der anglikanischen Tudors und die katholische Stuart-Dynastie von Schottland erlangte die Königswürde. Zwischen ihr und dem Parlament, das den niederen Adel und das städtische Bürgertum Englands repräsentierte, entbrannte ein jahrzehntelangen Machtkampf, währenddessen der König entmachtet, geköpft und eine Militärdiktatur unter Oliver Cromwell errichtet wurde. In der Glorious Revolution fand der Kampf einen Abschluss in Form der konstitutionellen Monarchie der Stuarts. Locke, der zeitweilig mit Lord Ashley ins Exil nach Holland ziehen musste, begleitete die Debatten mit seinen Abhandlungen, die für eine Stärkung des Parlaments Partei ergriffen. Dabei begründete er die moderne liberale Staatslehre, die bis heute Richtschnur aller westlichen Demokratien geblieben ist.

Die Rechtfertigung staatlicher Macht

Die Stuarts standen in zweierlei Verdacht: Die protestantische Mehrheit fürchtete eine freiwillige geistige Unterordnung des katholischen Königs unter den Papst und, damit verbunden, eine absolutistische Machtausübung gegenüber dem Parlament und dem Volk. Die Rechtfertigung des Königtums von Seiten der Stuarts stieß darüber hinaus auf die Schwierigkeit, dass eine Ableitung der Königswürde aus der Gnade Gottes, von Alters her tradiert, unglaubhaft ist, wenn das Amt dem König vom Parlament übertragen wurde. Die Legitimitätsfrage konnte nicht mehr in althergebrachter Weise beantwortet werden. Lockes Begründung stillte ein dringliches Bedürfnis.

Die Frage des Souveräns

Seine Antwort lautete: Die Macht des Königs rechtfertigt sich in der Erfüllung der Aufgaben des Staates. Diese müssen ihrerseits aus unwiderlegbaren allgemeinen Gründen abgeleitet werden. Letztes Entscheidungskriterium ist das Wohl des Volkes. Damit war in der Frage des Souveräns eine Revolution vollzogen. Oberste Instanz ist das Volk, dessen Diener der König ist. Aus Untertanen wurden freie Bürger. Die Idee, wenn auch noch nicht der Begriff der Volkssouveränität war in die Welt entlassen.

Die Begründung der Volkssouveränität

Die Ableitung der königlichen Macht aus dem vom souveränen Volk durch das Parlament übertragenen Staatsamt stellt die Begründung der Machtausübung auf den Kopf. Aber dieser Standpunkt gerät selbst in den Verdacht der bloßen Willkür, so lange es nicht grundsätzlich möglich ist, die Idee des Gottesgnadentums aus Gründen abzulehnen, die denen des Gottesgnadentums vorgehen: aus den allgemein anerkannten Glaubensgründen einer göttlichen Ordnung. Erst wenn nachgewiesen werden kann, dass die Volkssouveränität in der göttlichen Gnade steht, ist sie rechtens und eine absolute Königsherrschaft unrechtens, weil sie nicht mit der göttlichen Ordnung übereinstimmt. Das war zu beweisen. Die Tradition war, wie gezeigt, brüchig, aber derartige historische Zufälle reichen nicht hin, um die fortwährende Rückbindung der königlichen Macht an das Parlament zu begründen und dauerhaft zu befestigen. Man könnte auch argumentieren, dass sie, einmal ausgehändigt nun auch absolut in die Hände des Königs übergegangen sei und das Parlament ins zweite Glied zurücktreten müsse. Zudem musste in die Rechnung einbezogen werden, dass Oliver Cromwell zwischenzeitlich eine Diktatur über das Parlament auf der Grundlage seiner militärischen Macht errichtet hatte, die sich auf die New Model Army stützte, eine Streitkraft, die für die Rechte des Parlaments und der Protestanten focht. Locke musste daher eine konsistente Argumentation liefern, die die dauernde Bindung der obersten Macht, sowohl einer königlichen als auch jeder anderen denkbaren, an das Wohl des Volkes unwiderlegbar machte.

Er lieferte diese Argumentation durch eine Theorie, die die Existenz staatlicher Macht überhaupt aus einer göttlichen Ordnung ableiten konnte. Gott stand sowohl über dem König als auch über dem Volk.

Das Naturrechtsmodell

Locke stellte sich im Second Treatise die Aufgabe, „den wahren Ursprung, die Reichweite und den Zweck einer bürgerlichen Regierung [Civil Government]“ zu untersuchen. Er definierte das absolute Herrschaftsrecht als

> „ein Recht, für die Regelung und Erhaltung des Eigentums Gesetze mit Todesstrafe und folglich auch allen geringeren Strafen zu schaffen, wie auch das Recht, die Gewalt der Gemeinschaft zu gebrauchen, um diese Gesetze zu vollstrecken und den Staat gegen fremdes Unrecht zu schützen, jedoch nur zugunsten des Gemeinwohls“ (3)

Bereits in dieser Definition ist die Bindung an die höheren Zwecke des Staates mitgeliefert. Staatszweck ist (a) Abwehr von Übergriffen auswärtiger Gegner, (b) Eigentumsschutz im Rahmen der (c) gesetzlichen Ordnung und (d) Gemeinwohlorientierung

Diese Zwecke leitet er aus einem Gedankenmodell ab. Er fingiert einen gesellschaftlichen Zustand ohne Staat, den er Naturzustand nennt. Dieses Gedankenkonstrukt wirkt plausibel auf dem Hintergrund der christlichen Epochenidee der drei Zeitalter: Ursprünglich lebten die Menschen in einem paradiesischen Zustand der Freiheit und Gleichheit und in Eintracht mit Gott und der Natur. Dieses Goldene Zeitalter wird mit dem Sündenfall beendet, der das zweite Zeitalter einleitet und der, drittens, durch die endgültige Wiedererlangung der göttlichen Gnade überwunden werden wird.

Die Initialisierung der staatlichen Macht

Im Naturzustand gab es nur freie Bürger und keinen Staat. Daher musste die Herrschaft eines Staates irgendwann eingesetzt worden sein. Der Übergang zu einem Staat kann nur gedacht werden als Willensakt der freien Bürger, der in einem allgemeinen Vertrag ausgedrückt wird. Der Kerngedanke dieser Vertragsidee ist aber nicht historisch gemeint, in dem Sinne, dass Locke behauptet, dass alle Staaten in grauer Vorzeit tatsächlich durch einen förmlichen Willensakt der Bürger entstanden wären. Er weist zwar auf historische Beispiele hin (Schweiz, Kolonien in Amerika), aber er meint dies im strukturlogischen Sinn. Wenn einst alle Menschen im Naturzustand lebten, konnte die erste Machtübertragung auf einen König nur freiwillig durch freie Menschen erfolgen. Rechtmäßige Herrschaft kann nicht durch Überwältigung und Unterdrückung Schwächerer durch Stärkere begründet werden. Damit war bewiesen, dass der Ursprung auch des sich auf die Traditionslinie eines Gottesgnadentums stützende monarchische Souveräns in letzter Hinsicht durch einen Willensakt freier Bürger initialisiert werden musste. Der Volkssouveränität war damit das Primat vor der königlichen Souveränität gesichert.

Die Bindung der staatlichen Macht an das Allgemeinwohl

In einer zweiten Argumentationskette war nun noch nachzuweisen, dass eine rechtmäßige Übertragung der staatlichen Macht niemals in rechtmäßiger Weise zur absolutistischen Machtausübung führen könne.

Ausgangspunkt ist die Darstellung der Beschaffenheit des Naturzustandes. Die Menschen waren nicht nur vollkommen frei, sondern auch gleich, weil die Menschen darin rechtlich gleich stehen und von der Natur mit gleichen Vorteilen und Fähigkeiten ausgestattet worden sind.

> „Um politische Gewalt richtig zu verstehen und sie von ihrem Ursprung herzuleiten, müssen wir sehen, in welchem Zustand sich die Menschen von Natur aus befinden. Es ist ein Zustand vollkommener Freiheit, innerhalb der Grenzen des Naturgesetzes seine Handlungen zu lenken und über seinen Besitz und seine Person zu verfügen, wie es einem am besten scheint – ohne jemandes Erlaubnis einzuholen und ohne von dem Willen eines anderen abhängig zu sein.
>
> Es ist überdies ein Zustand der Gleichheit, in dem alle Macht und Rechtsprechung wechselseitig sind, da niemand mehr besitzt als ein anderer: Ist doch nichts offensichtlicher, als dass Lebewesen von gleicher Art und gleichem Rang, die unterschiedslos zum Genuss derselben Vorteile der Natur und zum Gebrauch der gleichen Fähigkeiten geboren sind, auch gleichgestellt leben sollen, ohne Unterordnung oder Unterwerfung.“ (4)

Die amerikanische Unabhängigkeitserklärung fußt auf Lockes Gedanken. Fast wörtlich folgt sie folgender Textstelle:

> „Der Mensch ist … mit einem Rechtsanspruch auf vollkommene Freiheit und auf dem uneingeschränkten Genuss aller Rechte und Vorrechte des Naturgesetzes in Gleichheit mit jedem anderen Menschen oder jeglicher Anzahl von Menschen auf dieser Welt geboren. Er hat von Natur aus nicht nur die Macht, sein Eigentum – nämlich sein Leben, seine Freiheit und seinen

> Besitz – gegen die Schädlinge und Angriffe anderer zu schützen, sondern darüber hinaus, andere wegen der Verletzung dieses Gesetzes zu verurteilen und sie zu bestrafen.“ (87)

Locke spricht von Recht im Naturzustand in dem Sinne, dass die Zustände geordnet waren, weil sie den Naturgesetzen unterlagen. Darunter versteht er, dass der Einzelne weder sich selbst noch andere Kreaturen vernichten dürfe und dass jeder nicht nur sich selbst, sondern auch die übrige Menschheit erhalten müsse.

> „Ist dies zwar ein Zustand der Freiheit, so ist es doch nicht ein Zustand der Zügellosigkeit. … Im Naturzustand herrscht ein natürliches Gesetz, das für alle verbindlich ist. Die Vernunft aber, welcher dieses Gesetz entspringt, lehrt alle Menschen, wenn sie sie nur um Rat fragen wollen, dass niemand einem anderen, da alle gleich und unabhängig sind, an seinem Leben, seiner Gesundheit, seiner Freiheit oder seinem Besitz Schaden zufügen soll.“ (6)

Gemeinwohl ist also der Zustand, indem es mit dem Leben, der Freiheit, der Gesundheit und den Gütern der Menschen am besten bestellt ist. Zentraler Punkt ist das Recht und die Notwendigkeit der Erhaltung des eigenen Lebens. Dazu gehören die Freiheit und Gesundheit, aber auch das eigene und das fremde Eigentum an Gütern. Mit dieser Verankerung des Naturzustands am naturgesetzlich vorgegebenen Selbsterhaltungsprinzip hat Locke den absoluten Ausgangspunkt seiner Argumentation gefunden, der als göttlicher Wille allgemein anerkannt werden muss und durch Herrscherwillkür nicht relativiert werden kann. Leben, Freiheit, Gesundheit und Eigentum sind unveräußerliche Naturrechte.

Die Bindung der Staatsmacht an das Gemeinwohl

Der nächste Argumentationsschritt beschreibt die Übertragung von Rechten der Machtausübung und ihre Begrenztheit. Auch im Naturzustand gäbe es Rechtsbrecher, Gesetzesverstöße (Verstöße gegen die Gesetze der Natur). Es müssen also Anstrengungen unternommen werden, den Naturzustand zu erhalten. Die Verfolgung und Bestrafung von Verbrechern wird in einer robusten Weise von Locke vorgetragen, die uns Heutige ein wenig schauern lässt. Die Wahrung des Rechts wird ohne Staat vom Individuum in die eigene Hand genommen, als Urteilsfinder und -vollstrecker in einem. Letzter Rechtsgrund der Strafbefugnis ist das Selbsterhaltungsrecht, das zugleich die Pflicht zur Erhaltung der anderen Menschen einschließt.

> „Damit nun die Menschen davon abgehalten werden, sich gegenseitig in ihren Rechten zu beeinträchtigen und einander Schaden zuzufügen, und damit das Naturgesetz beobachtet werde, das den Frieden und die Erhaltung der ganzen Menschheit verlangt, so ist in jenem Zustand die Vollstreckung des Naturgesetzes in die Hand aller gegeben.“ (7)

Wesentlich an seiner Argumentation ist folgendes: Da die Strafbefugnis an das Selbsterhaltungsprinzip gebunden ist, kann dieser Rechtsgrund niemals zur absoluten staatlichen Gewalt ermächtigen. Denn damit würde man die freien Bürger zu Sklaven machen. Wer andere Menschen versklaven will, versetzt den Naturzustand in einen Kriegszustand. In diesem Fall ist es erlaubt, sich zu verteidigen und die Rechtsbrecher zu töten. (16) Das widerspräche dem Selbsterhaltungsprinzip. Niemand könne mehr Macht übertragen, als er selbst besitze; da aber die Menschen nicht Eigentümer ihres Lebens seien (das allein Gott gehöre), könnten sie es auch nicht auf einen anderen übertragen. Der Mensch kann sich also nicht selbst freiwillig versklaven. Auf rechtmäßige Weise kann also absolute Staatsmacht nicht zuwege gebracht werden. (23)

Die Gefährdung des Rechts durch die menschliche Natur

Die rechtlichen Verhältnisse im Naturzustand haben einen unaufhebbaren Nachteil: Da jeder Richter in eigener Sache ist, lässt es sich nicht vermeiden, dass negative Charaktereigenschaften der Menschen wie Selbstliebe, Parteilichkeit und Rachsucht die Oberhand gewinnen und zu Verzerrungen in der Wahrnehmung und zu Übertreibungen in der Anwendung von Gewalt führen. Während im Staat ein Urteilsspruch einen Streit beendet, wird im Naturzustand die Partei, die sich für unschuldig hält, die andere zu vernichten suchen. Der Naturzustand, der eigentlich das Wohl des Menschen befördern soll, ist ständig der Gefahr ausgesetzt, dass er in einen allgemeinen Kriegszustand umschlägt.

> „Sobald aber die unmittelbare Gewaltanwendung vorüber ist, hat der Kriegszustand unter denen, die in der Gesellschaft leben, ein Ende, und beide Seiten sind gleichermaßen dem gerechten Entscheid der Gesetze unterworfen, denn es steht einem dann offen, zur Sühnung des erlittenen Unrechts und um zukünftigen Schaden vorzubeugen, als Heilmittel das Gesetz anzurufen. Wo jedoch dies, wie im Naturzustand nicht möglich ist, dauert der einmal begonnene Kriegszustand fort." (20)

Der Naturzustand kann die Menschenrechte nicht garantieren und ihre Respektierung nicht sichern. Der Naturzustand drängt daher spontan zum gesellschaftlichen Zusammenschluss, was für Locke gleichbedeutend mit der Bildung eines Staates ist.

> „Diesem Zustand des Krieges zu entgehen (in dem man allein den Himmel anrufen kann und der leicht das Ergebnis jeder kleinsten Streitigkeit ist, wenn es keine Autorität gibt, die zwischen den streitenden Menschen entscheidet), ist ein Hauptgrund, dass sich die Menschen zu einer Gesellschaft vereinigen und den Naturzustand verlassen." (21)

Die Technik der Verhinderung absoluter Staatsmacht

Das gesellschaftliche Zusammenleben erfordert den Verzicht auf absolute Freiheit, weil es auf dem Prinzip beruht, dass das Wohlergehen aller die Voraussetzung ist für die Verbesserung des Wohlergehens eines jeden einzelnen. Der Zusammenhalt der Gesellschaft erfordert die Anerkennung des *Mehrheitsprinzips*. Ohne Anerkennung von

Mehrheitsentscheidungen würde die Gesellschaft aufhören, eine Gemeinschaft zu sein und auseinander brechen.

Ein zweites Prinzip ist die Feststellung einer *Staatsbürgerschaft*. Sie gründet sich auf Grundeigentum und der ausdrücklichen Erklärung, Staatsbürger sein zu wollen. Der Beitritt zu einer staatlichen Gesellschaft muss demnach von jedem einzelnen absichtlich vollzogen werden. Niemand ist gezwungen, Angehöriger eines Staates zu sein. Er kann sich dafür entscheiden, die Staatsbürgerschaft zu wechseln und auszuwandern.

Wichtigstes Motiv des Sozialvertrages ist der Eigentumsschutz, wobei Locke darunter versteht:

> „Lives, Liberties and Estates, which I call by the general Name Property". (123)

Eigentum ist die öffentliche Form des Selbsterhaltungsprinzips. Daraus folgt, dass alle staatlichen Gesetze dem Zweck des Eigentums entsprechen müssen. Diese Idee nennt er das Wohl der Gesellschaft oder das *öffentliche Wohl des Volkes*. (131)

Locke bevorzugt eine gemischte Regierungsform, die Verbindung von Parlament (Verfassung) und Monarchie, eben eine *konstitutionelle Monarchie*. Die Staatsmacht muss geteilt werden in eine gesetzgebende und eine ausführende Gewalt (Gewaltenteilung). Die Judikative wird noch nicht gesondert angesprochen, sie untersteht der Legislative. Die Legislative ist Repräsentant des Volkswillens. Auch sie ist nicht absolut, sondern dem Gemeinwohl verpflichtet. Sie muss durch feststehende Gesetze und eindeutige Rechtswege mit autorisierten Richtern für Gerechtigkeit sorgen. Die Legislative kann über niemandes Eigentum ohne dessen Zustimmung verfügen. Das gilt auch für die Besteuerung. Sie bedarf der Mehrheitsentscheidung. Die Gesetzgebung kann nicht delegiert werden. Damit ist die Legislative die oberste Gewalt.

Die Gewaltenteilung leitet Locke aus der Schwäche der menschlichen Natur ab.

> „Bei der Schwäche der menschlichen Natur, die stets bereit ist, nach der Macht zu greifen, würde es jedoch eine zu große Versuchung sein, wenn dieselben Personen, die die Macht haben, Gesetze zu geben, auch noch die Macht in die Hände bekämen, diese Gesetze zu vollstrecken.“ (143)

Widerstandsrecht und Revolution

Aus dem Recht auf Selbsterhaltung leitet Locke das Recht auf Widerstand gegen absolutistische Monarchen und auf Tyrannenmord ab, denn auch im gesellschaftlichen Zusammenleben ist eine dauerhafte Gewährleistung der Naturrechte nicht sicher. Auch in einer friedlichen Zivilisation streben Herrscher zur Tyrannei. Die Methoden der Machtbegrenzung wie die Gewaltenteilung können durch Willkür außer Kraft gesetzt werden. Wer um sein Leben und sein Eigentum durch Willkürherrschaft fürchten muss, darf sich wehren. (13, 20, 138)

Absolute Monarchie ist mit der bürgerlichen Gesellschaft unverträglich. Sie führt zur Aufhebung von Recht und zur Versklavung der Bürger. Dieser hat das Recht sich gegen sie auf seine über den Institutionen stehende Volkssouveränität zu berufen. Durch die Revolution fällt die Gewalt wieder an das Volk zurück. (149, 168)

Locke unterscheidet zwischen Auflösung der Gesellschaft und der Auflösung der Regierung. Die Gesellschaft wird nur aufgelöst, wenn sie durch eine fremde Macht zerstört wird. Die Folge ist eine Auflösung der Regierung. Diese kann auch durch innere Gründe sich selbst vernichten. Die Legislative kann ihre Aufgaben unzulänglich erfüllen. In aller Regel gehen die zum Aufstand treibenden Konflikte von der Obrigkeit aus, die sich vom Volk abwendet und sich gegen es wendet. Das Volk sei in der Regel langmütig im Erdulden von Missständen. (208)

Lockes Rolle als Vorläufer und Begründer liberaler Ideen

Lockes *Gesetze der Natur* fanden in die Rechtsphilosophie Eingang als Idee der *Naturrechte* des Menschen. Werden diese von allen geachtet, ist der Naturzustand ein „Zustand des Friedens, des Wohlwollens, der gegenseitigen Hilfe und Erhaltung". (19) Er profiliert dieses Bild im Kontrast zu Hobbes Auffassung vom Naturzustand als eines Krieges aller gegen alle.

Hobbes begründete eine absolutistische Staatsgewalt zur Unterdrückung des Bösen im Menschen. Locke begründete die Errichtung eines bürgerlichen Staates zur Erhaltung der positiven Qualitäten des Naturzustandes. Seine Gedanken sind Vorläufer der liberalen Gesellschaftstheorie, die in der gesellschaftlichen Zusammenarbeit und Spezialisierung, im freien Handel und unter Wahrung der Eigentumsrechte die Grundlage für die gesamte Zivilisation des Menschen sehen, die zu wahren die Aufgabe des Rechts und der Staatsmacht sei. Nur dass Locke diese Kernidee nicht aus den Gesetzen der Nationalökonomie ableitet, wie hundert Jahre nach ihm David Hume, Adam Smith und schließlich Ludwig von Mises, sondern aus einer Naturrechtsphilosophie, die sich eng an die überkommene Gedankenwelt der Theologie anlehnt und von anderen (Grotius, Pufendorf) vorbereitet wurde.

Die Beschreibung des Naturzustands unterscheidet sich in einer Hinsicht von der späteren Argumentation liberaler Denker wie Hume oder Mises. Es wird in die biblische Epochenlehre eingebettet. In funktioneller Hinsicht aber ist es schon den späteren Modellen sehr ähnlich, die sich ohne Bezug zur Theologie nur an den naturgegebenen Lebensvoraussetzungen orientieren. Schon bei Locke schließen sich Menschen spontan, also im Naturzustand, zu einer Gesellschaft zusammen. Damit wird es notwendig, das Eigentum zu schützen. Voraussetzung dafür ist die Anerkennung von Rechten, nämlich das Recht auf Leben, Gesundheit, Freiheit und Eigentum. Verbunden mit dem Zusammenschluss ist die Aufgabe von Rechten, nämlich das der unumschränkten Willkür (Respektierung des anderen) und des Rechts auf Selbstjustiz.

Diese Rechts- und Freiheitsverzichte begründen sich durch die Vorteile, die mit ihnen verbunden sind, nämlich der Verbesserung der Lebensverhältnisse durch die Gesellschaft im Vergleich zur Not des Naturzustands. Ein Leben in Gesellschaft diene der Selbsterhaltung besser als ein Leben in absoluter Freiheit. Selbst ein gesellschaftliches Leben unter einer Willkürherrschaft sei dem Leben im Naturzustand vorzuziehen. (13, 22f.) Die Zustimmung erfolgt bei Locke einerseits abstrakt durch einen mythischen Sozialvertrag, andererseits tatsächlich von jedem einzelnen Bürger durch Anerkennung der Staatsbürgerschaft, andernfalls er sie ablegt und auswandert. Es braucht also genau genommen in rechtlich-legitimatorischer Hinsicht keine Anerkennung eines mythischen Sozialvertrags. Die Nutzung der gesellschaftlichen Vorzüge ist gleichbedeutend mit einer Zustimmung zur bestehenden Rechtsordnung.

Die Grenzen von Lockes Argumentation im Vergleich zu Hume

Lockes Konzept der Erklärung der Zivilisation, also der Entstehung von Rechtsordnung und Staat, bleibt einem teleologischen Denken verhaftet. Das teleologische, also das auf Ziele gerichtete Handeln, ist Merkmal des Handelns von menschlichen Individuen. Wenn dieses Schema auf die naturgeschichtliche und menschheitsgeschichtliche Ebene angewendet wird, versagt seine Erklärungskraft. Wenn es heißt, dass Gott die Welt und alles, was darin ist, geschaffen hat, ist dies eine teleologische Deutung. Wenn Darwin die Entstehung der Arten ohne das Wirken eines zentralen Willens erklärt, ist dies ein anderes Deutungsmuster. Da Locke dem teleologischen Erklärungsmuster verhaftet bleibt, muss er einen Gründungsakt der Zivilisation annehmen. Dazu konstruiert er den mythischen Naturzustand. Das ist der Angriffspunkt der Kritik. Wir müssen an Gott als Schöpfer glauben, wenn wir die Welt als Schöpfung ansehen und wir müssen an einen Gründungsakt aus dem Naturzustand heraus glauben, wenn wir die Legitimität von Recht und Staat in einem Gesellschaftsvertrag begründen wollen. Wir müssen also diese Voraussetzungen glauben.

Hume kommt, wie wir gesehen haben, ohne diese Mystifizierung eines Uranfanges und ohne die Erfindung eines expliziten oder impliziten Gesellschaftsvertrages aus. Er entgeht dieser Falle, weil er ein Erklärungsprinzip entwickelt, das später Lamarck, Darwin und Alfred Russel Wallace für naturgeschichtliche Fragen übernahmen, und das von seinem Zeitgenossen Adam Smith für das Begreifen der Marktprozesse ins Spiel gebracht wird: das Prinzip der unsichtbaren Hand.

Hume erklärt die Herausbildung der zivilisatorischen Standards des legitimen Rechts und des legitimen, weil auf legitimem Recht gegründeten Staates als einen *spontanen Prozess*, der sich durchsetzen konnte, weil er den Menschen nützt und weil sie dies erkannten. Er kann auf die Fiktionen des Naturzustandes und des Gesellschaftsvertrages verzichten, weil es ihm gelingt zu zeigen, wie sich im Rahmen eines *spontanen Erkundungsprozesses* aus dem natürlichem Egoismus des Menschen heraus *logisch* die höhere Ordnung bilden konnte, ohne dass ein zentraler Wille dabei waltete. Damit legte er den Grundstein für eine Gesellschaftstheorie, die einem wissenschaftlichen Wahrheitsanspruch standhalten kann.

Quellen:

Diese Zusammenfassung basiert und folgt:

Walter Euchner: *John Locke zur Einführung*, Hamburg, 3. Auflage 2011; dort zitiert nach: *Two Treatises of Government*, mit einer Einleitung hg. von Peter Laslett, Cambridge 1960.

Die Angaben in Klammern (...) beziehen sich auf die Paragraphen des zweiten Traktats über die Regierung, zitiert nach der Übersetzung von Dorothee Tidow, Stuttgart 1974 und 2003.

Immanuel Kant – Kritik und Neubegründung

Kant (1724–1804) schreibt auf dem Höhepunkt der Aufklärung. Die Wurzeln seines Denkens sind umfassend: Grotius, Hobbes, Pufendorf, Locke, Leibniz, Thomasius, Wolff, Montesquieu, Hume, Smith, Rousseau und Mendelssohn haben ihre Ideen zu Naturrecht und Sozialvertrag, zur Legitimität von Recht und Herrschaft und zur Gerechtigkeit vorgelegt. Kant unterwirft sie einer kritischen Überprüfung mit dem Ziel, die inhärenten Widersprüche und dogmatische Setzungen im Sinne einer logisch konsistenten Synthese zu überwinden, um eine zeitlos gültige, unwiderlegbare Lehre der Freiheit des Menschen herzustellen.

> „Da es doch, objektiv betrachtet, nur eine menschliche Vernunft geben kann: so kann es auch nicht viele Philosophien geben, d. i. es ist nur ein wahres System derselben aus Prinzipien möglich, so mannigfaltig und oft widerstreitend man auch über einen und denselben Satz philosophiert haben mag." (RL 207)

Er ist Zeitgenosse des Siebenjährigen Krieges, des Amerikanischen Unabhängigkeitskrieges (1773–1787) und der Französischen Revolution (1789–1793), lebt unter einem paternalistischen Absolutismus des Soldatenkönigs Friedrich Wilhelm I., einem aufgeklärten Absolutismus Friedrich II., der religiöse und geistige Freiheit gewährt, und einem restaurativen Friedrich Wilhelm II., der Kant wegen seiner Religionsphilosophie mit „unangenehmen Verfügungen" droht.

Im Gesamtwerk Kants fußt die Rechts- und Staatsphilosophie logisch auf seinen drei *Kritiken*, die das Denken, Handeln und Urteilen durchleuchten, als deren logische Fortsetzung. Sie wird ergänzt durch die *Metaphysischen Anfangsgründe der Naturwissenschaft* (1798). Die Rechtsphilosophie ist in der *Metaphysik der Sitten* (1797) systematisch dargelegt. Voraus gingen thematisch einschlägige kleinere Arbeiten: *Idee zu einer allgemeinen Geschichte in weltbürgerlicher Absicht*

(1784), *Über den Gemeinspruch: Das mag in der Theorie richtig sein, taugt aber nicht für die Praxis* (1793), *Zum ewigen Frieden* (1795).

Die *Metaphysik der Sitten* liest sich sperrig und wurde nicht zuletzt wegen ihrer mangelnden rhetorischen Eleganz vielfach missverstanden. In den Äußerungen zu Einzelfragen wie der Todesstrafe, der Stellung der Frau oder unselbständig Arbeitender treten zeitbedingte Einstellungen zutage, die uns Heutige befremden mögen. Andererseits begründet Kant, im Unterschied zu den englischen Liberalen, die Ablehnung kolonialistischer Landnahme. (RL 266) Die Geldtheorie der Österreichischen Schule der Nationalökonomie, die von Ludwig von Mises entwickelt wurde, hat ihre Wurzeln in Kants Ausführungen, in denen er – mit Verweis auf Adam Smith – aufzeigt, wie sich ein ursprünglich als Ware gehandeltes Gut in Geld verwandelt. (RL 286–9) Die radikalen Untersuchungen der Möglichkeit von Recht und Staat aber sind zeitlos und enthalten ein unerfülltes Potential an freiheitlichem Geist.

Die Möglichkeit von Recht und rechtlicher Beurteilung von Handlungen liegt in der Freiheit des absichtlichen willentlichen Handelns (bei Kant Willkür genannt). Da der Mensch sich gegen seine natürlichen Begierden entscheiden kann und für die Pflicht, das heißt für das, was allgemein zuträglich ist, ist er frei. Nur freien Menschen ist eine Handlung im rechtlichen Sinne zurechenbar. Deshalb sind beispielsweise Kinder ausgenommen. (RL 223)

> „Die Freiheit der Willkür ist jene Unabhängigkeit derer Bestimmung durch sinnliche Antriebe.“ (RL 213) [Unter sinnlichen Antrieben versteht Kant natürliche Begierden aller Art.]

> „Die Freiheit … kennen wir nur als negative Eigenschaft in uns, nämlich durch keine sinnliche Bestimmungsgründe zum Handeln genötigt zu werden.“ (RL 226)

Der handelnde Mensch ist vernünftig, insofern er nicht durch seine Natur determiniert ist. Er kann sich gegen die natürlichen Handlungsimpulse entscheiden und etwas tun, das ihm unmittelbar weniger Lust bereitet, das er aber aus Vernunftgründen vorzieht. Er ist mit Kant frei, weil er wählen kann zwischen Pflicht und Neigung. (RL 216)

I. Der Vernunftbegriff des Rechts

Kants Ausgangsfrage ist, wie eine *kritische* Philosophie des Rechts gewonnen werden kann. (Kritisch bedeutet bei Kant, tiefgründig durchdacht und auf unwiderlegbares Fundament gestellt.) Zwei Antworten auf die Frage, wie sich Recht begründet, sind überkommen:

Das *positive* Recht ist durch die Obrigkeit gesetztes Recht, dessen Legitimation sich aus der des Herrschers ableitet. Der Herrscher maßt sich die Befugnis der Gesetzgebung und Rechtsprechung an. Es ist klar, dass positives Recht Willkür ist und gegen offensichtliche Ungerechtigkeit nur durch die Klugheit und Tugend des Herrschers geschützt, also stets die Gefahr birgt, despotisch zu sein.

Das *Naturrecht* ist überkommenes Recht. Es ist an das Wohl der Menschen gebunden und auslegungsbedürftig. Während das positive Recht vom Recht des Herrschers ausgeht und den Untertanen zuweist, was ihnen aus Sicht des Herrschers zusteht, geht das Naturrecht vom Menschen aus und weist dem Herrscher zu, was ihm nach Ansicht der Bürger zusteht. Doch was das ist, muss notwendig strittig bleiben, weil es vom Naturbegriff und den Erfahrungen der Menschen abhängt.

Kant fragt danach, wie der *Grundbegriff des Rechts a priori* (also vor jeder Erfahrung), also ohne Herrscherwillkür und ohne Abhängigkeit von einer a posteriori (erfahrungsabhängigen) Meinung der Menschen gefunden werden kann, nämlich aus der reinen Vernunft. Dieser wäre weder willkürlich noch erfahrungsgebunden, sondern fest und unwiderlegbar.

> „Eine Metaphysik der Sitten [die die Rechts- und Tugendlehre umfassende Rahmentheorie] kann nicht auf Anthropologie gegründet, aber doch auf sie angewandt werden.“ (RL 217)

In einem zweiten Schritt ist aus diesem apriorischen Grundbegriff unter Bezugnahme auf die tatsächlichen Gegebenheiten ein Gesetzeswerk zu entwickeln, das sowohl Privatrecht als auch Staats- und Völkerrecht umfasst.

Recht und Moral

Auf der Suche nach diesem Ausgangspunkt grenzt Kant Recht und Moral gegeneinander ab. Im Unterschied zur Tugendlehre kommt es, nach Kant, beim Recht nicht auf die inneren Einstellungen, die Gesinnungen des Menschen an.

> „Diese Gesetze der Freiheit heißen zum Unterschiede von Naturgesetzen moralisch. Sofern sie auf bloße äußere Handlungen und deren Gesetzmäßigkeiten gehen, heißen sie juridisch; fordern sie aber auch, dass sie (die Gesetze) selbst die Bestimmungsgründe der Handlungen sein sollen, so sind sie ethisch; und alsdann sagt man: die Übereinstimmung mit den ersteren ist die Legalität, die mit den zweiten die Moralität der Handlung." (RL 214)

Es ist nicht die Aufgabe des Rechts, die Moralität (Tugend) der Bürger zu befördern. Diese tendenziell totalitäre Erziehungsaufgabe weist Kant ebenso zurück, wie einen Rechtspositivismus, der Rechtsverhältnisse willkürlich gestaltet. Beides sind despotische Funktionen des Rechts, die im ersten Fall durch Veränderung der Menschen, im zweiten durch Zwang zum Ziel gelangen will, die Untertanen dem Willen des Herrschers zu unterwerfen.

> „Die Pflichten nach der rechtlichen Gesetzgebung können nur äußere Pflichten sein." (RL 219) „Wenn die Absicht nicht ist, Tugend zu lehren, sondern nur, was recht ist, vorzutragen, so darf und soll man selbst nicht jenes Rechtsgesetz [siehe unten RL 230] als Triebfeder der Handlung vorstellig machen." (RL 231)

Damit ist gesagt, dass von den handelnden Personen nicht erwartet werden darf, dass sie aus Tugend handeln, wenn es um die rechtliche Beurteilung ihres Tuns geht. Die Gesinnung der Tat spielt in rechtlicher

Bewertung keine Rolle, sondern nur die Tat selbst. Die Begrenzung der Freiheit ist eine äußere. Durch das Tun dürfen die Freiheitsrechte der anderen nicht verletzt werden, durch Gedanken oder Absichten können sie nicht verletzt werden. Das Recht fordert keine Tugend, sondern Legalität. Wenn Gesinnungsfragen keine Rechtsfragen sind, schließt der Rechtsbegriff auch implizit jedes Gesinnungsrecht und jede Gesinnungsschnüffelei aus.

Das Grundprinzip des Rechts

Das Recht, sagt Kant, soll das Zusammenleben von Personen möglich machen. Person bedeutet hier, ein Subjekt, das selbst Urheber seiner Handlungen und damit frei ist. Das Recht betrifft die *äußere Freiheit*. Es hat

> „überhaupt nur das zum Objekte [...], was in Handlungen äußerlich ist." (RL 232)

Es setzt an der Freiheit des Handelns an, es beleuchtet nicht die innere Verfassung der handelnden Menschen, interessiert sich nicht für ihre Triebe, ihre Bedürfnisse und Leidenschaften, die unter die Moralphilosophie fallen. Das *Grundprinzip* des Rechts ist folgendes:

> „Das Recht ist also der Inbegriff der Bedingungen, unter denen die Willkür des einen mit der Willkür des anderen nach einem allgemeinen Gesetze der Freiheit zusammen vereinigt werden kann." (RL 230)

Das ist der gültige liberale Rechtsbegriff, gemeißelt in Kants Sprache. Das Wörtchen „kann" hat es in sich. Es bedeutet, dass jeder vernünftige Bürger (jeder, weil „allgemeines" Gesetz) einem Recht zustimmt, wenn es in seinem eigenen wohlverstandenen Interesse ist. Das ist der Fall, wenn es ihn mit anderen rechtlich *gleich* stellt (gleich vor dem Gesetz). Einem Gesetz *kann* ich dann zustimmen, wenn es mich weder bevorzugt noch benachteiligt. Ich *kann* ihm *nicht* zustimmen, wenn es Privilegien schafft. Das Rechtsprinzip spiegelt auf der allgemeinen gesellschaftlichen Ebene das Tauschprinzip (d. i. Freiwilligkeit), das auf der Ebene individuellen Handelns wirksam ist.

Recht ist nur anzuwenden, wenn Menschen frei handeln. Jeder Vertrag ist so lange gerecht, wie Partner freiwillig und ohne Betrug handeln. Die Rechtsaufgabe, das Zusammenleben in äußerer Freiheit zu ermöglichen, kann nicht gestaltet werden, wenn die einen die anderen unterwerfen. Denn versklavte Menschen sind ihrer Freiheit beraubt und die Aufgabe, Recht zu stiften, ist damit verfehlt. Aus der Aufgabenstellung des Rechts folgt schlüssig die Definition des Grundprinzips des Rechts.

Die *Aufgabe* des Rechts ist es, das Zusammenleben äußerer Freiheit zu ermöglichen. Die inneren Gesichtspunkte sind nur rechtserheblich, wenn sie handlungsmächtig werden, also erst als Ergebnisse des Handelns, erst als äußere Tatsachen. Die äußere Freiheit darf nur eingeschränkt werden unter der Maßgabe eines Gesetzes, dass allgemein gilt, d. h. für alle Menschen gleich gilt. Wer in Übereinstimmung mit diesem Prinzip handelt, handelt rechtlich und eine Hinderung ist unzulässig.

> „Wenn also meine Handlung, oder überhaupt mein Zustand mit der Freiheit von jedermann nach einem allgemeinen Gesetz zusammen bestehen kann, so tut der mir Unrecht, der mich daran hindert; denn dieses Hindernis (dieser Widerstande) kann mit der Freiheit nach allgemeinen Gesetzen nicht bestehen." (RL 230f.)

Notwendigkeit des Rechts

Aus dem Grundprinzip erfolgt die Erkenntnis, dass Recht notwendig ist. Wenn die Freiheit des einen mit der des anderen zusammenstößt, so ist die Vereinigung beider nur im Recht möglich. Die Alternative wäre die Gewalt und Unterwerfung des Schwächeren durch den Stärkeren, was gleichbedeutend ist mit der Beraubung seiner Freiheit. Dies wäre aber das Scheitern des Zusammenlebens. Recht oder Gewalt schließen sich gegenseitig aus. Nur das Recht ermöglicht das Zusammenleben und damit die allgemeine Freiheit. Vernünftig und damit legitim sind allein solche Rechtsbestimmungen, die die Freiheit des einen mit der

Freiheit aller anderen nach streng allgemeinen Gesetzen verträglich sein lassen.

Dies erklärt auch, warum jede Moralisierung des Rechts unzulässig ist. Die Bindung von Gesetzen an das spezielle Wohlergehen einzelner behandelt die Menschen nicht streng allgemein, sondern ungleich.

Die Befugnis zum Zwang

Durch die Zwangsbefugnis des Rechts wird die Freiheit beeinträchtigt. Die Idee eines Verzichts auf jeden Zwang und jedweder Herrschaft entspringt aus dieser Unbequemlichkeit. An Stelle von Lösungen auf der Grundlage eines allgemeinen Rechts wurden Sozialutopien erdacht, die die Zwangsbefugnis des Rechts umgehen sollen.

Kant weist solche Intentionen zurück, aber nicht moralisch, also aus Nützlichkeitserwägungen, sondern indem er die logische Notwendigkeit der Zwangsbefugnis nachweist. Da Recht der Inbegriff der Bedingungen ist, unter denen die Freiheit des einen mit der aller anderen verträglich wird, ist jede Handlung rechtlich erlaubt (legitim), die mit der Freiheit der anderen nach allgemeinen Gesetzen vereinbar ist. Jeder Eingriff in diese rechtliche Befugnis ist dagegen unerlaubt (illegitim). Jeder der mich an den mir rechtlich erlaubten Handlungen hindert, tut mir unrecht. Deshalb ist der Zwang, der den illegitimen Eingriff verhindert, als Ermöglichung legitimer Handlungsfreiheit selber legitim. Zwang ist rechtens, solange er Unrecht abwehrt; jeder darüber hinaus gehende Zwang ist selber Unrecht.

> „Das Recht ist mit der Befugnis zu zwingen verbunden. … Wenn ein gewisser Gebrauch der Freiheit selbst ein Hindernis der Freiheit nach allgemeinen Gesetzen (d. i. unrecht) ist, so ist der Zwang, der diesem entgegengesetzt wird, als Verhinderung eines Hindernisses der Freiheit mit der Freiheit nach allgemeinen Gesetzen zusammen stimmend. … Das strikte Recht kann auch als die Möglichkeit eines mit jedermanns Freiheit

> nach allgemeinen Gesetzen zusammenstimmenden durchgängigen wechselseitigen Zwanges vorgestellt werden. … Recht und Befugnis zu zwingen bedeuten also einerlei." (RL 231f.)

Menschenrecht

Menschenrechte wurden bis Kant als Naturrechte aufgefasst. Kant fasst sie als Ansprüche, die jedem Menschen unabhängig von persönlichen Verhältnissen, politischen Konstellationen und geschichtlichen Bedingungen zukommen, auf, also die von Zeit und Ort unabhängigen Rechte aller Menschen.

Weil jede Handlung erlaubt ist, die mit der Freiheit jedes anderen vereinbar ist, gebührt „jedem Menschen kraft seiner Menschheit" jenes Maß an Freiheit, das „mit jedes Anderen Freiheit nach einem allgemeinen Gesetz zusammen bestehen kann". (RL 237) *Die mit der Freiheit aller anderen verträgliche Freiheit ist das einzige Menschenrecht.* Die angeborene *Gleichheit*, die Kant definiert als die „Qualität des Menschen sein eigener Herr zu sein", ist in den Begriff der Freiheit eingeschlossen. Das Menschenrecht ist nicht erworben. In der Sprache der Zeit ist es angeboren, was wir aber nicht im heutigen biologischen Sinne auffassen dürfen.

Dieses eine Menschenrecht fällt in das „innere Mein und Dein", es ist folglich kein äußeres Recht, kein Eigentum, sondern eine Wesensqualität des Menschen und daher unveräußerlich. (RL 238) Es geht auch unter äußerem Zwang nicht verloren. Die Handlungsfreiheit bleibt als „inneres Mein" bestehen, auch wenn äußerer Zwang auf die vollständige Unterwerfung des Individuums aus ist, jedenfalls so lange wie die Handlungsfähigkeit überhaupt nicht verloren gegangen ist.

II. Das Privatrecht: Eigentum

Auch Kant greift das Konzept des Naturrechts auf. Er stellt dem Naturzustand aber nicht die *Gesellschaft* gegenüber, sondern den *bürgerlichen Zustand.* Im Naturzustand kann es Gesellschaft

(Vereinigung von Menschen über den Kreis der Familie hinaus) geben, aber keine bürgerliche (also keine mit Rechtsordnung). (RL 244)

Für Kant ist Eigentum (wenn nicht anders vermerkt ist immer Sonder-, also Privateigentum gemeint) eine Grundvoraussetzung äußerer Freiheit. Über sein Eigentum kann man wie über seinen eigenen Leib frei verfügen. Es erweitert den eigenen Leib über seine natürlichen Grenzen hinaus und steckt die Grenzen der Freiheit der anderen ab. Damit wird es zur Macht im zweifachen Sinn: Mit meinem Eigentum erweitert sich der Zugriffsradius in die Welt, meine Freiheit erweitert sich; mein Eigentum ist dem Zugriff anderer entzogen und grenzt deren Freiheit ein. Die geniune territoriale Bindung des Eigentums in dieser Idee Kants, seine Qualität als äußeres Mein hier, an diesem Ort und die existenzielle Verbindung des äußeren mit dem inneren Mein bilden die Grundlage eines radikalen Humanismus: Angriffe auf das Eigentum eines Menschen sind Angriffe auf die ganze Person, zielen auf Unterwerfung und Knechtung. Wer ohne Eigentum ist, d. i. über kein Eigentum nach eigenem Willen verfügen kann, ist seiner Handlungsfreiheit beraubt, von der Willkür der Mächtigen abhängig.

Der philosophische Kommunismus lehnt Privateigentum ab. Kant weist nach, dass dieser Standpunkt logisch zu Widersprüchen führt und nicht haltbar ist. Privates oder, wie Ludwig von Mises es nennt, Sondereigentum ist nicht nur kein Diebstahl (Proudhon), es ist sogar eine vernunftnotwendige Institution und unabdingbarer Bestandteil jeder Rechtsordnung. Kant stützt sich nicht auf historische, empirische oder anthropologische Gründe. Privateigentum ist nicht nur in einer geschichtlich vorübergehenden Epoche aufgetreten und wird in zivilisierten Gesellschaften niemals überflüssig werden. Es ist notwendig im Rahmen der Regelung der äußeren Freiheit von Menschen im gesellschaftlichen Zusammenhang.

Das äußere und das innere Mein und Dein

Kant unterscheidet das äußeren Mein und Dein vom inneren und verknüpft den Eigentumsbegriff ausschließlich mit dem äußeren. Damit sind auch Leib und Leben, Denken und Fühlen vom äußeren Mein ausgeschlossen. Körper und Geist gehören von Standpunkt der Rechtsordnung zur Privatheit, sind in diesem Sinne innerlich.

Kein Mensch ist „Eigentümer von sich selbst …, geschweige denn von anderen Menschen“. (RL 270) Der Begriff des *Selbsteigentums*, den Locke verwendet, ist ebenso widersinnig wie der des legitimen Eigentums über andere Menschen. Sklaverei ist niemals rechtlich zulässig. Eigentum über Personen umfassen notwendig das innere Mein und Dein. Dieses fällt aber nicht unter den Eigentumsbegriff. Das innere Mein und Dein ist dem äußeren logisch vorausgesetzt, es ist die *Subjektseite* des Eigentümers und nicht die *Objektseite* des Eigentums. Das äußere Mein, mein Eigentum, ist die Erweiterung des inneren zur Gesellschaft hin. Es beruht auf dem Verhältnis, das ich zu anderen Menschen eingehe. Wäre ich Eigentümer über mein Inneres, so wäre zu fragen, welches Ich das Eigentümer-Subjekt über mein Inneres ist. Da aber dieses Ich nicht zugleich Subjekt und Objekt sein kann, muss es scheinbar in zwei Teile zerfallen, in einen subjektiven und einen objektiven. Damit verliert es seine Bestimmung. Es tritt nun eine Wiederholung derselben Frage auf. Umfasst das Selbsteigentum auch das nun neu ins Bild gebrachte Ich, welches das innere Ich zum Eigentum hat? Es kommt zum unendlichen Regress.

Sind die Sphären des inneren und Äußeren Mein in rechtsphilosophischer Sicht begrifflich scharf getrennt, so bilden sie doch gemeinsam die Idee des Mein (und Dein). Ich bin nicht nur was ich bin, sondern auch das, was ich habe. Haben und Sein als existenzielle Begriffe sind eben nicht scharf voneinander zu unterscheiden, bedingen sich gegenseitig. Ich bin vermögend und habe Reichtum, ich bin gebildet und habe Wissen. Eigentum ist die Frucht meines Handelns (Haben) und ist Gegenstand meines Stolzes (Sein). Auch die Einbeziehung anderer Personen in die Formen des Eigentums (siehe unten) weisen auf den existenziellen Bedeutungsumfang des Begriffes hin.

Die feste Verbindung des inneren und äußeren Mein und Dein, die Idee der Erweiterung des inneren Mein durch das Eigentum als äußeres Mein wird deutlich daran, dass nach dem Ableben des Eigentümer das

Eigentum nicht wieder zurückfällt ins herrenlose Gemeineigentum oder dem Staat anheimfällt, sondern dem rechtmäßigen Erben zufällt, der im Kantschen Sinn dem inneren Mein, der Privatsphäre zugehört. Eigentum ist nach außen Privateigentum, nach innen Gemeineigentum der familiären Gemeinschaft und bleibt deren Vermögen als Erbe.

Das Erbrecht als Teil des unverbrüchlichen Eigentumsrechts dient der Entwicklung der Zivilisation, denn die für die fortschreitende Verbesserung der Lebensverhältnisse notwendige Herstellung von immer mehr und immer besseren Kapitalgütern setzt eine fortwährende Kapitalakkumualtion voraus. Diese kann nicht innerhalb der Lebensspanne eines Einzelnen erfolgen, sondern ist eine fortwährende generationenübergreifende Aufgabe. Am Aufbau der Zivilisation arbeiten viele Generationen.

Die Formen des Eigentums

Zum äußeren Mein und Dein gehören drei Bereiche: 1. körperliche Sachen außer mir (ein Stück Land, Güter); 2. eine verabredete Leistung (Verträge); 3. der Zustand einer anderen Person im Verhältnis zu mir. (RL 247) Zu diesem dritten Bereich gehören das Ehe-, Eltern- und Hausherrenrecht. Eigentum ist weit mehr als die Verfügungsgewalt über sachliche Güter. Sie schließt immer Verhältnisse mit Menschen ein, sei es als Recht auf zu fordernde Leistungen oder als Schutz vor Übergriffen.

Das äußere Mein in den drei Arten von Sachen, Leistungen und Zuständen kann ich rechtmäßig gebrauchen. Sie dürfen mir nicht entrissen werden. Ist das Mein nun rechtlich dasselbe wie Besitz?

Intelligibler oder Vernunftbesitz

Das gestohlene Gut gehört mir nicht, auch wenn ich es im wörtlichen Sinn besitze. Eigentum ist nicht abhängig von der Anwesenheit des Eigentümers. Eigentum beschränkt sich nicht auf das physische Innehaben. Auch Güter, die ich verlasse, bleiben mein Eigentum. Das bedeutet, dass Eigentum einen legitimen Rechtsanspruch einschließt, notwendig eine nicht dingliche Seite hat. (RL 249)

Der philosophische Kommunismus, der nur Gemeineigentum kennt, scheitert an dieser Fragestellung. Er kann keinen Rechtsanspruch auf die persönliche Habe begründen. Alle Dinge, die wir im Kommunismus aus der Hand legen, gehen in Allgemeineigentum über. Die Nutzung dieser Dinge ist danach nicht mehr möglich, weil niemand rechtlich befugt ist, sie sich anzueignen. Folglich wären die Menschen gezwungen, sich willkürlich in den Besitz der Lebensmittel zu bringen. Sie würden sich im Kampf um die Besitznahme der Güter, die Gemeineigentum sind, zerstreiten, was nur durch Herrschaftseingriffe lösbar wäre, die aber ihrerseits das Gemeineigentum zum Herrschaftsmonopoleigentum verwandeln würde. Konsequentes Gemeineigentum ist in zivilisierten Gesellschaften unmöglich.

Die ursprüngliche Entstehung des Eigentums

Wenn Eigentum besteht, wird es durch Kauf, Schenkung oder Erbe erworben. Die Güter wechseln den Eigentümer, aber das Eigentum besteht als Institution schon vorher. Die Frage ist, wie kommt die Institution des Eigentums in die Welt? Die Naturrechtsphilosophen (Grotius) nahmen einen allgemeinen Sozialvertrag an. Locke widersprach dem und behauptete, dass Eigentum entstünde, wenn ein aufgefundenes Ding durch Arbeit verändert würde. Damit sei es angeeignet und rechtliches Eigentum. Kant widerspricht beiden. (RL 251)

Er konstruiert eine Herleitung, die nicht historisch, sondern logisch zu verstehen ist. Lockes Denkfehler bestünde darin, dass das Material, das Lockes Arbeiter verändert, bereits in sein Eigentum übergegangen sein muss, wenn er es bearbeitet. Die Frage ist damit nicht beantwortet. Es muss ein Ansatz gefunden werden, der den Zustand vor jedem Eigentum zum Ausgang nimmt und den Übergang zum Eigentum überhaupt beschreibt.

Im Naturzustand liegt alles Land in einem fiktiven Gemeinbesitz. Kant unterscheidet hier feinsinnig Besitz von Eigentum. Da wir uns in einem fiktiven Zustand vor jedem Recht befinden, kann es kein Eigentum geben. Aber jeder hat als Teil der Menschheit das Recht, sich die Dinge der Natur anzueignen, weil er anders nicht leben kann. Kant nennt das das *Gesetz der äußeren Freiheit*. Die Natur ist den Menschen als Gemeinbesitz geschenkt. (RL 258) Vom Gemeinbesitz geht das Gut in das Privateigentum über. Dieser Übergang ist zu klären. Hier gilt das Prinzip des *zeitlichen* Vorranges. (RL 259) Wer zuerst ein Stück Natur sich aneignet, ist Eigentümer.

> „Was ich (nach dem Gesetz der äußeren Freiheit) in meine Gewalt bringe, und wovon als Objekt meiner Willkür Gebrauch zu machen ich … das Vermögen habe: endlich, was ich will, es solle mein sein, das ist mein." (RL 258)

Der rechtliche Vorrang wird aus dem zeitlichen abgeleitet. Nur so ist Eigentum möglich. Wäre der jeweils zeitlich Nachfolgende der rechtmäßige Besitzer, könnte Raub nicht als Rechtsbruch definiert werden. Das Prinzip des zeitlichen Vorrangs ermöglicht Beständigkeit der Verhältnisse und ist eine der Grundlagen der Gesellschaft, eine zivilisatorische Notwendigkeit.

Die ursprüngliche Besitznahme denken wir uns als Bemächtigung (Okkupation) von Dingen und von Grund.

> „Die erste Erwerbung einer Sache kann keine andere als die des Bodens sein." (RL 261)

Sowohl chronologisch als auch begriffslogisch ist Eigentum immer territorial. Der Engländer sagt: My home is my castle. Es kann kein Eigentum gedacht werden, das keinen Ort hat. Dinge haben sowohl materiell als auch rechtlich immer eine territoriale Seite. Mein Besitz ist der Sitz, auf dem meine Existenz beruht. Meine Habe führe ich bei mir. Ich lebe (im Kreise meiner Angehörigen) rechtens an meinem Ort, an meinem Wohnsitz. Meine Staatszugehörigkeit ist ein unveräußerliches Recht. Selbst geistiges Eigentum hat einen Ortsbezug in der Form, als der Sitz des Gerichts bestimmt ist, an dem ein möglicher Streit zu verhandeln ist, nach einem Gesetz, das an einem bestimmten Ort gültig ist. Auch Recht ist immer territorial.

Das bloße Auflesen von Dingen im Akt der ursprünglichen Okkupation verwandelt diese zur persönlichen Habe. Aber erst, wenn ein Stück Grund angeeignet ist, tritt die Notwendigkeit des intellegiblen Besitzes zum Vorschein.

> „Der Vernunfttitel der Erwerbung aber kann nur in der Idee eines a priori vereinigten (notwendig vereinigenden) Willens aller liegen, welche hier als unumgängliche Bedingung stillschweigend vorausgesetzt wird; denn durch einseitigen Willen kann anderen eine Verbindlichkeit, die sie für sich sonst nicht haben würden, nicht auferlegt werden." (RL 264)

Der Vernunfttitel, von dem Kant spricht, mit anderen Worten, die Idee der Rechtmäßigkeit von Privateigentum muss vor jeder Erfahrung gegeben sein. Er muss als notwendig angenommen werden können, damit er auch wirklich angenommen wird. Als einseitiger Willensakt kommt kein Recht zustande. Er ist auch nicht davon abhängig, ob die Anerkennung sich förmlich ausdrückt, etwa in einer gemeinsamen symbolischen Handlung, in einem expliziten Vertragsschluss, wie das im Mythos vom Gesellschaftsvertrag anklingt. Es genügt, dass dieser Rechtstitel *als allgemein gültig gedacht werden kann*. Dann kann er in eine Rechtsordnung übertragen werden. Als allgemein kann er dann erkannt werden, wenn alle annehmen können, dass er allen Personen gleichermaßen zugute kommt. Das Privateigentum kommt also in die Welt, weil es eine Gleichheit in der Ausübung des äußeren Freiheitsrechts herstellt, weil diese Institution allen Menschen gleichermaßen bessere Lebenschancen bietet. Weil sie allen Menschen gleichermaßen nützt.

Die Anerkennung ist erforderlich, wenn Eigentümer und Eigentum sich nicht am selben Ort befinden. Alles, was auf meinem Grund liegt, gehört mir, und wird als Meins respektiert, auch wenn ich mich entferne, und weiterhin alles, was zu meinem Grund gehört, auch wenn es nicht dort liegt. Das Privateigentum ist die Grundlage der gesellschaftlichen Vereinigung von Menschen, also einer Gemeinschaft, bei der die Personen sich nicht gegenseitig als einander zugehörig ansehen, wie es in einer Familie der Fall ist, wenn sich beispielsweise mehrere Familien zu einer Gemeinschaft vereinigen. Dies war historisch der Fall beim Übergang zur Sesshaftigkeit in der jungsteinzeitlichen Revolution (Ackerbau und Viehzucht).

III. Das öffentliche Recht: die Begründung des Rechtsstaates

Vor der Errichtung des Staates haben die ursprünglichen Eigentumsverhältnisse nur *provisorischen* Charakter. Hume nannte dies Konvention. Vor diesem rechtsstaatlichen Zustand bestehen nur an den persönlichen Besitzgütern (Ehe, Familie, Hausgemeinschaften, die persönliche Habe) respektierte Rechtstitel. Grundeigentum, Vorräte, Herden, Felder, Fahr- und Werkzeuge, also alle Dinge und Verträge, die nicht dauernd physisch besessen werden können, die eine Anerkennung auch ohne persönliche Präsens erfordern, werden erst im Rechtsstaat garantiert.

Die Notwendigkeit der Rechtsordnung

Das Eigentum ist eine Rechtsinstitution, die dem Staat logisch (und auch historisch) vorausgeht. Erst der Staat sichert den Eigentümer vor Übergriffen, zwingt unrechtmäßig Angeeignetes zurück zu geben, befreit den Eigentümer von der Mühe, das Seine mit eigener Kraft zu verteidigen. Das Recht am Eigentum beruht auf der Verbindlichkeit des Eigentumsbegriffs. Es ist die Regel, dass wir die Dinge, die wir als die unseren betrachten dürfen, als unantastbar für alle anderen anerkennen. Diese wechselseitige Versicherung der Anerkennung des Rechtsanspruchs ist eine Rechtsordnung. Eine Rechtsordnung ist aber nur in einer bürgerlichen Gesellschaft gegeben.

> „Etwas Äußeres als das Seine zu haben, ist nur in einem rechtlichen Zustande, unter einer öffentlich-gesetzgebenden Gewalt, d. i. im bürgerlichen Zustande, möglich. (RL 255) … Im Naturzustande kann doch ein wirkliches, aber nur provisorisches äußeres Mein und Dein statt haben.“ (RL 256)

Der provisorische Charakter des Rechts im Naturzustand begründet sich aus der Tatsache, dass erst im bürgerlichen Zustand die Möglichkeit besteht,

> „jeden Anderen, mit dem es zum Streit des Mein und Dein über ein solches Objekt kommt, zu nötigen, mit ihm zusammen in eine bürgerliche Verfassung zu treten.“ (RL 256)

So lange sich Menschen weigern können, im Streitfall das Eigentumsrecht anzuerkennen, herrscht ein Naturzustand. Erst wenn sie zur Anerkennung des Rechts gezwungen werden können, ist das Recht auch wirklich gesichert und dies ist die Definition des bürgerlichen Staates, des Rechtsstaat.

Aus der Notwendigkeit des Rechts auf Eigentum, welches – wie gezeigt – die äußere Freiheit des Menschen bedingt, leitet sich die Notwendigkeit des Staates als Schutz und Garant des Eigentums ab. Dabei übernimmt er auch den Schutz der Menschenrechte, er begründet die „Aufhebung der Gewalttätigkeit“ und sichert Leib und Leben, Ehe und Familie, Haus und Hof. Insofern ist der Staat eine Institution zweiter Ordnung, die den Institutionen erster Ordnung (Leib und Leben, Ehe und Familie, Eigentum) dient.

Leitideen

Kant lehnt die Vorstellung ab, dass die Rechtsbeziehungen der Menschen untereinander durch bloßes Naturrecht geregelt werden können. Diese Position wurde schon früh von Cumberland (1672) in Opposition zu Hobbes vertreten. Dem gegenüber greift Kant auf die Theorie des Gesellschaftsvertrages zurück, der von Grotius und Hobbes ausgehend, von Locke und Hume durchdacht und insbesondere von Rousseau ausgeführt wurde. Des weiteren bettet er die von Locke vorgetragene Theorie der Menschenrechte, die von Montesquieu entwickelte Theorie der Gewaltenteilung in seine Staatstheorie ein und gibt ihr eine logisch konsistente Form.

Kant fasst den Begriff des *Gesellschaftsvertrages* als eine von aller Erfahrung unabhängige Idee der reinen praktischen Vernunft a priori.

Wie schon Hume lehnt er eine historische Deutung ab, wie sie im Verweis auf eine Urhandlung wie dem Rütli-Schwur suggeriert wird. Der Gesellschaftsvertrag ist nach Kant nicht der historische sondern der logische Ursprung, die Vernunftidee des Rechtsstaates. Es ist die Regel und die Richtschnur wie er sein soll.

Eine andere bloße Vernunftidee ist die des *Naturzustands*. Es spielt keine Rolle, ob er der staatlichen Gesellschaft historisch tatsächlich vorausging. Er drückt die Idee eines gesellschaftlichen Zusammenlebens ohne Rechtsstaat aus. Es ist ein Zustand der Anarchie, wörtlich der Herrschaftslosigkeit. Im Naturzustand regiert die unbegrenzte, aber wilde Freiheit aller; jeder kann das tun, was ihm recht und gut dünkt, ohne Rücksicht auf das Wohl seiner Mitmenschen. (RL 312)

Die Herleitung der Notwendigkeit des Rechtsstaates aus dem Naturzustand

Kant spricht beim Naturzustand als einem der „äußerlich gesetzlosen Freiheit". (RL 307) Es herrscht faktisch Rechtlosigkeit. Wie schon Hobbes sagte: Im Naturzustand herrscht der (latente) Krieg aller gegen alle. Niemand ist verpflichtet, von Rechtsbrüchen abzusehen. Zwar haben die Menschen angeborene und erworbene Rechte, aber allen Rechten mangelt die Sicherheit. Selbst wenn alle Beteiligten rechtliebend sind, stoßen im Fall eines Rechtsstreits gleichberechtigte Rechtsmeinungen aufeinander und es gibt keinen autorisierten Richter, der den Streit rechtsverbindlich entscheidet. Niemand erhält sein Recht auf dem Rechtsweg, so dass sich der Rechtscharakter aller Rechte aufhebt. Die Rechte sind zwar vorhanden und können ins Spiel gebracht werden, aber sie sind nicht garantiert und verbindlich und verlieren damit ihre Wirksamkeit. Sie sind nicht mehr Ansprüche, die unabhängig vom Willen anderer bestehen, sondern ihre Anerkennung hängt von der Gnade und dem Gutdünken anderer, also der privaten Willkür ab.

> „Niemand ist verbunden, sich des Eingriffs in den Besitz des anderen zu enthalten, wenn dieser ihm nicht gleichmäßig auch Sicherheit gibt, er werde eben dieselbe Enthaltsamkeit gegen ihn

> beobachten. Er darf also nicht abwarten, bis er etwa durch eine traurige Erfahrung von der entgegengesetzten Gesinnung des letzteren belehrt wird; denn was sollte ihn verbinden, allererst durch Schaden klug zu werden, da er die Neigung der Menschen überhaupt über andere den Meister zu spielen … in sich selbst hinreichend wahrnehmen kann, und es ist nicht nötig, die wirkliche Feindseligkeit abzuwarten; er ist zu einem Zwange gegen den befugt, der ihm schon seiner Natur nach damit droht. … Bei dem Vorsatze, in diesem Zustande äußerlich gesetzloser Freiheit zu sein und zu bleiben, tun sie einander auch gar nicht unrecht, wenn sie sich untereinander befehden; denn was dem einen gilt, das gilt auch wechselseitig dem anderen, gleich als durch eine Übereinkunft: aber überhaupt tun sie im höchsten Grade daran unrecht in einem Zustande sein und bleiben zu wollen, der kein rechtlicher ist, d. i. in dem niemand des Seinen wider Gewalttätigkeit sicher ist.“ (RL 307f.)

Das Recht hat seiner Bestimmung nach die Aufgabe, vor privater Willkür zu schützen. Das Recht im Naturzustand ist somit unvollständig. Es ist nur eine Forderung, der aber die unmittelbare Wirkung, der Zwangscharakter fehlt. Erst im Rechtsstaat vollendet sich der Rechtscharakter der Rechte zur Gänze. Der Staat ist darum notwendig, nicht nur vorteilhaft.

Die Idee des Rechtsstaats

Im Naturzustand herrschen partikulare Willen. Der Rechtsstaat überwindet diese und setzt einen allgemeinen Willen des Volkes ein, den Willen des Rechts schlechthin, den Rousseau *volonté général* nannte. Dies nennt Kant den *öffentlichen Rechtszustand.* Er wird nicht von irgendeinem beliebigen Staat garantiert, sondern nur in einer *Republik*, was heißt, in einem Rechts- und Verfassungsstaat.

> „Dieses ist also ein System von Gesetzen für ein Volk, d. i. eine Menge von Menschen, oder für eine Menge von Völkern, die, im wechselseitigen Einflusse gegeneinander stehend, des rechtlichen Zustandes unter einem sie vereinigenden Willen, einer Verfassung, bedürfen, um dessen, was Rechtens ist, teilhaftig zu werden. Dieser Zustand der Einzelnen im Volke in Verhältnis

> untereinander heißt der bürgerliche und das Ganze derselben in Beziehung auf seine eigenen Glieder der Staat." (RL 311)

Der Staat gründet sich auf dem Recht freier Personen zum Zweck der Sicherung dieses Rechts durch eine Verfassung und die Gesetze. Verfassung und Gesetze haben die Aufgabe, die Rechte der Bürger zu schützen, namentlich das Eigentum und das Menschenrecht. Ein Staat ist also nicht eine Institution über den Bürgern, sondern der Ausdruck für die *Glieder der vereinigten Bürger*, die miteinander im Wechselverhältnis stehen.

Kant übernimmt die *Gewaltenteilung* in Legislative, Exekutive und Judikative von Montesquieu und begründet das Prinzip der Volkssouveränität.

> „Ein jeder Staat enthält drei Gewalten in sich. … Die gesetzgebende Gewalt kann nur dem vereinigten Willen des Volkes zukommen. Denn da von ihr alles Recht ausgehen soll, so muss sie durch ihr Gesetz schlechterdings niemand unrecht tun können." (RL 313)

Die gesetzgebenden Bürger werden in der *Staatsbürgerschaft* anerkannt. Ein Staatsbürger genießt „gesetzliche Freiheit", er muss also „keinem anderen Gesetz gehorchen, als zu welchem er seine Beistimmung gegeben hat." (RL 314) Unter bürgerlicher Gleichheit versteht Kant, dass die Oberen den Gesetzen unterworfen sind. Als drittes Attribut des Bürgers nennt er die Selbständigkeit, also dass seine Existenz von keinem anderen abhängig ist. Kant spricht nur Selbständigen Bürgerrechte zu.

Wohlfahrtspflege des Staates ist ungerecht

Im Gegensatz zu *Wolff* und *Mendelssohn* und gegen die Zielstellung des *Allgemeinen preußischen Landrechts* spricht sich Kant dagegen aus, dass die Pflichten der Menschlichkeit (Wohltätigkeit) in den Aufgabenbereich des Staates gehört. Es widerspricht der Grundaufgabe des Rechts, Gerechtigkeit herzustellen, wenn das Wohlergehen der Menschen aus Moralprinzipien zu einem konstitutiven Bestandteil der Rechtsordnung gemacht wird. Sobald der Staat die Freiheitssicherung zugunsten der Glücksbeförderung (ein Synonym für Wohlfahrt) aufgibt oder auch nur lockert, wird er ungerecht. Wohltätigkeit ist eine Tugend und gehört in den Bereich der Moral, nicht in den des Rechts. Ein Staat aber muss auf Recht, nicht auf Moral gegründet sein.

> „Die beste Regierungsform ist nicht die, worin am bequemsten ist zu leben (Eudämonie), sondern worin dem Bürger sein Recht am meisten gesichert ist." (XXIII 257)

> „Der Souverän will das Volk nach seinem Begriff glücklich machen und wird Despot; das Volk will sich den allgemeinen menschlichen Anspruch auf eigene Glückseligkeit nicht nehmen lassen und wird Rebell." (VIII 302)

Die Aufgabe des Staates ist nicht das Glück der Bürger, sondern das Recht, die vernünftige Gemeinschaft äußerer Freiheit. Seine Berechtigung leitet sich also ausdrücklich nicht aus der Leistung zur Hebung individuellen Glücks ab.

> „In ihrer Vereinigung [der drei Gewalten] besteht das Heil des Staates; worunter man nicht das Wohl der Staatsbürger und ihre Glückseligkeit verstehen muss; denn die kann vielleicht (wie auch Rousseau behauptet) im Naturzustande, oder auch unter einer despotischen Regierung viel behaglicher und erwünschter ausfallen: sondern den Zustand der größten Übereinstimmung der Verfassung mit Rechtsprinzipien." (RL 318)

Die rechtliche Wirkung des bestehenden Rechtsstaats

Wir haben schon bemerkt, dass die allgemeine Vernunftidee des Rechts und des Rechtsstaates nicht von einer förmlichen Initialisierung abhängt, etwa einem Volksentscheid. Die tatsächlichen Verfassungen fußen auf Vorgängerverfassungen, die sie ersetzen oder verwandeln, aber alle fußen auf einer bereits gültigen Rechtsordnung, deren Ausdruck sie sind. Während Hume sie in den faktischen Konventionen verankert, die in einem spontanen Prozess zu einer förmlichen rechtlichen Absicherung führen, verankert Kant sie als Idee in den menschlichen Geist, der nicht anders kann, als ihr zuzustimmen, weil die Ablehnung, wie gezeigt, widersinnig wäre. Im angenommenen Fall, dass eine Verfassung außer Kraft gesetzt würde und eine neue noch nicht in Kraft gesetzt wäre, so bestünde die implizite Rechtsordnung fort. Die Volkssouveränität geht direkt aus der Freiheit des Menschen hervor, die unveräußerlich ist. Sie ist nicht durch eine Verfassung gewährt, umgekehrt, die Verfassung entspringt aus ihr. Diese Idee ist als vereinigter Volkswille (*volonté général*) vorstellbar. Aus diesem Grund ist die Gültigkeit der Rechtsordnung auch nicht von einer förmlichen Zustimmung der Bürger abhängig, etwa in Form eines individuellen Beitritts zu einem Staat oder einer Verfassung.

> „Der Ursprung der obersten Gewalt ist für das Volk, das unter derselben steht, in praktischer Absicht unerforschlich. … Ob ursprünglich ein wirklicher Vertrag der Unterwerfung unter denselben als ein Faktum vorher gegangen, oder ob die Gewalt vorherging, und das Gesetz nur hintennach gekommen sei, oder auch in dieser Ordnung sich habe folgen sollen: das sind für das Volk, das nun schon unter einem bürgerlichen Gesetze steht, ganz zweckleere und doch den Staat mit Gefahr bedrohende Vernünfteleien." (RL 318)

Die Eigenschaften des Rechtsstaats

Zwei Eigenschaften zeichnen den Rechtsstaat aus: Erstens, die Entscheidung über das Recht liegt nicht bei Privatpersonen sondern bei der öffentlichen Gewalt; zweitens ist diese nach einem streng allgemeinen Gesetz geregelt. Der vereinigte Volkswille, mit anderen Worten die allgemeine Vernunftidee, verlangt eine politische Ordnung, die dem Prinzip der Verallgemeinerung genügt. Es ist also nicht der tatsächliche Volkswille, wie er in Volksabstimmungen zum Ausdruck kommen kann. Der vereinigte Volkswille ist eine Idee a priori. Sein Wesenskern ist die *Verallgemeinerbarkeit der Gesetze*. Würde er als tatsächlicher Volkswille fehl gedeutet, wäre dies nicht nur philosophisch falsch, es würde auch die Despotie eines Demagogen (Robespierre) rechtfertigen können.

Die Aufgaben des Rechtsstaates

Der Rechtsstaat setzt an die Stelle des Krieges den Frieden. Das Heil des Staates liegt nicht im Glück, sondern im Recht. Ein Wohlfahrtsstaat heutiger Prägung widerspricht dem Prinzip der Verallgemeinerbarkeit der Gesetze. Die Gesetze sind dem Prinzip zu unterstellen, dass sie von allen Zustimmung erfahren können. Sie müssen also die Freiheit aller befördern, ohne die Freiheit der Bürger einseitig und ungleich einzuschränken. Diese Konsensfähigkeit muss theoretisch a priori gefunden werden. Jedem konkreten Einigungsprozess droht die Gefahr, durch Fehler, Irrtum, Selbsttäuschung oder Egoismus Verzerrungen hervorzubringen.

Die zentrale Aufgabe des Rechtsstaates ist folglich die *Garantie der Freiheits- und Bürgerrechte*. Kant hebt ausdrücklich die *Meinungsfreiheit*, die *Freiheit der Künste und Wissenschaft* hervor. Er fordert die Abschaffung der Adelsprivilegs, der Leibeigenschaft, der Despotie, des Kolonialismus und der staatlichen Konfessionsvorschrift. Mit der Idee des Rechtsstaates ist Diskriminierung jedweder Art unvereinbar, keine Bevorzugung oder Benachteiligung nach Geschlecht, Rasse und Glauben ist erlaubt.

Despotie

Kant setzt sich auch angesichts der Entartung der Französischen Revolution mit der Frage auseinander, was in Falle eines Wandels der Republik zu einer Despotie rechtens ist. Einerseits räumt Kant in Übereinstimmung mit Locke „unverlierbare Rechte“ ein, bei deren Verletzung das Staatsoberhaupt dem Bürger Unrecht tut. Aber diese Rechte haben nicht den Charakter von Rechten, die mit Gewalt willkürlich einzufordern sind, wie im Naturzustand. Gegen das gesetzgebende Oberhaupt des Staates (Legislative) gibt es keinen rechtmäßigen Widerstand. Der geringste Versuch dazu ist Hochverrat. Nach der Rechtslehre würde eine rechtliche Befugnis zum Widerstand jede gesetzliche Verfassung „zernichten“ (sic!). (RL 320) Die oberste Gesetzgebung, die Verfassung, enthielte „eine Bestimmung, nicht die oberste zu sein.“ Im Streit zwischen dem Volk und dem Herrscher tritt die Frage auf, wer denn der oberste Richter sein sollte. Erlaubt ist die „Freiheit der Feder" zu nutzen und der Regierung den Gehorsam passiv zu entziehen. Was aber zu tun ist, wenn die Freiheit des Worts stirbt und der passive Ungehorsam bestraft wird, wenn die Zivilisation in der Barbarei versinkt, hat Kant nicht durchdacht. Seine scharfe Ablehnung jeder Revolution versteht sich vor dem Hintergrund der Willkürherrschaft des Wohlfahrtsausschusses Robespierres. Die Erfahrungen des zwanzigsten Jahrhunderts konnten Kant noch keine Denkanstöße gegeben haben.

IV. Völkerbund

Auch im Verhältnis der Staaten untereinander herrscht ein Naturzustand. Bei den Konflikten schlichtet kein Richter und setzt geltendes Recht in Kraft. Daher kann der tendenzielle Kriegszustand der Völker untereinander nur in einer Rechts- und Friedensordnung aufgehoben werden, die durch einen Völkervertrag zustande kommt.

> „Die Elemente des Völkerrechts sind: 1) dass Staaten, im äußeren Verhältnis gegen einander betrachtet, (wie gesetzlose Wilde) von Natur in einem nichtrechtlichen Zustande sind; 2) dass dieser Zustand ein Zustand des Krieges (des Rechts des Stärkeren), wenn gleich nicht wirklicher Krieg und immerwährende wirkliche Befehdung ist." (RL 344)

Der Zusammenschluss aller Staaten zu einem föderalen Völkerbund stiftet Frieden und schafft internationales Recht.

> „Da der Naturzustand der Völker eben so wohl als einzelner Menschen ein Zustand ist, aus dem man herausgehen soll, um in einen gesetzlichen zu treten: so ist vor diesem Ereignis alles Recht der Völker und alles durch den Krieg erwerbliche oder erhaltbare äußere Mein und Dein der Staaten bloß provisorisch und kann nur in einem allgemeinen Staatenverein (analog mit dem, wodurch ein Volk Staat wird) peremtorisch [verbindlich] geltend und ein wahrer Friedenszustand werden." (RL 350)

Ein Staatenbund in Kants System ist eine über die einzelne Nation hinausgreifende Rechtsordnung, die der Wahrung des Friedens dient.

Mit seiner Rechts- und Staatsphilosophie hat Kant einen hohen Maßstab für jede bürgerliche Verfassung gelegt, der bis heute uneingelöst blieb. Bei Bastiat werden wir dem Niedergang des Rechts durch die Klientelpolitik des interventionistischen Staates begegnen.

Quellen:

Die Zusammenfassung folgt:

Otfried Höffe: *Immanuel Kant*, Beck'sche Reihe Große Denker, München, 2. Auflage 1988.

Kant wird zitiert nach der Akademieausgabe.

(RL 207 = *Metaphysik der Sitten*, Metaphysische Anfangsgründe der Rechtslehre Seite 207 der Akademieausgabe oder durch Angabe des Bandes in römischen Ziffern)

Wilhelm von Humboldt – die Grenzen der Wirksamkeit des Staates

Einleitung

Wilhelm von Humboldt (1767–1835) entstammte einer preußischen Beamtenfamilie von jungem Adel. Seine Mutter war eine wohlhabende Witwe aus einer hugenottischen Einwandererfamilie. Ihr Vermögen setzte ihn und seinen Bruder Alexander in den Genuss finanzieller Unabhängigkeit. Die Brüder erfuhren eine Privaterziehung bei den besten Gelehrten Berlins. Beide verkehrten im Kreis der Berliner Aufklärer. Alte Sprachen, Philosophie (insbesondere Kant), Geschichte, Naturrecht und Nationalökonomie stand auf dem Lehrplan. Von der altgriechischen Kultur war Humboldt besonders beeinflusst. Dem klassischen Ideal der harmonischen Persönlichkeit blieb er während seines ganzen Lebens treu. Als junger Erwachsener verkehrte er in den Salons von Henriette Herz und Rachel Levin (Varnhagen), wo er auch Friedrich Gentz kennen lernte. Bildungsreisen in Zentren des Geisteslebens wie Göttingen, Mainz und auch nach Paris erweiterten seinen geistigen Horizont.

1789 war der Zweiundzwanzigjährige Zeitgenosse des Sturms auf die Bastille; er erlebte die Französischen Revolution, den Aufstieg und Niedergang Napoleons. Die Begeisterung für die Freiheitsideale der Zeit teilte er mit allen Gebildeten Deutschlands. Der dramatische Verlauf der Ereignisse in Frankreich gab den Intellektuellen Denkanstöße. Waren die Pläne der Aufklärer auf die Begrenzung des absolutistischen Staates gerichtet und auf die Einführung des auf der Volkssouveränität gegründeten konstitutionellen Parlamentarismus, so trat mit der Macht der Straße ein neuer Faktor auf. Das revolutionäre Volk von Paris, die Sansculotten, trieb die Entwicklung über die konstitutionelle Monarchie hinaus. Während des Feldzugs der alten Monarchien gegen die Republik im Jahr 1792 kam es zu einem

Gemetzel an über tausend politischen Gefangenen durch den Straßenmob. Der König wurde nicht nur entmachtet und dem Volkswillen unterstellt, er wurde schließlich dem Volkszorn geopfert und enthauptet – und mit ihm ein großer Teil des Hochadels, sofern er nicht flüchten konnte. Die Flüchtlinge strömten nach England und Deutschland und wirkten auf die dortige herrschende Klasse im Sinne einer reaktionären Politik zur Unterdrückung der Freiheit. Die Regierung des revolutionären Paris entwickelte sich unter Robespierres Führung zu einer neuen Diktatur. Unter der Losung des Gemeinwohls im Geiste einer rationalistischen Tugendlehre pervertierten die Ideale der Aufklärung zum Terrorregime. Diese Entwicklung brachte eine neue geistige Strömung hervor, an prominentester Stelle durch den Humboldt-Freund Friedrich Gentz verkörpert, den späteren Privatsekretär Metternichs, den Konservatismus. Dieser wurde zu einem mächtigen Gegenspieler des Liberalismus, der sich nun sowohl vom Staatsabsolutismus alter wie neuer Prägung abgrenzen musste.

Nicht nur die Konservativen, auch Anhänger des Liberalismus glaubten den Gefahren einer unbegrenzten Machtwillkür der Volksherrschaft entgehen zu können, wenn die Entscheidungen nicht allein aus „kaltem“ Verstand, der Ratio, getroffen würden, sondern diesem ein „warmes“ Korrektiv des intuitiven Empfindens, der Irratio, beigesellt wird. In diesem Sinn sind die Schriften Schillers über die ästhetische Erziehung des Menschen und Humboldts Jugendschriften zu verstehen.

Wilhelm von Humboldt entwickelte seine Freiheitsvorstellungen in diesem Scharnier zwischen dem Zeitalter der Aufklärung, dessen Positionen von Kant gründlich durchdacht wurden, und den freiheitsfeindlichen Ideologien des neunzehnten Jahrhunderts. Die Besonderheit seines Denkens bestand in einem prononcierten Individualismus, der aber nicht vom wirtschaftenden, sondern von einem sich fortwährend bildenden Menschen als Leitidee geprägt war.

Die Liberalen in Deutschland Ende des achtzehnten Jahrhunderts

Für wen schrieben die deutschen Liberalen (Kant, Schiller, Goethe, Humboldt) am Ausgang des 18. Jahrhunderts? Die industrielle Revolution hatte noch nicht begonnen, es gab kein freies Unternehmertum, es gab keine entwickelte Marktwirtschaft. Die Wirtschaft war überwiegend merkantilistisch geprägt. Die Masse der Bevölkerung lebte auf dem Land, mit beträchtlichem Mangel an Bildung. In den Städten arbeitete ein in traditionellen Zünften und Gilden verhaftetes Bürgertum der Handwerker und Händler. Die schöne Literatur wurde von einem Büchermarkt aufgenommen, die politische Literatur litt unter Zensur. Eine Presselandschaft für die breite Masse in unserem Sinne war noch nicht entwickelt. Man schrieb Briefe, die zirkulierten, pflegte ein Netzwerk persönlicher Gesprächspartner. Humboldts Adressat waren andere Intellektuelle (Gentz, Forster, Jakobi, Schiller) und die Fürsten selbst. Noch immer erschien den liberalen Intellektuellen, die insbesondere in den geschützten Bruderschaften der Freimaurerlogen mit den hohen Beamten und selbst mit Fürsten zusammen kamen, die Erziehung der herrschenden Klasse und der Fürsten als das einzig wirksame Mittel des Fortschritts. Wir müssen daher Humboldts Schriften als Versuche der Überredung und Überzeugung der Machtinhaber, als Denkschriften verstehen. Insbesondere, Karl von Dalberg, Statthalter des Kurfürsten von Mainz und Erfurt, den er in Erfurt persönlich kennen gelernt hatte und mit ihm viele Stunden ins Gespräch vertieft verbrachte, sollte auf seine künftige Aufgabe als Mainzer Erzbischof vorbereitet werden. Ihm gilt sein politisches Hauptwerk, *Ideen zu einem Versuch, die Grenzen der Wirksamkeit des Staats zu bestimmen* von 1792, das nie als Ganzes gedruckt wurde. Nur Teile erschienen in Schillers Thalia.

Wir lesen sie aus zweierlei Verständnis: einerseits als Denkschrift der Fürstenerziehung mit dem Ziel, Reformen von oben zu veranlassen und andererseits als Antwort auf die Angriffe des neu entstehenden Konservatismus gegen die Ideale des Liberalismus vor dem

Hintergrund der gewaltsamen Entgleisungen der Französischen Revolution.

Programm zur Begrenzung des Umfangs staatlichen Wirkens

Anthropologische Grundlegung der Ideen

Wir haben festgestellt, dass Humboldt beim Verfassen seines Hauptwerks im Jahre 1792 noch ein sehr junger Mann war, dessen praktischer Erfahrungshorizont begrenzt und dessen Weltbild nicht auf eine sich entwickelnde Wirtschaft Englands, wie bei Hume und Smith, konzentriert war. Vielmehr bewegte ihn eine Welt der Ideen, die ihm auf seinem Bildungsweg vermittelt worden war, vor dem Hintergrund des vergleichsweise rückständigen Preußen. Sein Ausgangspunkt und wichtigster Wertmaßstab in allen Fragen war das Menschheitsideal eines allseitig harmonisch Gebildeten.

> „Der wahre Zweck des Menschen – nicht der, welchem die wechselnde Neigung, sondern welchen die ewig unveränderliche Vernunft ihm vorschreibt – ist die höchste und proportionierlichste Bildung seiner Kräfte zu einem Ganzen.“ (1, 22)

Diesem höchsten Zweck sind alle anderen unterzuordnen. Gerade auch der Staat ist nicht höchster oder Selbstzweck, sondern dient dazu, die Bildung des Menschen zu befördern. Gleich sein erster Satz wirft die Frage auf, zu welchem Zweck die ganze Staatseinrichtung hinarbeiten soll.

> „Denn die Staatsvereinigung ist bloß ein untergeordnetes Mittel, welchem der wahre Zweck, der Mensch nicht aufgeopfert werden darf.“ (1, 119)

Das sich daraus ableitende Prinzip Humboldts ist, die Grenzen des Staates möglichst eng zu ziehen, um dem Individuum so viel Freiheit wie möglich zu bewahren. Seine Untersuchung geht von einem ausufernden absolutistischen Staat seiner Gegenwart aus und schneidet von dessen Befugnis alles ab, was der Freiheit des Menschen abträglich ist, ohne die Sicherheit, verstanden als Rechtssicherheit, zu gefährden.

> „Zu dieser Bildung ist Freiheit die erste und unerlässlichste Bedingung. Allein außer der Freiheit erfordert die Entwickelung der menschlichen Kräfte noch etwas anderes, obgleich mit der Freiheit eng Verbundenes: Mannigfaltigkeit der Situationen." (1, 22)

Freiheit und Erlebnisvielfalt sind die Grundlagen menschlicher Bildung, dem Endzweck des menschlichen Lebens. Diesem muss der Staat angepasst werden.

Absage an den Wohlfahrtsstaat

Die Beförderung des Gemeinwohls war eine der zentralen Staatsideen, die die Aufklärung forderte. In Art. 1 der Französischen Verfassung von 1793 heißt es:

> „Das Ziel der Gesellschaft ist das allgemeine Glück. Die Regierung ist eingesetzt, um dem Menschen den Genuss seiner natürlichen und unveräußerlichen Rechte zu verbürgen."

Humboldt widersprach dem. Er vertrat die Auffassung, dass alle wirtschaftspolitischen Eingriffe des Staates in die Gesellschaft die Freiheit des Menschen einschränkten und die Bildung von tatkräftigen Charakteren beeinträchtigten. Staaten wollten immer Ruhe und Wohlstand der Bürger. Ihre Tätigkeit verbreite Einförmigkeit und sie nivelliere Mannigfaltigkeit.

> „Wer aber so räsoniert, den hat man, und nicht mit Unrecht, in Verdacht, dass er die Menschheit misskennt und aus Menschen Maschinen machen will." (1, 31)

Nicht Handeln zum Wohle des Bürgers und an seiner Stelle, sondern Selbsttätigkeit und Eigenverantwortlichkeit sind die Mittel zur Bildung des Menschen. Wie in die heutige Zeit hinein gesprochen mahnt er, die Menschen nicht zu verwöhnen und sie zu unmündigen Kindern herabzusetzen. Der Zweck des Lebens kann es nicht sein, allen

Schwierigkeiten auszuweichen und im Wohlfahrtsstaat Schutz zu suchen.

> „Die Menschen … werden um der Sachen, die Kräfte um der Resultate willen vernachlässigt. Ein Staat gleicht nach diesem System mehr einer aufgehäuften Menge von leblosen und lebendigen Werkzeugen der Wirksamkeit und des Genusses als einer Menge tätiger und genießender Kräfte. Bei der Vernachlässigung der Selbsttätigkeit der handelnden Wesen scheint nur auf Glückseligkeit und Genuss gearbeitet zu sein. … Der Mensch genießt am meisten in den Momenten, in welchen er sich in dem höchsten Grade seiner Kraft und seiner Einheit fühlt." (1, 48)

Humboldt stellt den Grundsatz auf:

> „Der Staat enthalte sich aller Sorgfalt für den positiven Wohlstand der Bürger."

Absage an den moralischen Staat – gegen Einmischung in Erziehung, Religion und Sitten

Nach der Ablehnung der staatlichen Aufgabe, für das physische Wohl der Bürger zu sorgen, wendet sich Humboldt der Frage des moralischen Wohls zu. Er unterscheidet dreierlei Mittel, derer sich der Staat zu diesem Zweck bedienen kann: die öffentliche Erziehung (Schulbildung), die Religion und einzelne Gesetze und Verordnungen zur Verhinderung unsittlichen Verhaltens. Alle drei Mittel lehnt er ab.

a) Erziehungswesen

Die stärkste direkte Einwirkung auf die innere Entwicklung des Menschen geht vom Erziehungswesen aus. Dem Staat ist an der Ausbildung von brauchbaren, gesetzestreuen Bürgern gelegen, nicht an der Bildung mündiger, selbstbestimmter Charaktere. Die Aufgabe der Erziehung besteht für Humboldt aber gerade darin, die individuellen Fähigkeiten des Menschen zur Entwicklung zu bringen.

Zwei Herangehensweisen an die Frage der Erziehung sind denkbar: Der Staat erzieht die Menschen nach seinen Vorstellungen und passt sie somit seinen Zwecken an oder aber die Menschen bilden sich in Freiheit selbst. Der so selbst gebildete Mensch müsste dann in den Staat treten und die Verfassung des Staates sich gleichsam an ihm prüfen.

> „Nur bei einem solchen Kampfe würde ich wahre Verbesserung der Verfassung durch die Nation mit Gewissheit erhoffen.“ (1, 71)

Es ist die Einförmigkeit und Statik, welche Humboldt als Grund seiner Ablehnung staatlicher Erziehung anführt. Nur in Freiheit bilden sich die Menschen allseitig, gleichen ihre Unterschiede im Verkehr miteinander aus. Gerade der Bildung der Menschen kommt eine zentrale Aufgabe bei der Verwirklichung der liberalen Ideale zu. Die Gewaltexzesse der Pariser Volksmassen sind ihrer geistigen Rückständigkeit und Rohheit zuzurechnen. Nur gebildete Bürger sind reif für die Übernahme der Aufgaben, die sich nach Überwindung des absolutistischen Staates stellen, sind fähig, Verantwortung in der Gesellschaft zu übernehmen.

Auch ist der Staat starr und passt sich nicht von selbst an veränderte Bedingungen an. Sobald der Untertan den Gesetzen gehorcht und sich und die Seinigen im Wohlstande und einer nicht schädlichen Tätigkeit erhält, kümmert den Staat die genauere Art seiner Existenz nicht.

> „[Die öffentliche Erziehung] sucht gleichsam ein Gleichgewicht aller, da nichts so sehr als gerade dies die Ruhe hervorbringt und erhält, welche eben diese Staaten am eifrigsten beabsichtigen. Ein solches Streben aber gewinnt entweder keinen Fortgang oder führt auf Mangel an Energie; da hingegen die Verfolgung einzelner Seiten, welche der Privaterziehung eigen ist, durch das Leben in verschiedenen Verhältnisse und Verbindungen jenes Gleichgewicht sicherer und ohne Aufopferung der Energie hervorbringt. “ (1, 72)

Im Kern drückt sich hier, in heutiger Sprache, die Erkenntnis aus, dass eine Zentralbürokratie nur über sehr begrenzte Informationen verfügt und daher an der Konservierung des Status quo arbeitet, die

Kontrolle über die Verhältnisse behalten möchte, während die Gesellschaft eine Vereinigung zerstreuter Informationen zum Zweck des Austauschs darstellt, was zu einer fortwährenden reibungsarmen Herstellung neuer Gleichgewichte führt: die Idee des Marktes als sich selbst organisierendem Erkundungs- und Lernprozess. Selbstbestimmtes Handeln bildet tatkräftige Charaktere aus, obrigkeitlich bestimmte Verhältnisse erziehen passive und kraftlose Einstellungen.

Überhaupt soll die Erziehung nicht einem bestimmten staatlich erwünschten Ziel dienen, sondern Menschen im Sinne ihrer jeweils eigenen Individualität bilden; so bedarf es des Staates nicht. Mehr noch: Ein staatliches Bildungswesen ist für das Individuum verderblich. Ein staatlich geregeltes Bildungswesen entspricht einem absolutistischen Staat, in dem nur ein Wille regiert – einem bürgerlichen Staat, in dem der vereinigte Wille des Volkes maßgeblich ist, entspricht ein freies, nichtstaatliches Bildungswesen.

> „Unter freien Menschen gewinnen alle Gewerbe besseren Fortgang, blühen alle Künste schöner auf, erweitern sich alle Wissenschaften. Unter ihnen ist auch alle Familienbande enger, die Eltern eifriger bestrebt, für ihre Kinder zu sorgen, und bei höherem Wohlstande auch vermögender, ihren Wünschen hierin zu folgen. Bei freien Menschen entsteht Nacheiferung und es bilden sich bessere Erzieher, wo ihr Schicksal von dem Erfolg ihrer Arbeiten, als wo es von der Beförderung abhängt, die sie vom Staat zu erwarten haben. Es wird daher weder an sorgfältiger Familienerziehung noch an Anstalten so nützlicher und notwendiger gemeinschaftlicher Erziehung fehlen." (1, 73)

b) Religion

Zwei Jahre nach Regierungsantritt des preußischen Königs Friedrich Wilhelm II. im Jahre 1788 wurde die Zensur verschärft und ein Religionsedikt erlassen, das die religiöse Toleranz aufhob (Wöllnersches Religionsedikt). Lehrern und Pfarrern wurde bei Strafe der Amtsenthebung verboten, in Bezug auf den rechten (protestantischen) Glauben „Irrtümer" zu lehren. Der Schritt zurück zu einem religiösen Gesinnungsstaat war damit getan. Auch Kant wurde ermahnt.

Die allgemeinen Proteste führen später, wenn auch nur zeitweilig, zu einer Lockerung der ursprünglichen Handhabungen. (3, 16) Schließlich setzte die Monarchie 1817 dennoch mit Hilfe der Konservativen eine protestantische unierte Staatskirche durch, die eine wichtige Rolle in der Unterstützung der etatistischen und imperialistischen Politik des Deutschen Reiches und eine unrühmliche in der Beförderung des Antisemitismus spielen sollte. Humboldts Argumente sind vor dem Hintergrund dieser Auseinandersetzung zu lesen.

Zunächst muss Humboldt nachweisen, dass die Moral des Staates nicht von der richtigen Religion bestimmt wird. Er bestreitet die Einheit von Moral und Religion, die dem Religionsedikt als Kernthese zugrunde liegt. Wenn sie bestünde, müsse der Staat sich allerdings auf die Seite einer bestimmten Religion schlagen und damit die Auslegung religiöser Fragen staatlich beeinflussen. Das ist jedoch aufgrund der Komplexität und Subtilität der Materie für die Religion schädlich. Nun ist aber das, wozu uns die Moral verpflichtet, nicht von Religionsideen abhängig. Kants Moralphilosophie kommt ohne Bezug auf eine religiöse Autorität und ohne Kanon von Geboten und Verboten aus. Allein die Vernunft sagt uns, was moralisch richtig und falsch ist.

Im übrigen ist Religion ganz subjektiv. Religiöse Überzeugungen und Empfindungen beruhen allein auf der Eigentümlichkeit der Vorstellungsart jedes Menschen.

> „Wenn die Idee einer Gottheit die Frucht wahrer geistiger Bildung ist, so wirkt sie schön und wohltätig auf die innere Vollkommenheit zurück." (1, 79)

Aus diesem Grund kann die Bevorzugung einer bestimmten Religion durch den Staat nur schädlich für die Ausbildung wahrer subjektiver Religiosität sein. Nur die äußere Religion, die kirchliche Macht könnte vom Staat gefordert und bewirkt werden, nicht aber der Glaube, der dem inneren Bereich des Menschen angehört.

Eine Gesetzgebung zum Zweck der moralischen Bildung kann nur in dem Maß wirksam sein, wie sie die innere Entwicklung der Fähigkeiten und Neigungen beeinflusst. Sie kann also nicht ihr Ziel erreichen, wenn sie einen bestimmten Glauben vorschreibt. Erfolgreich ist sie nur, wenn sie dafür sorgt, dass die Menschen sich von selbst mit religiösen Inhalten befassen. Darum kann es nur darum gehen, Hindernisse, mit Religionsideen vertraut zu werden, wegzuräumen und den freien Untersuchungsgeist zu begünstigen.

> „Denn wahre Tugend ist unabhängig von aller und unverträglich mit befohlner und auf Autorität geglaubter Religion.“ (1, 88)

Gesetze müssen immer nur einfach, allgemein und von geringer Anzahl sein. Sie können unmöglich in diesem Feld ihr Ziel erreichen. Das meiste bleibt immer den freiwilligen einstimmigen Bemühungen der Bürger zu tun übrig. Nur unter der Bedingung der Denk- und Glaubensfreiheit kann wahre Religiosität gedeihen.

> „Wenn aber irgend etwas in den Seelen der Bürger einen fruchtbaren Boden für die Religion zu bereiten vermag, wenn irgend etwas die fest aufgenommene und in das Gedanken- wie in das Empfindungssystem übergegangene Religion wohltätig auf die Sittlichkeit zurückwirken lässt, so ist es die Freiheit, welche doch immer, wie wenig es auch sei, durch eine positive Sorgfalt des Staates leidet. … Je freier der Mensch ist, desto selbständiger wird er in sich und desto wohlwollender gegen andere.“ (1, 97)

Humboldt fordert die strikte Trennung von Staat und Kirche. Weder darf der Staat sich zu den Inhalten des Glaubens äußern, noch darf er in die organisatorischen Angelegenheiten der Konfessionen und Kirchen eingreifen. (1, 68)

c) Sitten

Die direkte Einwirkung des Staates auf die Sittlichkeit der Bürger mittels Gesetzen und Verordnungen kann nur da ansetzen, wo die Sittlichkeit gefährdet ist. Die Sittlichkeit sei gefährdet durch ein Übergewicht der Sinnlichkeit im Menschen, durch ein Missverhältnis der Neigungen und Begierden in Vergleich zur Vernunft. Solche staatlichen Eingriffe müssten sich also auf den Genuss von Luxusgütern beschränken. Es wird nicht ausgeführt, woran er dabei denkt, eventuell an ein Verbot von Tabak, Alkohol und dergleichen. Allerdings ist nicht die Sinnlichkeit als solche gefährlich, nur ihr Übermaß im Charakter der Menschen. Dann stehe sie dem Zweck des Menschen, dem Streben nach Vollkommenheit, im Wege. Der Staat kann aber nicht einzelne Handlungen einzelner Bürger verbieten, sondern nur die aller. Daher sei es unmöglich durch staatliche Maßnahmen das richtige Maß zu treffen und erfolgreich auf die Hebung der Sittlichkeit zu wirken.

Was für die Erziehung und Religion gilt, muss auch hier gelten. Es ist dem Staat nicht erlaubt, mit positiven Endzwecken auf die Lage der Bürger zu wirken.

> „Ein solcher Staat könnte ein ruhiger, friedliebender, wohlhabender Staat sein; allein er würde immer ein Haufe ernährter Sklaven, nicht eine Vereinigung freier, nur wo sie die Grenze des Rechts übertreten, gebundener Menschen zu sein.“ (1, 112)

Für die Freiheit der Wissenschaft, der Rede und der Künste

In seiner Schrift über die Grenzen der Wirksamkeit des Staates ließ sich Humboldt nicht über die Freiheit von Wissenschaft und Künsten aus. Erst als hoher preußischer Beamter befasste er sich praktisch mit der Reform des staatlichen Schul- und Hochschulwesens und legte mehrere Schriften dazu vor. Er setzte sich für die vollkommene Unabhängigkeit und Freiheit der Universitäten ein, die das Recht besitzen sollten, die geeignetsten Professoren selbst zu berufen und zur Bewahrung ihrer geistigen auch wirtschaftliche Unabhängigkeit genießen sollten. Zu diesem Zweck schlug er vor, sie mit Grundstücken zu dotieren.

> „Die Wissenschaften und die Nationalbildung würden offenbar verlieren, wenn die Universitäten aufhörten, wirkliche und gewissermaßen selbständige bürgerliche Institute auszumachen.“ (Denkschrift vom 4. Februar 1819, zitiert nach 2, 110)

> „Sie [die Universitäten] sind, ihrem ursprünglichen Zweck nach, Institute, auf welchen der Stand der Gelehrten für sich und mit unabhängigem Urteil prüft und entscheidet, wer tüchtig ist, zu ihm zu gehören und die Meisterschaft in ihm auszuüben." (Denkschrift von Oktober 1819, zitiert ebd.)

Anlässlich der Einrichtung des königlichen Museums schlug er 1830 vor, dass über rein künstlerische Fragen eine Kommission von Künstlern in gemeinschaftlicher Beratung unter dem Vorsitz des Generalintendanten nach Stimmenmehrheit entscheidet. (2, 110f.) In Bezug auf die Literatur setzte er sich für die Aufhebung der staatlichen Zensur ein. Missbrauch der freien Rede sei durch Rechtsorgane zu ahnden, nicht durch Zensurbehörden, wobei er für die Rechts- und Gerichtsordnung in seiner Jugendschrift über die Grenzen der Wirksamkeit des Staates strenge Regeln zum Schutz der bürgerlichen Freiheiten gezogen hatte. Beamte sollten von einer Schweigepflicht entbunden werden, die ihnen verbot, an öffentlichen Debatten teilzunehmen. (2, 111)

Die Aufgaben des Staates

Nach seiner gründlichen Analyse der Grenzen der Wirksamkeit des Staates entwickelt Humboldt in seiner gleichnamigen Schrift eine positive Bestimmung der Rechtfertigung und des Aufgabenkreises des Staates. Er ist kein prinzipieller Gegner jeden Staates. Der Staat hat sich aber dem Endzweck des Menschen, seiner nur in Freiheit und Vielfalt der Möglichkeiten ausbildenden Persönlichkeit unterzuordnen. Der Zweck des Staates lässt sich in einem Postulat zusammenfassen: Sicherheit der Bürger, Sicherung der Freiheit. Das Programm seiner Schrift fasst er folgendermaßen zusammen:

> „Zuerst ist die Sorgfalt des Staates von allen denjenigen Gegenständen entfernt worden, welche nicht zur Sicherheit der Bürger, der auswärtigen sowohl als der innerlichen, gehören. Dann ist eben diese Sicherheit als der eigentliche Gegenstand der Wirksamkeit des Staates dargestellt worden und endlich das Prinzip festgesetzt worden, dass, um dieselbe zu befördern und

> zu erhalten, nicht auf die Sitten und den Charakter der Nationen selbst zu wirken, diesem eine bestimmte Richtung zu geben oder zu nehmen, versucht werden dürfe.“ (1, 115)

Die Sicherheit leitet sich notwendig aus den Bedingungen der Freiheit ab. Auch diese Position wird aus den anthropologischen Gegebenheiten des Menschen abgeleitet.

> „Wäre es mit dem Übel, welches die Begierde der Menschen, immer über die ihnen rechtmäßig gezogenen Schranken in das Gebiet andrer einzugreifen und die daraus entspringende Zwietracht stiftet, wie mit den physischen Übeln [die unmittelbar durch die Natur bestraft werden] ... so wäre schlechterdings keine Staatsvereinigung notwendig.“ (1, 57)

Diese Uneinigkeit der Menschen erfordert allemal schlechterdings eine Gewalt. Denn bei der Zwietracht entstehen Kämpfe aus Kämpfen. Die Beleidigung fordert Rache, und die Rache ist eine neue Beleidigung.

> „Hier muss man also auf eine Rache zurückkommen, welche keine neue Rache erlaubt – und diese ist die Strafe des Staates –, oder auf eine Entscheidung, welche die Parteien sich zu beruhigen nötigt, die Entscheidung des Richters.“ (1, 58)

Die Staaten untereinander sind durch viele Verträge und Bündnisse miteinander verknüpft. Diese Tatsache und die Furcht vor dem Ausbruch der Tätlichkeiten sollen Gewaltausbrüche verhindern. Die Staaten befinden sich in einer bei weitem günstigeren Lage, als es erlaubt ist, sich den Menschen im Naturzustande zu denken. Dennoch genießen diese Staaten nicht die Sicherheit, die die Menschen auch unter der mittelmäßigsten Verfassung sich erfreuen.

> „[Sicherheit ist] das einzige, welches der einzelne Mensch mit seinen Kräften allein nicht zu erlangen vermag.“ (1, 59)

Nur ein Staat kann die Rolle eines Richters einnehmen, beziehungsweise, die Einrichtung eines Richters ist gleichbedeutend mit der Bildung eines Staates.

a) Äußere Sicherheit

Die Erhaltung der Sicherheit sowohl gegen auswärtige als innerliche Zwistigkeiten machen den Zweck des Staates aus. (1, 59) Humboldt spricht sich 1792 gegen stehende Armeen aus. Ihm sind der Drill und die Öde des Soldatenlebens ein Gräuel.

> „Wie verderblich muss es sein, wenn beträchtliche Teile der Nationen nicht bloß einzelne Jahre, sondern oft ihr Leben hindurch im Frieden, nur zum Behufe des möglichen Krieges, in diesem maschinenmäßigen Leben erhalten werden? … Allein unsere stehenden Armeen bringen, wenn ich so sagen darf, den Krieg mitten in den Schoß des Friedens. Kriegsmut ist nur in Verbindung mit den schönsten friedlichen Tugenden, Kriegszucht nur in Verbindung mit dem höchsten Freiheitsgefühle ehrwürdig. Beides getrennt – und wie sehr wird eine solche Trennung durch den im Frieden bewaffneten Krieger begünstigt – artet diese sehr leicht in Sklaverei, jener in Wildheit und Zügellosigkeit aus.“ (1, 64 f.)

Nach der Erfahrung mit den napoleonischen Kriegen mildert er seine Ablehnung eines stehenden Heeres aus Gründen, die die Schlagkraft eines solchen im Vergleich mit einem reinen Volksheer betreffen.

b) Innere Sicherheit

Humboldt unterscheidet zwischen der Sicherheit des Staates vor dem Bürger und der der Bürger untereinander. Der Sicherheitsanspruch des Staates umfasst nicht mehr als die Weite seines Aufgabenbereichs, also der Gewalt, die ihm eingeräumt wird, und seines Vermögens. Die Sicherheit des Staates soll mit den härtesten Strafen bewehrt werden.

Die Sicherheit der Bürger umfasst ihre Rechte.

> „Sicher nenne ich die Bürger in einem Staat, wenn sie in der Ausübung der ihnen zustehenden Rechte … nicht durch fremde Eingriffe gestört werden; Sicherheit folglich … Gewissheit der gesetzmäßigen Freiheit.“ (1, 118)

Der Sicherheitsanspruch und die Freiheit der Bürger stehen in einem Gegensatz. Daher ist eine genaue Bestimmung der Fälle, in denen der

Staat die Pflicht hat einzugreifen, notwendig. Diese Thematik wird unter dem Begriff der Polizeigesetze erörtert.

Polizeigesetze (Strafrecht)

Es stehen nur solche Handlungen zur Diskussion, die in fremdes Recht eingreifen. Strafen dürfen nicht an charakterlichen Verfehlungen ansetzen und nicht zum Ziel haben, den Charakter der Bürger zu verändern. (1, 117) Handlungen, die sich nur auf die Bürger selbst beziehen, die „völlig innerhalb der Schranken seines Eigentums bleiben" kränken nicht die Rechte anderer und dürfen nicht durch den Staat verboten werden. (1, 121) Dieses Prinzip schiebt dem Denunziantentum einen Riegel vor. Danach fällt alles weg,

> „was man von Ärgernis erregenden Handlungen in Absicht auf Religion und Sitten besonders sagt. Wer Dinge äußert oder Handlungen vornimmt, welche das Gewissen und die Sittlichkeit eines anderen beleidigen, mag allerdings unmoralisch handeln, allein sofern er sich keine Zudringlichkeit zuschulden kommen lässt, kränkt er kein Recht. Es bleibt dem andren unbenommen, sich von ihm zu entfernen, oder macht die Lage dies unmöglich, so trägt er die unvermeidliche Unbequemlichkeit der Verbindung mit ungleichen Charakteren und darf nicht vergessen, dass vielleicht auch jener durch den Anblick von Seiten gestört wird, die ihm eigentümlich sind, da, auf wessen Seite sich das Recht befinde, immer nur da wichtig ist, wo es nicht an einem Rechte zu entscheiden fehlt." (1,122)

In Erinnerung an den Vorwurf, der laut Überlieferung Sokrates gemacht wurde, und ihm das Todesurteil einbrachte, die religiöse Verführung der Jugend, schließt Humboldt auch diesen Fall aus. Zudem soll der Staat für die Sicherheit, aber nicht für das Leben und die Gesundheit der Bürger sorgen. Die private Lebensführung fällt nicht unter die Sicherheitsbelange des Staates. (1, 125)

Zivilrecht

Oberste Aufgabe ist der Schutz der Person und des Eigentums bei Handlungen von anderen Menschen, die ohne eigene Mitwirkung geschehen. Aus diesem umfangreichen Kapitel sei nur ein Punkt herausgegriffen. Humboldt sieht das Recht auf Ehescheidung ohne Mitwirkung des Staates vor. Bei Verträgen zwischen Menschen, die sich gegenseitig binden, darf einer der beiden nicht vom anderen gezwungen werden, in der Gemeinschaft zu bleiben, wenn er es nicht will. Eine Trennung muss auch gegen den Willen des anderen möglich sein.

In Rechtsstreitigkeiten zwischen Bürgern, zieht der Staat alle eigenmächtige Verfolgung an sich und ist damit auch verpflichtet, den Bürgern zu leisten, was diese sich selbst nicht mehr verschaffen dürfen. (1, 148)

Prozessordnung

Der Staat darf keine Fälle aus eigenem Willen an sich ziehen. Er darf nur auf Antrag tätig werden und nur soweit Recht finden und sprechen, wie die Geschädigten es fordern. Das erste Prinzip sei,

> „niemals die Wahrheit an sich und schlechterdings, sondern nur immer insofern aufzusuchen, als diejenige Partei es fordert, welche deren Aufsuchung überhaupt zu verlangen berechtigt ist.“ (1, 149)

Gegen die Anwendung von Folter ist dem Gesetz eine Grenze gesetzt, als äußerstes Mittel der Wahrheitsfindung der Eid gestattet. Es müssen Vorschriften erlassen werden, die verhindern, dass Prozesse verschleppt und die Streitgegenstände vervielfacht werden. (1, 150)

Gesellschaft und Staat

Die Aufgabenbereiche des Staates sollen auf die Gewährleistung der äußeren und inneren Sicherheit begrenzt bleiben. Die Privatsphäre des Individuums ist vor jedem Zugriff des Staates geschützt. Der dazwischen liegende Bereich gesellschaftlichen Zusammenwirkens soll ebenfalls ohne staatliche Einflüsse von den Bürgern selbstverantwortlich gestaltet werden können. Wir verstehen Humboldt nicht falsch, wenn wir ihn als einen Vertreter des minimalstaatlichen Liberalismus, als einen frühen Libertären ansehen.

1815 fordert er in einer Denkschrift,

> „das Gewerbe und den Handel im inneren und äußeren Verkehr von allen Hemmungen und Fesseln zu befreien."

Er fordert die Abschaffung der Schutzzölle und die Anerkennung des Prinzips,

> „dass die Freiheit natürlicherweise die Regel ist, dass nicht die ganze Nation wegen einer einzelnen Klasse indirekt besteuert werden kann, und dass dies umso weniger möglich ist, als dadurch die Fabrikation selbst immer teurer und mittelmäßiger zu werden Gefahr läuft, dass Freiheit und Zugänglichkeit des Marktes wieder auf die Fabrikation zurückwirkendes Leben hervorbringen."

Auch für die Aufhebung des Zunftzwangs spricht er sich aus. (2, 89) Wir spüren die Früchte seines Studiums von Adam Smiths Werk über die Entstehung des Reichtums der Nationen.

Nur war das ja Zukunftsmusik. Wie wir schon zeigten, war von einer bürgerlichen Gesellschaft nur in Ansätzen die Rede. Gewerbe und Handel war in den alten feudalen Fesseln der Zünfte und Gilden gebunden, eine Industrie in Deutschland noch kaum vorhanden. Die Begrenzung des Staates auf den Sicherheitsbereich, einschließlich der Rechtsordnung, ja das ausdrückliche Gebot, sich aus der Sphäre des materiellen Wohls herauszuhalten, wirft die Frage auf, wie sich Humboldt in einer Zeit des Merkantilismus, also staatlich kontrollierter Wirtschaft, eine Lösung der Aufgaben vorstellte, die herkömmlich zu den wirtschaftlichen des Staates gehörten.

Auf einer Reise nach Frankfurt und Mainz gewann er einen persönlichen Eindruck von den geordneten Verhältnissen im öffentlichen Raum: Straßen, Wege, Brücken, Flussufer fand er in bester Verfassung, ohne dass eine staatliche Zentralmacht sich darum gekümmert hätte. Er wurde bestärkt in der Überzeugung, dass die Bürger diese Gemeinschaftsaufgaben in eigener Regie bestens zu lösen im Stande wären, besser als jede zentrale Bürokratie. Wir dürfen allerdings nicht außer Acht lassen, dass Humboldt kommunale und landschaftliche Körperschaften nicht zum staatlichen Bereich zählte. Wenn er vom Staat spricht, so meint er immer die Zentralregierung einer Nation.

Nationalanstalten

An die Stelle merkantilistischer Staatsanstalten will er privatrechtliche Nationalanstalten treten lassen. Seine Ausführungen in der Schrift von 1792 dazu sind wenig konkret. Aber so viel geht daraus hervor, dass er daran denkt, an Stelle der zünftisch organisierten Gewerbe freiwillige Zusammenschlüsse treten zu lassen, die solche wirtschaftlichen und öffentlichen Aufgaben übernehmen können, die bis heute in den Händen des Staates liegen, insbesondere in den Bereichen Infrastruktur und Bildung. Er denkt sich diese Organisationen das ganze Gebiet umfassend und in Ergänzung zu den regionalen und städtischen Einrichtungen. Nationalanstalten sollen keine Zwangskorporationen, sondern freie Assoziationen in Eigenverantwortung und Selbständigkeit sein. Niemand darf dazu gezwungen werden. Die Beschlüsse müssen einstimmig gefasst werden. Jeder kann auch wieder ausscheiden, wenn er es möchte.

Mehr als ein Gedankenkonstrukt war diese Idee nicht. Sie bleibt der vorindustriellen Zeit verhaftet, die noch nicht die Dynamik und Organisation eines freien Marktes auf der Grundlage von Massenproduktion durch selbständige Unternehmer kannte. Sie ist im Rahmen seiner Individualitätsauffassung konsistent, weil sie die Freiheit des handelnden Menschen respektiert.

Humboldt, ein Denker an der Zeitwende

Das Konzept der Nationalgesellschaften wirkt im Kontext von Modellen ständischer politischer Partizipation, die in der Zeit nach der

Französischen Revolution in den deutschen Ländern aufkamen, konservativ und rückwärtsgerichtet. Indes spricht Humboldt für die Auflösung feudaler und mittelalterlicher Einrichtungen, für die Freiheit nicht nur des Individuums als Privatperson, sondern auch als wirtschaftlich Handelndem. Die Verteidigung der Autonomie und Selbstverantwortung des Menschen sowohl gegenüber der absolutistischen Monarchie wie auch gegen die Volksdiktatur ist unbestechlich und konsequent durchdacht. Die Aufgabe aber rein rationaler und utilitaristischer Prinzipien zugunsten eines anthropologisch begründeten Bildungsideals erscheint problematisch. Als Motiv für Reformen von oben müssen sie beim Fürsten auf Zustimmung stoßen, was wohl bei von Dalberg, nicht aber bei vielen anderen der Fall gewesen sein mag. Dieses Endziel kann auch nicht allgemein gelten, weil nur eine besonders begünstigte Elite überhaupt in der Lage war, diesem Ideal persönlich nachzueifern. Insofern können wir Humboldts Standpunkt auch als einen des Rückzuges aus dem Politischen ansehen. Immer wieder wurde er zu Staatsaufgaben gerufen, die er im Sinne seines freiheitlichen Geistes so gut als möglich, d. h. soweit man ihn gewähren ließ, erfüllte. Immer wieder strebte er aber zurück in den Stand des Privatgelehrten. Als solcher befasste er sich nicht mit politischen Fragen und meldete sich in öffentlichen Debatten zu politischen Themen nicht zu Wort. Das Hauptforschungsgebiet seines Lebens war die Sprache.

Quellen:

(1) Wilhelm von Humboldt: *Ideen zu einem Versuch, die Grenzen der Wirksamkeit des Staats zu bestimmen*, Stuttgart 1967 (Reclams-Universal-Bibliothek).

(2) Dietrich Spitta: *Die Staatsidee Wilhelm von Humboldts*, Berlin, 2004.

(3) Franz-Michael Konrad: *Wilhelm von Humboldt*, Bern, Stuttgart, Wien, 2010.

Claude-Frédéric Bastiat – Kämpfer gegen einen neuen Absolutismus

Claude-Frédéric Bastiat (1801–1850) wächst als Abkömmling einer Gutsbesitzer- und Händlerfamilie in Südfrankreich nördlich der Pyrenäen auf. Nach dem frühen Tod seiner Eltern wird der Neunjährige in ein Internat gesteckt, wo er eine gute Schulbildung erfährt. Ohne Abschluss tritt er mit achtzehn Jahren in das Handelsgeschäft seines Großvaters ein. Sieben Jahre später stirbt auch sein Großvater und hinterlässt ihm ein stattliches Erbe, von dem er leben kann. Zunächst bewirtschaftet er das Landgut selbst. Ihn interessieren aber mehr seine Studien. Bald schon engagiert er sich politisch bei den Erhebungen des Jahres 1830 für ein neues liberales Regime. Er kandidiert wenig später für das Regionalparlament und wird nun bis zu seinem Tod publizistisch und als Parlamentarier eine politische Tätigkeit entfalten, die ihn in Frankreich berühmt macht. Er wird zum führenden Kopf der liberalen Bewegung. An der Seite Richard Cobdens, dem Führer der *Anti-Corn-League* in England, tritt er für den Freihandel in Frankreich ein. Die von ihm gegründete *Association pour la liberté des échanges* wird nach seinem Tod ein Abkommen mit England durchsetzen.

Die politisch und publizistisch aktive Zeit Bastiats zwischen den Revolutionen von 1830 und 1848 fällt in eine Epoche, in der die nach Napoleons Diktatur herrschenden Liberalen durch die aufkommenden Sozialisten und Anarchisten verdrängt werden. Er liefert sich mit dem Anarchisten Proudhon argumentative Duelle. Bastiat kämpft sowohl gegen diese als auch gegen die machtorientierten korrumpierbaren Liberalen, die an der Regierung sind. Er wird den Kampf verlieren, wie die Liberalen in Deutschland den ihren gegen Bismarck. Die Machtergreifung Napoleons III. beendet die liberale Ära Frankreichs, die Durchsetzung Bismarcks im Verfassungsstreit die Deutschlands um die Mitte des 19. Jahrhunderts.

Bastiats Hauptinteresse galt der Ökonomie. Er wird von Ludwig von Mises geschätzt als glänzender Stilist.

> „Von den älteren liberalen Schriftstellern soll man auch Frédéric Bastiat (Oeuvres complètes, Paris 1855) lesen. Bastiat war ein glänzender Stilist, so daß die Lektüre seiner Schriften einen ganz besonderen Genuß gewährt. Daß seine Lehren heute überholt sind, ist angesichts der gewaltigen Fortschritte, die die theoretische Nationalökonomie seit seinem Tode gemacht hat, nicht erstaunlich. Seine Kritik aller protektionistischen und verwandten Bestrebungen ist auch heute noch unübertroffen. Die Schutzzöllner und Interventionisten haben kein Wort sachlicher Entgegnung vorbringen können. Sie stammeln nur immerfort: Bastiat ist ‚oberflächlich'." (4, S. 171)

Diese Bewertung Bastiats durch Mises ist nicht ganz treffend. Bastiat entwickelte eigenständig Gedanken, die auf eine Überwindung der irrtümlichen „objektiven Wertlehre" der Nationalökonomie hinausliefen. Seine antiinterventionistischen Arbeiten zeugen von einem selbständigen Geist, von tiefen Einsichten in die verwickelten Zusammenhänge der Nationalökonomie. Wir wünschten uns heute mehr solche klaren Köpfe.

Kampf gegen den Interventionismus

Die klassisch Liberalen vereinten sich im Kampf gegen den monarchistischen Absolutismus und strebten eine konstitutionelle Bindung der Monarchie an, die sie in England auch durchsetzen konnten. Sie beherrschten die öffentliche Meinung. Alle Bürger, die lesen und schreiben konnten, dachten liberal. Die Meinung des Proletariats in Stadt und Land war für die politischen Entscheidungen ohne Belang. Ihr Einfluss auf die Politik beruhte in einer direkten Beeinflussung der Fürsten und Monarchen und in der Kontrolle der Monarchie über das Parlament, in dem sie die Mehrheit besaßen.

In dem Maße wie sich das allgemeine und gleiche Stimmrecht durchsetzte, wurden die Parteien abhängig von der Gunst der Massen.

Ein Parlament, das die Budgets der Regierungen kontrollierte, Gesetze erließ und damit die Staatsmacht wenigstens weitgehend in Händen hielt, war seinerseits abhängig davon, dass die Wählerschaft ihrer Politik zustimmte. Auf dieser Grundlage bildet sich ein Wettbewerb der Parteien um die Gunst der Wähler durch Ankündigung und Vergabe von Vergünstigungen an Klientele. Das geht einher mit wirtschaftspolitischen Eingriffen. Die Einnahmen des Staates durch Steuern und Abgaben können für die einen günstiger, für die anderen ungünstiger gestaltet werden. Die Ausgaben aus dem Staatshaushalt sind nicht nur an Sachzwecke gebunden, sondern immer auch Zuwendungen an Wählergruppen. Sie werden mit Rücksicht auf deren Zustimmung politischen Zwecken unterworfen.

Nun werden die breiten Schichten des Volkes zu einem Machtfaktor. Die Agitation der Sozialisten findet Resonanz durch unrealistische Versprechungen und drängt die Liberalen zurück. Konnten sich in der französischen Revolution von 1830 noch die Liberalen durchsetzen, entglitt ihnen in der Revolution von 1848 die Macht und fiel schließlich in Hände eines Führers, der die breiten Massen des Volkes mit populistischen Versprechungen ködern konnte – Napoleon III.

Bastiats Hauptanliegen neben dem Propagieren des Freihandels war, die Kosten der wirtschaftspolitischen Eingriffe für die Allgemeinheit aufzuzeigen. Exemplarisch sei hier sein bekanntestes Werk „Was man sieht und was man nicht sieht“ genannt. (2, S. 107–152) Er weist nach, dass staatliche Interventionen immer die Wirtschaftskraft schwächen und damit den Wohlstand der Allgemeinheit schmälern. Seine Analysen sind auch heute noch lehrreich, da die Mechanismen der Umverteilungspolitik heute jenen von damals gleichen. Er sah, wie der Staat in den Händen einer skrupellosen Machtclique zu einem Instrument wurde, die Herrschaft der Mächtigen zu vergrößern, immer weitere Teile der Bevölkerung durch Zuwendungen zu kaufen und sie von diesen Zuwendungen abhängig zu machen. Bastiat ist ein Chronist der Pervertierung des Staates zu einem Herrschaftsapparat über das Volk durch einen Ausbau der öffentlichen „Wohlfahrt“.

„Gemeinhin wird das Regime Louis Philippes, das der Juli-Revolution von 1830 entsprang, als die Blütezeit eines ‚bourgeoisen Wirtschaftsliberalismus' gesehen. Dies ist maximal eine Halbwahrheit. Das Bündnis einer neuen, reformorientierten Monarchie und zahlreichen bürgerlichen Kräften entsprang nicht der Einsicht in marktliberale und freihändlerische Prinzipien, sondern war eigentlich ein Schutzbündnis verschiedenartigster Besitzinteressen gegen einen allzu radikalen (möglicherweise tendenziell sozialistischen) Republikanismus. Folglich flossen viele protektionistische Interessenlagen in die Gesetzgebungsmaschinerie ein – eine Gesetzgebungsmaschinerie, die bald mit gutem Grund als ausgesprochen korrupt angesehen wurde. Eine neureiche Bourgeoisie der Landbesitzer, die die alte aristokratische Landbesitzerschicht verdrängt hatte, verlangte nach Schutz des Agrarsektors. Auch die aufstrebenden Industrien – insbesondere Kohle und Stahl – verschanzten sich hinter hohen Schutzzöllen", urteilt Detmar Doering. (2, S. 158)

Die wirtschaftspolitischen Eingriffe des Staates schüren Unzufriedenheit, weil sie einseitige Privilegien und Begünstigungen schaffen. Das Ansehen der Regierung sinkt. Die Verhältnisse werden als ungerecht kritisiert. Der anwachsende Staatsapparat kauft die Wähler, bis er schließlich in die Hände eines Führers fällt, der ihn zu einem Gewalt- und Unterdrückungsinstrument ausbaut. Doch diesen letzten Schritt, die Machtergreifung des kleinen Napoleon, erlebt Bastiat nicht mehr.

Bastiats Rechtsphilosophie ist, wie wir sehen werden, nicht so tief begründet, wie die Kants, aber sie führt zum selben Ergebnis. Bedeutend sind seine Schriften als Zeugnisse des frühen Abwehrkampfes gegen eine etatistische Tendenz, die siegen und zum schließlichen Niedergang des Liberalismus führen wird. Die aufgeworfenen Fragen sind noch immer brisant, und Bastiats Argumentation bis heute aktuell.

Die Staatsphilosophie Bastiats

> „Das Gesetz – pervertiert! Das Gesetz – und mit ihm alle kollektiven Gewalten der Nation – das Gesetz, sage ich, nicht nur von seinem Ziel abgebracht, sondern dazu gebraucht, ein direkt entgegengesetztes Ziel zu verfolgen! Das Gesetz als Instrument aller Begehrlichkeiten, anstatt ihr Zügel zu sein! Das Gesetz selbst als Vollzieher der Ungerechtigkeit, welche zu bestrafen seine Aufgabe war!", schreibt Bastiat in „Das Gesetz". (2, S. 17)

In seinem Aufsatz „Das Gesetz" entwickelt Bastiat seine Lehre über die Aufgabe des Rechtsstaates und der Gesetze. Ausgangspunkt ist, wie gezeigt, die Feststellung des Tatbestands, dass Recht und Gesetz dem einseitigen Interesse unterworfen und zum Mittel der Herrschaftsausübung missbraucht werden.

Was ist das Gesetz?

Zum Anfangs- und Ausgangspunkt seiner Rechtsphilosophie macht Bastiat die Gegebenheit, dass wir Menschen unser Leben nicht von einer staatlichen Obrigkeit empfangen haben, sondern aus einer natürlichen Ordnung hervorgegangen sind, in seinem religiösen Verständnis: von Gott. Es ist die Erkenntnis der christlichen Lehre von der „Gottesebenbildlichkeit", die im Hintergrund seiner Denkweise die Würde und die nicht auflösbare Autonomie des Menschen begründen.

Leben, das ist das körperliche, geistige und moralische Leben. Es unterhält sich aber nicht von selbst. Der Mensch muss seine Fähigkeiten zum Erwerb der Lebensmittel anwenden, und es darf ihm nicht die Möglichkeit der Aneignung des Erwerbs genommen werden.

> „Existenz, Fähigkeiten, Aneignung – mit anderen Worten: Persönlichkeit, Freiheit, Eigentum. Siehe: der Mensch." (ebd.)

In der Tradition naturrechtlichen Denkens argumentiert Bastiat für eine Priorität des Individuums vor den staatlichen Verhältnissen. Der

Mensch geht dem Staat, die drei Dinge: *Persönlichkeit, Freiheit* und *Eigentum* gehen den Gesetzen voraus.

> „Nicht weil die Menschen Gesetze erlassen haben, gibt es Persönlichkeit, Freiheit und Eigentum. Im Gegenteil, weil Persönlichkeit, Freiheit und Eigentum vorherbestehen, erlassen die Menschen Gesetze.“ (ebd.)

Im Geiste des klassischen Liberalismus formuliert Bastiat die Aufgabe des Staates als Einrichtung zum Schutz des Menschen gegen die Gefahr der Einschränkung oder des Verlusts der natürlichen, von Gott verliehenen Rechte. Aus dem Vorherbestehen der Rechte auf Persönlichkeit, Freiheit und Eigentum folgt das Recht auf Schutz dieser Rechte. Das ist die Bedeutung des Wortes „Gesetz“.

> „Was also ist das Gesetz? Wie ich es schon anderswo gesagt habe, ist es die gemeinsame Organisation des individuellen Rechtes auf legitime Verteidigung.“ (ebd.)

Das Recht auf Verteidigung und die Grenzen der Gewalt

Das Recht auf Verteidigung der vorausgehenden natürlichen Persönlichkeitsrechte schließt die Anwendung von Gewalt mit ein. Jeder Mensch darf seine Person, seine Freiheit und sein Eigentum mit Hilfe von Gewaltmitteln verteidigen. Sie dürfen sich dazu auch vereinigen, kollektive Einrichtungen zur Anwendung von Gewalt schaffen.

> „Das kollektive Recht hat sein Prinzip, seine Daseinsberechtigung, seine Legitimation im individuellen Recht; und die gemeinsame Gewalt kann vernünftiger Weise kein anderes Ziel, keine andere Aufgabe haben, als die isolierten Kräfte, die es ersetzt.“ (ebd., S. 18)

Das ist der springende Punkt. Die kollektive Gewalt, ein anderer Ausdruck für Staat, muss an das individuelle Recht gebunden werden und darf ihm nicht zuwider laufen. Der Staat und seine Gesetze haben keine weiteren Befugnisse als den Schutz der individuellen Rechte (Persönlichkeit, Freiheit, Eigentum). Kein Individuum hat das Recht, die natürlichen Rechte anderer Individuen auszulöschen. Daher kann die „gemeinsame Gewalt nicht legitim angewendet werden, um die Person, die Freiheit, das Eigentum von Individuen oder Klassen zu zerstören." Eine bemerkenswerte Feststellung siebzig Jahre vor der Klassenmordpolitik der Bolschewiki.

Die Wirklichkeit des Staates

> „Das Gesetz ist die Organisation des natürlichen Rechtes auf legitime Verteidigung, es ist die Ablösung der individuellen Gewalt durch eine kollektive Gewalt, um in dem Bereich zu handeln, wo die individuelle Gewalt das Recht hat zu handeln, um das zu tun, was jene tun darf, um die Personen, Freiheiten, Eigentum zu garantieren, um jedem sein Recht zu wahren, um zwischen allen die GERECHTIGKEIT herrschen zu lassen." (ebd.)

Bastiat definiert Gerechtigkeit als einen Zustand, in dem das individuelle Recht auf Verteidigung legitimer Rechte auf ein Kollektiv übergegangen ist, das aber nicht mehr tun darf, als das, was für das Individuum legitim ist, die Verteidigung der natürlichen Rechte. Gerechtigkeit ist eine Eigenschaft des Staates, der die natürlichen Rechte der Bürger schützt und verteidigt. Eine solche Ordnung, schreibt Bastiat, sei

> „die einfachste Regierung, die billigste, am wenigsten drückendste, am wenigsten spürbarste, am wenigsten verantwortliche, die gerechteste, und folglich stabilste, die man sich vorstellen kann, was auch immer im Übrigen ihre Staatsform wäre." (ebd. S. 19)

Es ist von untergeordneter Bedeutung, welche organisatorische Verfassung sich der Staat gegeben hat. Konstitutionelle Monarchie oder parlamentarische Demokratie sind zweitrangig. Entscheidend ist, dass der Staat die Rechte der Bürger wahrt und verteidigt. Der Bürger, das freie Individuum bildet die Grundlage eines gerechten Staates. In einem gerechten Staat kann der Bürger sich auch seiner selbst bewusst werden und sein Leben in die eigenen Hände nehmen. Er ist im Guten wie im Schlechten sein eigener Herr.

> „Denn unter einer solchen Herrschaft verstünde jeder wohl, dass er die ganze Fülle wie auch die ganze Verantwortung seiner Existenz innehat. Wenn nur die Person respektiert wäre, die Arbeit frei und die Früchte der Arbeit gegen jeden ungerechten Zugriff gesichert, hätte niemand mit dem Staat zu schaffen. Im Glück freilich hätten wir nicht ihm für unseren Erfolg zu danken, das ist wahr; aber im Unglück rechneten wir unsere Niederlagen genauso wenig ihm zu, wie unsere Bauern ihm den Hagel und den Nachtfrost zuschreiben. Wir würden ihn nur durch das unschätzbare Gut der SICHERHEIT kennen." (ebd.)

Auf diesen Begriff läuft die ganze Aufgabe des Staates hinaus: Der Staat ist zum Schutz der Bürger da. Ihre Sicherheit ist seine ganze Aufgabe. Was darüber hinaus geht führt unweigerlich zu einer Perversion der Gesetzes.

Die Perversion des Gesetzes

Überschreitet der Staat diese minimalistische Aufgabenbegrenzung, verliert er seine Neutralität gegenüber den Bürgern. Er wird zu einer eigenen Partei und erzeugt Parteiungen der Bürger, die in Konkurrenz miteinander um die größten Zuwendungen geraten. Er macht die kollektive Gewalt bestimmten Gruppen dienstbar, raubt anderen die Freiheit und beutet deren Eigentum zu seinen Gunsten und zugunsten bestimmter Bevölkerungsgruppen aus. Die Perversion des Gesetzes fördert primitiven Egoismus und falsche Philanthropie.

Primitiver Egoismus

Der Mensch kann im gesellschaftlichen Verhältnis zu anderen Menschen zwei Richtungen einschlagen: einerseits seine eigenen

Fähigkeiten frei entfalten, seine eigenen Produkte genießen und so zum sozialen Fortschritt beitragen, andererseits auf Kosten anderer leben. Kriege, Völkerwanderungen, kirchliche Unterdrückungen (Bastiat entstammt den Stammlanden der Hugenotten), Sklaverei, industrielle Betrugsfälle und Monopole zeugen von letzterem Verhältnis, einer verhängnisvollen Veranlagung des Menschen. Der Mensch kann von seinen eigenen Früchten leben oder sich die anderer aneignen. Arbeit oder Raub. Da die Arbeit ein Schmerz ist und der Mensch Schmerzen vermeiden will, neigt er dazu, überall, wo der Raub weniger mühsam als die Arbeit erscheint, lieber zu rauben als zu arbeiten. Weder Moral noch Religion können ihn daran hindern. Der Raub hört dann auf, wenn er mühsamer und gefährlicher wird als die Arbeit.

> „Ganz offensichtlich sollte das Gesetz zum Ziel haben, dieser verhängnisvollen Neigung das mächtige Hindernis der kollektiven Gewalt entgegenzusetzen; es sollte Partei nehmen für das Eigentum und gegen den Raub.“ (ebd., S. 21)

Aber das Gesetz liegt in den Händen derer, die die Gesetze machen und somit alsbald die Gewalt.

> „Dieses unvermeidbare Phänomen, in Verbindung mit der verhängnisvollen Neigung, die wir im menschlichen Herzen aufgefunden haben, erklärt die fast allgemeine Perversion des Gesetzes. Man sieht wie es, anstatt ein Zügel für die Ungerechtigkeit zu sein, zu einem Instrument und dem unbesiegbarsten Instrument der Ungerechtigkeit wird. Man erkennt, dass es – je nach Macht des Gesetzgebers – zu dessen Vorteil den übrigen Menschen in unterschiedlichem Grade die Persönlichkeit durch Sklaverei, die Freiheit durch Unterdrückung, das Eigentum durch Raub zerstört.“ (ebd.)

Die unterdrückten Klassen können nun wiederum zwei Richtungen einschlagen. Sie können entweder sich gegen den legalen Raub auflehnen oder versuchen, an ihm teilzunehmen. Wenn letzteres die Wahl ist, wird der Raub zum allgemeinen Raub. Die Ungerechtigkeit vergrößert sich. Wenn die unterdrückten Klassen sich siegreich auflehnen, verwandeln sie den Staat nun in ein Instrument des Raubes zu ihren Gunsten. Der Sozialismus ist gesetzmäßiger Raub.

„Es konnte also in der Gesellschaft keine größere Veränderung und kein größeres Unglück aufkommen als dieses: Die Verwandlung des Gesetzes in ein Instrument des Raubes.“ (ebd. S. 22)

Die Gesetze werden nur respektiert, wenn sie respektabel sind. Wenn nicht, verliert der Bürger entweder das Gefühl für Moral oder den Respekt vor dem Gesetz. Das Wesen des Gesetzes ist ihre Funktion, für Gerechtigkeit zu sorgen. Gesetz und Gerechtigkeit sollen eins sein. Wenn aber Gesetze das Unrecht sichern, führt dies zum moralischen Verfall. Die Menschen verlieren in ihrem Gewissen den Sinn für Recht und Unrecht. Doch das Räuberische darf nicht zu deutlich in Erscheinung treten. Es muss kaschiert werden durch einen philanthropischen Anstrich.

Fehlgeleitete Philanthropie

Die Umverteilung der Früchte fleißiger Bürger soll gerecht erscheinen, indem der Staat sich die Aufgabe anmaßt, Wohlergehen, Bildung und Moralität der Nation zu erhöhen. Die Losung *liberté, égalité, fraternité* wurde nicht, wie wir heute glauben, zum Markenzeichen der französischen Revolution von 1789. Damals garantierte die Erklärung der Menschenrechte *la liberté, la propriété, la sûreté et la résistance à l'oppression* (Artikel II). Die Fraternité, also die *Brüderlichkeit* wurde von Napoleon III. gegen die Rechte auf *Sicherheit* und *Widerstand gegen Unterdrückung* ausgetauscht. (5) Die sich darin ausdrückende Konzeption des Wohlfahrtsstaates wurde schon Jahre davor unter dem Druck der sozialistischen Propaganda entwickelt. Der Staat, hieß es, sollte dem Gemeinwohl dienen. „Gemeinnützig ist, was den Regierungsmännern ermöglicht, sich am Ruder zu behaupten“, bemerkte Ludwig von Mises sarkastisch. (6, S. 92) Bastiat warnt vor der verführerischen Seite des Sozialismus.

Natürlich kann kein moralisch gesonnener Mensch etwas gegen Brüderlichkeit haben. Nur, ein philanthropischer Staat ist etwas ganz anderes. Er widerspricht sich mit der eigentlichen Aufgabe des Staates, er zerstört sie. Brüderlichkeit kann nur als freiwillige Hilfe verstanden werden.

> „Es ist mir vollkommen unmöglich, eine Brüderlichkeit zu begreifen, die gesetzlich erzwungen ist, ohne dass die Freiheit gesetzlich zerstört wird und die Gerechtigkeit gesetzlich mit Füßen getreten wird.“ (2, S. 30)

Bastiat nennt die Umverteilung des Wohlfahrtsstaates Raub, der seine Wurzeln in einem fehlgeleiteten Philanthropismus habe, wobei er den Regierenden nicht die Gesinnung von Räubern unterstellt, wohl aber ihre Idee als die des Raubes charakterisiert. Protektionismus, Sozialismus und Kommunismus seien drei Wachstumsphasen einer Pflanze. (ebd., S 31) Wenn der Staat im Namen der Gerechtigkeit Arbeit, Bildung und Religion organisiert, löst er die Organisation der Gerechtigkeit auf.

> „Merken sie doch, dass das Gesetz die Gewalt ist, und dass folglich der Bereich des Gesetzes nicht rechtmäßig den rechtmäßigen Bereich der Gewalt überschreiten darf. Wenn Gesetz und Gewalt einen Menschen in den Grenzen der Gerechtigkeit halten, wird ihm nur eine reine Negation auferlegt. Er muss nur darauf verzichten zu schaden. Sie greifen weder seine Persönlichkeit, noch seine Freiheit noch sein Eigentum an. Sie sichern nur Persönlichkeit, Freiheit und Eigentum des anderen. Sie beschränken sich auf die Verteidigung. … Sie erfüllen eine Aufgabe, deren Legitimität unbestritten ist.“ (ebd.)

Die Aufgabe der Gesetze und des Staates ist es nicht, die Gerechtigkeit regieren zu lassen, sondern die Ungerechtigkeit daran zu hindern zu regieren. Bastiat hebt das räuberische Vorgehen anhand einzelner Maßnahmen und Forderungen wie Schutzzoll, Förderungsprämien, Recht auf Gewinn, Recht auf Arbeit, Recht auf Unterstützung, Recht auf Bildung, progressive Steuer, Gratiskredit, Genossenschaftswerkstätten hervor.

Die Ideengeschichte des Etatismus

In seinem Werk „Das Gesetz“ ist ein längeres Kapitel der Ideengeschichte des Etatismus (also der Ideologie, nach der der Staat über dem Bürger steht) gewidmet. Darin wird deutlich, dass die etatistischen und sozialistischen Lehren eine tiefe Wurzel haben. Schon zur Zeit Ludwig XIV. wurde der paternalistische Wohlfahrtsstaat konzipiert und propagiert. Als die wichtigsten Vertreter zählt Bastiat *Bossuet, Fenelon, Montesquieu, Rousseau, Raynal, Mably* und *Condillac* auf. Deren Konzepten lag ein Menschenbild des Untertanen zugrunde. Die Bürger waren ungebildet, praktisch rechtlos und wurden als träge Masse angesehen. Die spätabsolutistische Monarchie gab das Modell für den sozialistischen Staat, der sich auf Wählermassen stützt, die durch emotionale Propaganda geformt werden.

Die Etatisten der demokratischen Ära waren *Saint-Just, Robespierre, Billaud-Varennes* und *Lepelletier*. Robespierre konzipierte in der Nachfolge Rousseaus den Staat als eine Institution der Nation, die per Gesetzgebung ein Ziel vorgibt. Alle körperlichen und moralischen Kräfte der Nation sollen auf dieses Ziel gelenkt werden. Die Nation bleibt passiv. Das Ziel Robespierres ist die Tugend. Der Bürger muss durch Terror dazu gebracht werden, sich tugendhaft zu verhalten. Die totalitäre Umerziehung des Menschen durch die Anwendung von Gewalt zum neuen, von den Machthabern konzipierten Menschen, erlebt hier ihre Geburtsstunde.

Den jakobinischen folgen die sozialistischen Etatisten: *Morelly, Babeuf, Owen, Saint-Simon, Fourier* und *Louis Blanc*. Sie setzen die Menschheit gleich mit der Gesellschaft. Diese wird durch die sozialistischen Politiker geformt und also die Menschheit. Führer formen Menschen. Das Mittel der Wahl ist die Staatsmacht. Die Frage ist nur:

> „Wenn die natürlichen Neigungen der Menschheit so schlecht sind, dass man ihr die Freiheit nehmen muss, wie kommt es dann, dass die Neigungen der Organisatoren gut sind? Gehören die Gesetzgeber und ihre Vertreter nicht zur Menschheit?“ (2, S. 53)

Freiheit

Bastiat weist nach, dass die Maßnahmen des Wohlfahrtsstaates allesamt zur Unterdrückung der Freiheit der Bürger führen und gerade nicht das gestellte Ziel erreichen, die Lebensbedingungen der Massen zu verbessern. Vermögen wird umverteilt und vernichtet. Damit tragen die Elemente des Wohlfahrtsstaats zur Senkung des Allgemeinwohls bei. Die Lösung des sozialen Problems ist hingegen die Freiheit. Die glücklichsten, moralischsten und friedlichsten Völker sind diejenigen, wo die Regierung sich am wenigsten fühlbar macht. (ebd. S. 59)

Quellen:

(1) http://bastiat.de/index2.html

(2) Marianne und Claus Diem (Hg.): *Der Staat – die große Fiktion. Ein Claude-Frédéric -Bastiat-Brevier*, Thun, 2001.

(3) Detmar Doering: *Frédéric Bastiat*, Sankt Augustin, 1997.

(4) Ludwig von Mises: *Liberalismus*, Jena, 1927.

(5) http://de.wikipedia.org/wiki/Freiheit,_Gleichheit,_Br%C3%Bc-derlichkeit

(6) Ludwig von Mises: *Im Namen des Staates oder die Gefahren des Kollektivismus*, Stuttgart, 1978.

Jeremy Bentham – Utilitarismus und die liberale Moralphilosophie

Einführung

Die Moralphilosophie fragt danach, was gutes und schlechtes Handeln ist. Ihre Themen sind Ziele und Mittel, Werte und Strategien des Handelns. Sie fragt: Was sollen wir tun?

Ideengeschichtlich lässt sie sich in die beiden Hauptströme der Gesinnungsmoral und der Verantwortungsmoral unterteilen. (1, S. 70)

Gesinnungsethik

Erstere definiert das Gute als eine Handlung, die aus einer lauteren Gesinnung getan wird. Gut ist, was einem guten Willen entspringt. Wir wollen hier auf Kant als ihrem prominentesten Vertreter verweisen.

> „Es ist überall nichts in der Welt, ja überhaupt auch außer derselben zu denken möglich, was ohne Einschränkung für gut könnte gehalten werden, als allein ein guter Wille. (2, S. 18) … Der gute Wille ist nicht durch das, was er bewirkt, oder ausrichtet, nicht durch seine Tauglichkeit zur Erreichung irgend eines vorgesetzten Zweckes, sondern allein durch das Wollen, d. i. an sich, gut, und, für sich selbst betrachtet, ohne Vergleich weit höher zu schätzen, als alles, was durch ihn zu Gunsten irgend einer Neigung, ja, wenn man will, der Summe aller Neigungen, nur immer zu Stande gebracht werden könnte.“ (ebd., S. 19)

Kant lehnt es ausdrücklich ab, das Gute an der Nützlichkeit der Handlung zu messen. Die Nützlichkeit oder die Fruchtlosigkeit kann dem Wert einer Handlung nichts zusetzen oder abnehmen. Daraus folgt der *kategorische Imperativ*, stets gut zu handeln, also aus einem Wollen des Guten zu handeln.

> „Handle nur nach derjenigen Maxime, durch die du zugleich wollen kannst, dass sie ein allgemeines Gesetz werde. (2, S. 51)

Gesinnungsethik steht in theologischer Tradition. Sie argumentiert vor dem Hintergrund eines optimistischen Glaubens an eine gottgewollte Weltordnung, für deren Totalität das Individuum nicht verantwortlich ist. Tue recht und lass ansonsten den lieben Gott walten.

Verantwortungsethik

Die Verantwortungsethik fragt nach den Folgen des Handelns. Die Motive des Handelnden, seine Gesinnungen sind unerheblich bei der Beurteilung des moralischen Werts einer Handlung. Was zählt, sind allein die Folgen: Der Wert einer Handlung wird an ihren Auswirkungen auf die Welt beurteilt. Wenn die Verhältnisse sich durch sie verbessert haben, ist eine Handlung moralisch, wenn sie sich durch sie verschlechtert haben, ist sie unmoralisch.

Die erste Frage, die aller Verantwortungsethik zu Grunde liegt und zuerst beantwortet werden muss, ist die: Was ist objektiv gut, was ist für die Welt gut? Welche Folgen dürfen als moralisch gut bejaht werden, welche müssen als moralisch schlecht verworfen werden? Eine Antwort liefert der Utilitarismus. Es ist die philosophische Richtung, die im klassischen Liberalismus traditionsbildend geworden ist. Die Lehre von der Nützlichkeit (Utilitarismus) des Handelns und der Nützlichkeit der Verhältnisse führt als Entscheidungskriterium „das größte Glück der größten Zahl“ ein. Das fundamentale Axiom formuliert Jeremy Bentham:

> „it is the greatest happiness of the greatest number that is the measure of right and wrong.“ (3)

Eine Handlung ist gut, wenn sie das Glück möglichst vieler Menschen, möglichst aller Menschen befördert. In einem späteren Werk mildert Bentham diese starke Forderung des *Prinzips der Nützlichkeit*:

> „Diese Bezeichnung hat man unlängst durch das Prinzip des *größten Glücks* oder der *größten Glückseligkeit* ergänzt oder ersetzt. Dies ist eine Kurzformulierung, an deren Stelle man ausführlich sagen müsste: jenes Prinzip, das das größte Glück all derer festsetzt, deren Interesse als das richtige und angemessene, und zwar als das einzig richtige und angemessene und schlechthin wünschenswerte Ziel menschlichen Handelns in Frage steht.“ (4, S. 55)

Der geschichtliche Hintergrund des Utilitarismus

Alle Regierungen, auch die despotischen, sind auf die Zustimmung durch die öffentliche Meinung angewiesen. Daher muss jede Regierung sich am Maßstab messen lassen, wie es um das Wohl der Untertanen und Bürger bestellt ist. Die Forderung, dass der Herrscher zum Wohl des Volkes regieren soll, ist daher zu allen Zeiten zu hören gewesen und musste zu allen Zeiten beantwortet werden.

In dem Maße wie sich eine Marktwirtschaft herausbildete, wie die Menschen durch intensiven Warenhandel miteinander verkehrten, wurde der wirtschaftliche Wohlstand als eine Größe betrachtet, die nicht schicksalhaft war, sondern auch von der Klugheit der Regierung abhing und die sich daher als Maßstab der Regierungstätigkeit verwenden ließ. Es erschien eine Übertragung von Staatsmacht auf die Obrigkeit nur insoweit legitim, als die Regierung zur Mehrung des wirtschaftlichen Wohlstands der Bürger beitrug. Wir finden diese Idee, die Legitimität der Regierung nach ihrem Nutzen für das Allgemeinwohl zu beurteilen, bei Locke. Die Herrschaftsformen wurden nach eben diesem Maßstab kritisiert, bewertet und in Frage gestellt. So geriet insbesondere in England die Monarchie früh in eine Krise, deren Ausgang nach Jahrzehnten innerer Unruhen schließlich die Einsetzung einer Verfassung war, an die der Monarch gebunden wurde.

Die konstitutionelle Monarchie der Stuarts in Folge der Glorious Revolution von 1688/89 war fürderhin Maßstab und Menetekel zugleich für alle kontinentaleuropäischen Monarchien.

Auf diesem Hintergrund verstehen wir die Moralphilosophie als das Bestreben, die Wohlfahrt des Volkes als Kriterium guter Regierungsführung zu begründen.

Ideengeschichtliche Wurzeln des Utilitarismus

Der Utilitarismus, in dessen Rahmen dieser moralphilosophische Diskurs weitgehend geführt wurde, stützt sich auf Vorläufer. Er lässt sich bis in die griechische Antike zurückverfolgen (Aristipp, 435–360 v. Chr., und Epikur, 341–270 v. Chr.). Diese Autoren vertraten den Standpunkt, dass der Sinn des Lebens eines jeden Individuums die Lebensfreude sei. Epikur empfiehlt, die Freude im lebensweltlichen Bezug zu suchen und sich aus den politischen Händeln der Welt herauszuhalten. Der Garten, in dem freundschaftliche Kontakte gepflegt werden, steht als Zeichen dieser weltabgewandten Weisheit des Philosophen.

Im Zusammenhang staatskritischen Denkens der Moderne finden sich Vorläufer und Vertreter des Utilitarismus vor allem in England und Schottland wie Hobbes (1631–1718) und Hume (1711–1776), aber auch in Frankreich mit Helvetius (1715–1771). Hintergrund dieser Philosophen waren die schrecklichen Erfahrungen der Religionskriege, die in der ersten Hälfte des 17. Jahrhunderts in Europa tobten und die Länder und Sitten verwüsteten. Der bittere Pessimismus eines Hobbes, der Abhilfe im omnipotenten Leviathan, Sinnbild des absoluten Staates, sieht, versteht sich als Vorschlag, eine Frieden stiftende Ordnung an die Stelle des zerstörerischen, an keine moralischen Schranken gebundenen Parteienzwists zu setzen. Es geht um die Zähmung menschlicher Gewalt, die menschheitsbedrohliche Ausmaße angenommen hat, durch das Gesetz. Der Utilitarismus ist politisch.

*Benthams Ausgangsfrage**

Jeremy Bentham (1748–1832) durchdachte und formulierte seine utilitaristische Philosophie in der Schrift *Einführung in die Prinzipien von Moral und Gesetzgebung* (erschienen 1780) etwa zeitgleich mit Adam Smiths (1723–1790) genialer Untersuchung über den *Wohlstand der Nationen* (erschienen 1776) und eine Generation nach David Humes *Untersuchung über die Prinzipien der Moral* (1751). Wir dürfen uns diese drei Denker im Dialog miteinander vorstellen. Bekanntlich waren Hume und Smith eng befreundet und standen im intensiven persönlichen Gedankenaustausch. Die Ökonomen dachten implizit utilitaristisch und die Philosophen implizit ökonomisch. Die Ökonomen waren Philosophen und die Philosophen Ökonomen. Bentham sah sich als Fortsetzer dieser Denktradition.

Insbesondere Smith, fußend auf Bernard Mandeville (Hauptwerk: *Die Bienenfabel*), stellte die provozierende und revolutionäre These in den Raum, dass der seinen egoistischen Interessen nachgehende Wirt (= der einer wirtschaftlichen Tätigkeit Nachgehende) gerade dadurch zum Wohl aller beiträgt, dass er seinen Eigennutz konsequent verfolgt. Diese starke Behauptung schlägt natürlich jede Gesinnungsethik aus dem Feld. Wenn die allgemeine Wohlfahrt nicht dadurch am besten bestellt ist, dass die Menschen einem Kanon von Tugenden und Pflichten verbunden werden, die ihre bösen Neigungen unterdrücken, sondern ihrem natürlich Trieb eigennützigen Handelns folgen dürfen, und dennoch die allgemeine Wohlfahrt gerade dann besonders gut gedeiht, ist die moralische Erziehung der Menschen, eine der Hauptlegitimationsargumente kirchlicher Macht und Voraussetzung des Gelingens jeder Gesinnungsethik, radikal in Frage gestellt. Der unüberwindbare Konflikt einer heteronomen Morallehre, der Konflikt zwischen Pflicht und Neigung scheint sich aufzulösen.

Der eine Generation jüngere Bentham geht einen Schritt weiter. Er wertet das eigennützige Streben des Menschen im Rückgriff auf die antike Philosophie des Hedonismus (Aristipp, Epikur) als moralisch gut. Eine überweltliche Macht oder eine metaphysische Idee, die vor aller Erfahrung steht, verliert ihre Autorität, verliert ihre Entscheidungsbefugnis in normativen Fragen. Der Mensch selbst wird zum Maßstab aller menschlichen Dinge. Eigennütziges Handeln ist nicht nur in der unbeabsichtigten Folge – unter dem Walten einer unsichtbaren Hand – gut, sondern an sich gut. Mehr noch, jedes Handeln des Menschen, auch das altruistische, ist in letzter Sicht eigennützig.

Ewige Wahrheiten und unfehlbare Beurteilungsinstanzen persönlicher, politischer oder theoretischer Natur lehnt Bentham ab. Skeptisch ist er ferner gegen die Annahme ewiger und unveränderlicher Naturrechte. (4, S. 18) Die Moralphilosophie soll aus anthropologischen Gewissheiten abgeleitet werden. Der Mensch, so Bentham, steht unter dem Diktat von Freude und Schmerz, die ihn sowohl bestimmen, wie er handeln soll, als auch wie er handeln wird. (4, S. 16) Durch die auf Smith basierende Verbindung des Gemeinwohls (das Glück *aller* Betroffenen) mit dem Verfolgen eigennütziger Bestrebungen (des *eigenen* Glücksstrebens) unter dem Wirken der „unsichtbaren Hand" gelingt diese Verbindung des Sollens mit dem Sein von selbst. Der Einzelne ist aus der Qual entlassen, alle seine Handlungsschritte nach moralischen Gesichtspunkten zu prüfen und sich in der Regel gegen seine Neigungen zu entscheiden. Er muss nur nach wirtschaftlichem Erfolg streben und alles wird für alle gut. Soweit der Ausgangspunkt. Was sich im Rahmen einer ökonomische Untersuchung als wahr herausgestellt hat, muss und kann auch auf eigene moralphilosophische Füße gestellt werden. Nun zur Durchführung.

Die Schwierigkeiten des Bentham'schen Systems

Der Utilitarismus ist von verschiedenen Seiten starker Kritik ausgesetzt. Das liegt einerseits in seiner provokativen Absage an alle konkurrierenden Moralphilosophien, andererseits aber auch daran, dass sich in der Entfaltung des Kerngedankens eine Reihe von

Schwierigkeiten auftun, die Bentham nicht lösen konnte, wahrscheinlich noch nicht einmal erkannte. Einige Punkte seiner Argumentation sind so schwach, etwa die Charakterisierung der Askese als einer Haltung, die darauf aus sei, das eigene Glück zu vermindern, dass ihre Inkonsistenz ins Auge springt. Solche Patzer sollen uns aber nicht aufhalten. Wir wollen die für den Liberalismus fruchtbaren Gedanken herausarbeiten.

Niemand kann widersprechen, dass Glück gut und Unglück schlecht ist. Das Nützlichkeitsprinzip wird als Faustregel des gesunden Menschenverstandes allgemein akzeptiert werden können. Lässt sie sich aber begrifflich scharf fassen? Lässt sich auf ihr eine konsistente Lehre bauen?

Kritische Analyse der moralphilosophischen Hauptschrift

Wir werden im Folgenden einige der zentralen Punkte in Benthams Schrift Eine *Einführung in die Prinzipien der Moral und der Gesetzgebung* referieren und kritisch kommentieren.

I. Teil

Leid und Freude seien zwei souveräne Gebieter, unter deren Herrschaft wir gestellt sind.

> „Sie sind sowohl der Maßstab für Richtig und Falsch als die Kette der Ursachen und Wirkungen. Sie beherrschen uns in allem, was wir tun, was wir sagen, was wir denken: jegliche Anstrengung, die wir auf uns nehmen können, um unser Joch von uns zu schütteln, wird lediglich dazu dienen, es zu beweisen." (4, S. 55)

Wenn wir unter der Herrschaft dieses Prinzips handeln müssen und dieses Joch nicht abschütteln können, bedeutet das, dass wir uns immer für die Lust und immer gegen die Unlust entscheiden müssen? Wo bleibt dann Raum für eine Vernunft, die sich gegen das Empfinden von

Freude und für das Leid entscheidet, also entscheidet, auf Freude zu verzichten und dem Schmerz nicht auszuweichen?

> „Das *Prinzip der Nützlichkeit* erkennt dieses Joch an und übernimmt es für die Grundlegung jenes Systems, dessen Ziel es ist, das Gebäude der Glückseligkeit durch Vernunft und Recht zu errichten.“ (ebd.)

Erschien in den Eingangssätzen die Möglichkeit eines freien Willens ausgeblendet, wird nun gefordert, das Prinzip der Nützlichkeit anzuerkennen und zu übernehmen, was ja die Möglichkeit des Gegenteils einschließt. Es bleibt offen, ob wir das Prinzip der Nützlichkeit als ein moralisches Gebot (Sollen) oder als ein unabhängig vom Wollen des Menschen waltendes Naturgesetz bzw. ein vorherrschendes Prinzip des Verhaltens begreifen müssen (Sein). Eine Stelle, an der die deskriptive Sichtweise deutlich wird lautet:

> „Aufgrund der natürlichen Beschaffenheit der menschlichen Verfasstheit machen sich im allgemeinen die Menschen dieses Prinzip in den meisten Augenblicken ihres Lebens zu eigen, ohne darüber nachzudenken; wenn nicht zur Leitung ihrer eigenen Handlungen, so doch zur Prüfung sowohl ihrer eigenen Handlungen als auch derer anderer Menschen.“ (4, S. 58)

Die normative Sichtweise kommt an folgender Stelle zum Ausdruck:

> „Von einer Handlung, die mit dem Prinzip der Nützlichkeit übereinstimmt, kann man stets entweder sagen, sie sei eine Handlung, die getan werden soll, oder zum mindesten, sie sei keine Handlung, die nicht getan werden soll.“ (4, 58)

Wie Höffe meint, stellt sich die egoistische Motivation gegen die altruistische Norm. (4, S. 16) Im Fortgang der Argumentation legt Bentham sich schließlich auf letztere, die normative Sichtweise fest. Wenigsten scheint klar zu sein, was unter Nützlichkeit zu verstehen ist:

> „Unter Nützlichkeit ist jene Eigenschaft an einem Objekt zu verstehen, durch die es dazu neigt, Gewinn, Vorteil, Freude, Gutes oder Glück hervorzubringen (dies alles läuft im vorliegenden Fall auf das gleiche hinaus) oder die Gruppe, deren

> Interesse erwogen wird, vor Unheil, Leid, Bösem oder Unglück zu bewahren.“ (4, S 56)

Wir waren ursprünglich davon ausgegangen, dass ein Handeln unter dem Prinzip der Nützlichkeit eigennütziges Verhalten sei. Nun hat sich dieser Eigennutz unter der Hand in einen gesellschaftlichen verwandelt. Freud und Leid der anderen sind der Gegenstand, an dem dieses Prinzip waltet. Das Prinzip der Nützlichkeit sei jenes Prinzip,

> „das schlechthin jede Handlung in dem Maß billigt oder missbilligt, wie ihr die Tendenz innezuwohnen scheint, das Glück der Gruppe, deren Interesse in Frage steht, zu vermehren oder zu vermindern.“ (4, 56)

Wie die Wahl der in Frage kommenden Gruppe getroffen werden muss, bleibt unbeantwortet. Welches ist die Gruppe, deren „Interesse als das richtige und angemessene“ in Betracht kommt?

Wie kann ein einziges Prinzip einerseits als persönliches und andererseits als objektives, sowohl moralisch (richtig und falsch) als auch kausal (Kette der Ursache und Wirkungen) aufgefasst werden? Dies erschließt sich uns nur, wenn wir hinzufügen, was nicht gesagt wird: Für Bentham teilt sich die Welt des Individuums nicht in ein Innen und Außen. Das Individuum ist für sich schon objektiv. Der Benthamsche Mensch ist eine Art Maschine, die stets das Nützliche tut, Freude sucht, Leid vermeidet und auf die Glücksmaximierung der Gruppe eingestellt werden kann. Wir ziehen Parallelen zum kulturalistischen Menschenbild des Behaviorismus, der Lernen als Konditionierung einer ursprünglichen Tabula Rasa auffasst.

Ist es logisch überhaupt möglich, das Prinzip der Nützlichkeit als allgemeine Handlungsmaxime aufzufassen? Nur wenige Jahre später, 1788, veröffentlichte Immanuel Kant seine Kritik der praktischen Vernunft, in der er das besagte Prinzip, das er *Lust und Unlust* nennt, als Grundlage eines allgemeinen Gesetzes des Handelns (bei Kant: der Willkür) verwirft, weil niemals ohne Erfahrung gesagt werden kann, was Lust und was Unlust bereitet. Erfahrungstatsachen können aber nicht allgemeine Maxime des Handelns werden, weil sie nicht verallgemeinerbar sind. Erfahrungen können nur a posteriori beurteilt werden. Sie sind daher einem Erkundungsverhalten unterworfen. Ein und derselbe Gegenstand der Lust kann zu einem anderen Zeitpunkt oder bei einem anderen Individuum Gegenstand der Unlust sein. Das Prinzip von Lust und Unlust steht unter einem allgemeineren Prinzip, dem der *Selbstliebe*. Kant:

> „Nun ist aber das Bewusstsein eines vernünftigen Wesens von der Annehmlichkeit des Lebens, die ununterbrochen sein ganzes Dasein begleitet, die Glückseligkeit, und das Prinzip, diese sich zum höchsten Bestimmungsgrunde der Willkür zu machen, das Prinzip der Selbstliebe." (5, S. 129)

Die Selbstliebe ist ein Prinzip a priori. Es kann folglich auch allem moralischen Handeln zugrunde liegen bzw. absichtlich verfolgt werden. Wir müssen uns hier nicht weiter mit Kants Argumentation befassen, die Glücksstreben auf der Grundlage von Lustsuche und Unlustvermeidung als Handlungsmaxime verwirft. Es sei nur darauf hingewiesen, wie unscharf Bentham seine Begriffe definiert.

Eine weitere Unklarheit begegnet uns bei der Auffassung des Begriffs *Gemeinschaft*. Das *Interesse der Gemeinschaft* ist, wie wir sahen, der Adressat des normativen Appells, nach dem Nützlichkeitsprinzip zu handeln. Und was ist die Gemeinschaft?

> „Die Gemeinschaft ist ein *fiktiver Körper*, der sich aus den Einzelpersonen zusammensetzt, von denen man annimmt, dass sie sozusagen seine *Glieder* bilden. (4, 57)

Es bleibt einstweilen offen, ob dieser fiktive Körper ein Eigenleben führt oder nur die Ansammlung der Einzelnen bildet. Wie können Einzelne Glieder von etwas nur Fiktivem sein? Sollen wir uns unter *Gemeinschaft* eine selbständige Entität vorstellen (realistisch) oder nur als eine Menge von Entitäten (nominalistisch). So bleibt auch einstweilen offen, ob die Vermehrung des *Glücks aller* bedeutet, die *Gemeinschaft als eigenständige Einheit* in einen glücklicheren Zustand zu versetzen oder das Glück jedes *Einzelnen* zu vermehren. Da auch gesagt wurde, dass sich das Regierungshandeln am Glück aller Bürger messen lassen muss, liegt es nahe zu denken, dass die Verfassung der Gesellschaft, die Rechtsordnung, für die Einzelnen glücklicher oder weniger glücklich bestellt sein kann. Es wird sich schließlich herausstellen, dass Bentham zu einer nominalistischen Auffassung neigt, die Gemeinschaft (synonym: Gesellschaft) als die Summe der Einzelnen auffasst, auch wenn er vom *Glück der Gemeinschaft* spricht. (ebd.)

> „Es wurde gezeigt, dass das Glück der Individuen, aus denen eine Gemeinschaft besteht – ihre Freuden und ihre Sicherheit –, das Ziel, und zwar das einzige Ziel ist, das der Gesetzgeber vor Augen haben sollte.“ (4, 74)

Unter der Hand ist der Freude also noch die Sicherheit als Inhalt des Glücks der Individuen beigesellt. Benthams Pendelargumentation zwischen Individuum und Gesellschaft, zwischen subjektivem Glück und objektivem, zwischen selbst erlebtem und erzeugtem Glück für andere, neigt sich nun vollends der Regierungsseite zu.

II. Teil

Aber, wieso müssen Individuen überhaupt dazu gebracht werden, ihrem eigenen Glück nachzustreben? Das Nützlichkeitsprinzip steht in Konkurrenz mit der *Askese* und dem *Prinzip der Sympathie und Antipathie*. (4, S. 61) Das Nützlichkeitsprinzip sei in jedem Fall richtig, die anderen notwendig falsch. Das Askeseprinzip strebe danach, das Glück der Gemeinschaft durch Verminderung des individuellen Glücks zu vermehren. Ihm hingen Menschen zweierlei Kategorien an: die Moralisten und die Religionsanhänger. Die Moralisten treibe die Hoffnung auf philosophischen Stolz und die Religionsanhänger die Furcht vor der Strafe Gottes. (4, S. 62) Unter dem Prinzip der Sympathie und Antipathie versteht Bentham das Handeln nach Laune, nach gefühlter Neigung, ohne Rücksicht auf die Nützlichkeit und damit auf das Glück der Gemeinschaft. (4, S. 66 f.) Die verschiedenen Moralsysteme ließen sich allesamt auf das Prinzip der Sympathie und Antipathie zurückführen. (4, S. 68)

Wir wollen uns nicht mit der Zerlegung dieser sehr plakativen Aussagen aufhalten. Es sei nur festgestellt, dass das Prinzip der Nützlichkeit hier ein rein normatives geworden ist, das mit konkurrierenden, also mit Prinzipien, die nicht der Nützlichkeitserwägung unterliegen, im Wettstreit liegt und sich folglich nicht spontan durchsetzt, obwohl an anderer Stelle gesagt wurde, dass es das vorherrschende Prinzip auch der ungebildeten Masse sei. (siehe oben; 4, S. 58) Bentham fügt in sein System einer konsequent autonomen Morallehre ein heteronomes Argument ein.

III. Teil

Es bedarf einer durchsetzenden Instanz. Ein Gesetzgeber muss die heteronome Moral erzwingen.

> „Es wurde gezeigt, dass das Glück der Individuen, aus denen eine Gemeinschaft besteht – ihre Freuden und ihre Sicherheit –, das Ziel, und zwar das einzige Ziel ist, das der Gesetzgeber vor Augen haben sollte; der einzige Maßstab, dem gemäß der Gesetzgeber – soweit es von ihm abhängt – jedes Individuum dazu bringen soll, sein Verhalten an ihm auszuüben.“ (4, S. 74 f.)

Bentham erteilt dem Gesetzgeber bzw. der Exekutive die Aufgabe, jedes Individuum dazu zu bringen, sein Verhalten nach dem Glück der anderen Individuen auszurichten, wobei er in dem Glück aller die Bedingung für das Glück des Einzelnen sieht. Wir lesen hier die Begründung für einen Wohlfahrtsstaat. (5, S. 27 ff.)

Die Erziehung des Volkes durch die Obrigkeit ist eine uralte Zumutung, die von Seiten des Staates stets der Kirche übertragen wurde und bei Bentham an den Staat delegiert wird. Die Idee ist nicht originell. Das Glück der Gesellschaft ist die traditionelle Leitidee des merkantilistischen Staatsabsolutismus, der vorherrschenden Staatsform des 18. Jahrhunderts. (5, S. 24) Auch Locke verlangte die Legitimierung der Obrigkeit durch ihr Wirken zugunsten des Allgemeinwohls. Doch bei Bentham ist im Unterschied zu Locke die Forderung rückständig. Nur wenige Jahre später werden Kant und Wilhelm von Humboldt dem Wohlfahrtsstaat eine radikale Absage erteilen.

Bentham schreibt:

> „Doch ob nun dieses oder etwas anderes zu *tun* ist – es gibt nichts, wodurch jemand letzten Endes dazu *gebracht* werden kann, es zu tun, außer Leid oder Freude.“ (ebd.)

Freude und Leid wird aus dieser Sichtweise zu einem Instrument der Beeinflussung des Bürgers durch den Staat. Wir dürfen an dieser Stelle daran erinnern, dass die vorliegende Schrift als Einleitung zu einem größeren rechtsphilosophischen Werk gedacht war.

Bentham untersucht zur Entwicklung dieses Instrumentariums, das, was er die Sanktionen, hier verstanden als die verpflichtenden Kräfte oder *Motive*, nennt. Es seien Motive, die mit diesen oder jenen Verhaltensweisen verbunden seien und tatsächlich die einzigen Dinge sind, die als Motive wirksam sind.

> „Es lassen sich vier Ursprünge unterscheiden, aus denen sich Freude und Leid gewöhnlich herleiten; wenn man sie getrennt erörtert, kann man vom *physischen*, vom *politischen*, vom *moralischen* und vom *religiösen* Ursprung sprechen.“ (4, S. 75)

Der Katalog der Motive oder Sanktionen versammelt physische, geistige und gesellschaftliche Kategorien. Der gewöhnliche Naturablauf des gegenwärtigen Lebens stehe unter dem Einfluss der *physischen Sanktionen*. Auch den anderen Sanktionen weist er einen Ort zu, wo sie dominieren. Die physische aber sei die tragende.

> „Von diesen vier Sanktionen ist die physische – wie wir feststellen können – im ganzen genommen die Grundlage der politischen und der moralischen Sanktion, und ebenso der religiösen, soweit diese in einer Beziehung zum gegenwärtigen Leben steht.“ (4, S. 78)

Das physische Motiv sei unabhängig von den übrigen wirksam.

> „Die Kräfte der Natur vermögen durch sich selbst wirksam zu sein; doch sowohl die Staatsbeamten als auch die Menschen insgesamt können nur durch die Kräfte der Natur wirksam werden.“ (ebd.)

Die übrigen Motive seien von der physischen abhängig und verbänden sich untereinander, konkurrierten aber auch miteinander.

> „Übt die politische Sanktion einen Einfluss auf das Verhalten der Menschen aus, wie es auch die moralischen, die religiösen Sanktionen tun? Die Tätigkeit der Staatsbeamten ist auf jeder Stufe ihrer Laufbahn von der Hilfe dieser beiden fremden Kräfte abhängig, aber auch durch sie behindert: getrennt oder zusammen sind sie mit Gewissheit seine Rivalen oder Verbündeten." (ebd.)

Diese Lehre der Sanktionen unterscheidet sich von der des Kampfes der Ideen als des Entwicklungsprinzips der Geschichte darin, dass der Utilitarismus die Sanktionen als inhärente Wirkungskräfte des menschlichen Verhaltens ins Auge fasst. Die Unterscheidung ist belanglos. Die Untersuchung hat sich sehr weit von seiner ursprünglichen engen Bindung an die anthropologischen Konstanten entfernt.

Bentham zeigt nicht, wie die verschiedenen Motive miteinander in Widerspruch geraten können, wo sie doch alle dem Nützlichkeitsprinzip unterstellt seien. Er konstatiert es nur als Tatsache und fordert die Einrichtung einer Instanz, die die Übereinstimmung der individuellen Eigennutzbestrebungen mit dem Allgemeinwohl vermitteln soll. Sie soll per Gesetz erzwungen werden.

IV. Teil

Im vierten Teil seiner Thesen gelangen wir zu der Frage wie der Wert einer Menge an Freude oder Leid gemessen werden kann. Hier wird deutlich, warum die Nützlichkeitsphilosophie eine derartige Faszination auf die liberale Bewegung der ersten Hälfte des 19. Jahrhunderts ausüben konnte. Sie stellte die Frage der Moral auf ein scheinbar empirisch-wissenschaftliches Fundament. Das Gut, das hier verhandelt wird, das Glück, wird wie eine ausgedehnte quantitative Größe verstanden, die sich verrechnen lässt. Damit wäre es der Regierung möglich, das Erreichen ihres Zieles, das allgemeine Glück, wie einen Geldwert zu messen.

> „Freuden und Leiden sind die Instrumente, mit denen er (der Gesetzgeber) umzugehen hat; es obliegt ihm somit, ihre Macht zu erkennen, die wiederum unter einem andere Gesichtspunkt ihr Wert ist." (4, S. 79)

Menschliches Handeln lässt sich nicht, wie Ludwig von Mises zeigte, mit szientistischen Methoden wissenschaftlich erkennen. Dem klassischen Liberalismus fehlte zu Benthams Zeit noch die Wissenschaft des menschlichen Handelns, die Mises in der *National-ökonomie* 1940 ausführen wird. Das Bestreben nach wissenschaftlicher Objektivität und Exaktheit motivierte das Denken der Liberalen. Der Rückgriff auf mechanistische Methoden aber führte sie damals wie heute in die Irre.

Dieser Glücks-Wert lässt sich zunächst nach vier Attributen vermessen: *Intensität, Dauer, Gewissheit oder Ungewissheit* und zeitlich gemeinte *Nähe oder Ferne* einer Freude oder eines Leides. Auch müssen die weiteren Wirkungen der Freude (die *Folgen-trächtigkeit*) in die Berechnung einbezogen werden, sind sie ihrerseits Ursachen weiterer Freuden oder Leiden. Auch die *Reinheit* der Freude, der Gesichtspunkt ihrer Unvermischtheit mit Leid, wird ins Kalkül gezogen. So geht es noch eine ganze Weile. Wir können die weiteren Ausführungen abkürzen.

Schließlich lässt sich Bilanz ziehen.

> „Man addiere die Werte aller Freuden auf der einen und die aller Leiden auf der anderen Seite. Wenn die Seite der Freude überwiegt, ist die Tendenz der Handlung im Hinblick auf die Interessen dieser *einzelnen* Person insgesamt *gut*; überwiegt die Seite des Leides, ist ihre Tendenz insgesamt *schlecht*." (4, 81)

Es versteht sich, dass nun Person für Person zu einer Gesamtbilanz gefügt wird und fertig ist die Berechnung des Glücks aller.

Eine solche Bilanzierung scheitert notwendig aus verschiedenen Gründen: Durch die Unmöglichkeit einer Außenbeurteilung von Glück müsste eine Erhebung durchgeführt werden. Die Datenmenge wäre unüberschaubar umfangreich und verstreut. Die Selbstbeurteilungen schwanken täglich und situativ und sind daher nicht zu fixieren. Die interpersonelle Vergleichbarkeit der Informationen wäre problematisch. Glück müsste als extensive Größe rationalisierbar gemacht werden. Ein solches Projekt wäre schon im Ansatz eine Anmaßung von Wissen (Hayek).

Selbstverständlich ist keine einzige Glücks-Berechnung durch Bentham bekannt. Der Nachweis der Durchführbarkeit konnte nicht erbracht werden und wurde vermutlich auch nie versucht. Diese verstiegene und pseudowissenschaftliche Lehre beeindruckt und blendet durch ihre Ähnlichkeit mit der wirtschaftlichen Rechnungsführung. Sie verfehlt aber ihr Ziel, die Bedingungen des menschlichen Glücks zu analysieren in geradezu grotesker Weise. Sie entspringt einem Blick auf die Menschen aus der Außenperspektive, wie sie beispielsweise ein Viehmäster zu seinen Tieren einnimmt: Man nehme einen geräumigen sauberen Stall, eine computergesteuerte ausgewogene Futterzufuhr und stelle die Hygienebedingungen sicher. Schon sind alle Rinder glücklich.

Zusammenfassung und Kritik

Der szientistische Zuschnitt seiner Argumentation und Begründung zeugt von dem starken Einfluss der mechanistischen und empiristischen Naturwissenschaften auf seine Zeit und die Zeitgebundenheit seines Denkens. Noch immer war Newtons Mechanik der Maßstab für Wissenschaft.

Das dieser Lehre zugrunde liegende Menschenbild ist das einer komplexen Maschine, die in allen ihren Teilen streng determiniert und daher prinzipiell berechenbar ist. Der Mensch wird nicht als ein freies, autonom handelndes Individuum ernst genommen. Autonomie und Freiheit des Willens haben keinen Ort im Theoriegebäude. Die Menschen sind Elemente einer anhand eines Glücksmaßstabs klug zu regierenden Masse. Die Inhumanität dieser Sichtweise, die an die Dystopie eines Aldous Huxley erinnert (*Brave New World*), wird auch deutlich an Benthams Panoptikum, dem Entwurf eines Gefängnisses für

Störer der Glücksordnung, in dem alle Inhaftierten von einem zentralen Beobachtungsposten durch radiale Anordnung der Zellen permanent und optimal überwacht werden können (*Pan-Optikum*).

Aus einer im ursprünglichen Ansatz humanistischen Sichtweise, die die menschliche Selbstliebe prinzipiell anerkennt, wird die Konzeption einer Herrschaftstechnologie, die die Bürger totalitärer Regimes durch artgerechte Glückszuteilungen gefügig macht. Im Lauf der Entwicklung seiner Argumentation hat sich Benthams Ausgangsfrage einer sich spontan bildenden moralischen Ordnung ins Gegenteil verkehrt.

Bentham versteht es nicht aufzuzeigen, wie die Vermittlungsinstanz des persönlichen Eigennutzstrebens mit dem Gemeinwohl, der gesetzgeberische Zwang, erfolgreich sein kann. Denn beim Gesetzgeber wiederholt sich die Frage, wie er dazu gebracht werden kann, das altruistische Streben über das egoistische zu stellen. Unter dem Einfluss von James Mill kam Bentham später der Forderung nach einer demokratischen Kontrolle der Regierung durch allgemeine, gleiche, geheime, regelmäßige und häufige Wahlen nach. (4, S. 17) Über die Unzulänglichkeit dieser Einrichtung wollen wir in dieser Untersuchung hinwegsehen.

Losgelöst von solchen Sicherungsmaßnahmen entfaltet der Utilitarismus eine fatale praktische Wirksamkeit. Die Französische Verfassung von 1793, die juridische Herrschaftsgrundlage des jakobinischen Wohlfahrtsausschuss, stellt fest:

> Art. 1: Das Ziel der Gesellschaft ist das allgemeine Glück.
>
> Die Regierung ist eingesetzt, um dem Menschen den Genuss seiner natürlichen und unveräußerlichen Rechte zu verbürgen.

Die Wohlfahrtsdespotie Robespierres erscheint als praktische Übung zur Verwirklichung einer Zwangsbeglückung des Volkes per Dekret und Guillotine. Der Versuch, durch die Entwicklung einer Rechtsordnung die Regierung an den Zweck der Beförderung des allgemeinen Glücks zu binden, muss als konstruktivistisch zurückgewiesen werden. Er lässt sich nur in der Form realisieren, dass eine Machtelite über die Bürger entscheidet, was deren Glück sei. Benthams Utilitarismus unterliegt einer inhärenten Logik, die zu einem totalitären System hinführt.

Auf einen weiteren zeitgebunden Zug sei verwiesen: In Analogie zur objektiven Wertlehre der klassischen Ökonomie Adam Smiths und David Ricardos werden hier innere Befindlichkeiten des Menschen als objektiv erkennbar und rational darstellbar aufgefasst. Die objektive Wertlehre geht davon aus, dass Waren einen messbaren monetären Wert besitzen, der der Menge an Arbeit entspricht, die in ihnen angehäuft wurde. In der subjektiven Wertlehre, die Menger und Jevons unabhängig voneinander im Jahre 1871 entwickelten, wird der Wert einer Ware als der subjektive Nutzen angesehen, den ein potenzieller Käufer unter Maßgabe der Erwartung hinsichtlich der durch die Ware möglichen Bedürfnisbefriedigung veranschlagt und dafür ein entsprechendes Entgelt bereit ist einzutauschen, was nichts mit der objektiven Produktionszeit zu tun hat.

In heutiger Sicht, insbesondere bei Ludwig von Mises, ist Glück eine ausschließlich innenweltliche Kategorie. Sie ist nicht ausgedehnt und nicht messbar. Sie wird als intensives Erleben vom handelnden Menschen situativ und individuell in nicht rationalisierbarer, letztlich auch nicht kommunizierbarer Weise beurteilt. Die Kosten, die das handelnde Individuum für die Mittel zu seiner Verwirklichung aufzubringen bereit ist, legt es nach subjektiven Wertmaßstäben im Vergleich mit anderen Optionen im Rahmen einer Rangordnung von Präferenzen fest. Eine Regierung oder Gesetze werden dazu nicht gebraucht. Diese haben nur dafür zu sorgen, dass die Freiheit des Handelns gesichert ist.

Benthams Stellung im Liberalismus

Worin besteht nun der ideengeschichtliche Beitrag Benthams zur Entwicklung des klassischen Liberalismus? Er war der erste, der den Versuch unternahm, die Moralphilosophie systematisch als eine Lehre zu entwerfen, die ohne theologische und ohne metaphysische Prämissen auskommt. Allein die anthropologischen Konstanten der Menschen, und zwar aller Menschen in gleicher Weise, sollten ihr zu Grunde gelegt werden. Dass dieser Versuch gescheitert ist, wird heute niemand bestreiten. Aber die Aufgabenstellung war lange reizvoll und inspirierte eine ganze Generation bis in die Mitte des 19. Jahrhunderts.

Der Sohn von Benthams engstem Schüler und Gefährten John Mill, John Stuart Mill unternahm eine Revision der utilitaristischen Moralphilosophie, doch auch diese scheiterte. Es blieb Ludwig von Mises vorbehalten, eine konsistente Morallehre ohne Metaphysik und ohne heteronome Begründungszusammenhänge zu formulieren. Mises hat Bentham trotz aller Widersprüche und Fragwürdigkeiten als eine der geistigen Wurzeln des Liberalismus angesehen, als ein unverzichtbares Glied in der Traditionskette.

Der Anspruch des Utilitarismus, das größte Glück der größten Zahl zu befördern, hat einen festen Platz in der liberalen Soziallehre, aber nicht als konstruktivistisches Top-down-Projekt, sondern im Rahmen einer freiheitlichen Entwicklung Bottum-up. Erst Mises und seinem Mitstreiter Friedrich A. von Hayek gelang es zu zeigen, wie sich spontan gesellschaftliche Ordnungen bilden, die moralischen Maßstäben standhalten können, und wodurch sie gefährdet sind.

Quellen:

(1) Max Weber: *Politik als Beruf*, Reclam Universal-Bibliothek Nr. 8833, Stuttgart, 1992.

(2) Immanuel Kant: *Grundlegung der Metaphysik der Sitten*, in: Immanuel Kant, Werkausgabe Band VII, Suhrkamp Taschenbuch Wissenschaft, Frankfurt 1974.

(3) Jeremy Bentham: *A Fragment on Government,* London 1776, Preface (2nd para.).

(4) Jeremy Bentham: *Eine Einführung in die Prinzipien der Moral und der Gesetzgebung*, zitiert nach: Otfried Höffe (Hg.): Einführung in die utilitaristische Ethik, Tübingen und Basel, 4. Auflage 2008.

(5) Zum Wohlfahrtsstaat siehe: Gerd Habermann: *Der Wohlfahrtsstaat, Ende einer Illusion*, München 2013.

* in Anlehnung an Otfried Höffe. Siehe: 4, Einleitung, S. 7–51.

Ludwig von Mises – Die Vision der Freiheit

I. Einführung

> „Ich habe manchmal die Hoffnung gehegt, dass meine Schriften eine praktische Wirkung erreichen und der Politik den Weg weisen würden. Ich habe immer nach den Anzeichen eines ideologischen Wandels Umschau gehalten. Doch ich habe mich eigentlich nie darüber getäuscht, dass meine Theorien den Niedergang der großen Kultur erklären, ihn aber nicht aufhalten. Ich wollte Reformer werden, doch ich bin nur der Geschichtsschreiber des Niedergangs geworden.“ (E, S. 92)

Ludwig von Mises (1881–1973) trat auf die Bühne der Wissenschaft und Publizistik, als der Etatismus, die Vergötterung des Staates, auf dem vorläufigen Höhepunkt seiner Entwicklung angelangt war. Das Programm des Etatismus setzte sich in Österreich und Deutschland, aber auch in anderen westlichen Ländern gegen das Programm des Liberalismus durch. Es rang den Liberalismus nieder und leitete eine der grausamsten Epochen der Menschheitsgeschichte ein.

Das 20. Jahrhundert erlebte zwei Weltkriege, die beiden Spielarten des Sozialismus und als deren Folge die Ermordung von Millionen von Menschen aus ideologischen und machtpolitischen Gründen. Der Holocaust der Juden, die Ermordung der ukrainischen Bevölkerung durch Lebensmittelentzug durch Stalin, Mao Tse-tungs Politik des „Großen Sprungs“ sind einige Beispiele in einer Reihe von Verbrechen des Staates, die uns fassungslos machen.

Kein anderer Wissenschaftler und Theoretiker des Liberalismus legte eine tiefer durchdachte Analyse der Ursachen dieser Menschheitstragödie vor als Ludwig von Mises, u.a. in: *Im Namen des Staates oder Die Gefahren des Kollektivismus*. (OG) Kein anderer legte eine geschlossenere und konsistentere Soziallehre der Freiheit vor als dieser Wiener Ökonom und Sozialphilosoph.

Mises vertrat seinen Standpunkt in einer konsequenten und standhaften Weise, die uns Respekt abfordert. Alle Mitstreiter der neoliberalen Bewegung, der er in historischer Hinsicht als Erneuerer des klassischen Liberalismus auch zugerechnet werden kann, dachten und schrieben in der Absicht, über beeinflussbare Politiker auf den Gang der Geschehnisse mittelbar einzuwirken. Die Schriften Hayeks, Röpkes oder Euckens waren aus diesem Gesichtspunkt nicht derart kompromisslos in ihrer Argumentation wie die von Ludwig von Mises. Sie erarbeiteten Reformvorschläge, von denen sie teilweise selbst annahmen, dass sie nur die zweitbesten waren, dafür aber eine Chance auf Verwirklichung besäßen. (1, S. 65 u. a.) Mises Haltung war eine andere.

Einerseits war er durch seine Tätigkeit in der Wiener Handelskammer mit der praktischen Seite der Ökonomie bestens vertraut. Er erarbeite Stellungnahmen für Banken und die Regierung, die an den engen Möglichkeiten partikularer Wirksamkeit ausgerichtet waren. Dabei erarbeitete er durchaus pragmatische wirtschaftspolitische Reformvorschläge. (8, S. 396, Fußnote 230) In dieser Zeit erwarb er sich ein breites Tatsachenwissen. Der detaillierte materiale Fundus bildet einen meist stummen Hintergrund zu seinen theoretischen Arbeiten zur Nationalökonomie, wodurch diese eine Erdung erhalten, die für eine rein deduktive Methode verblüffend ist. Andererseits hielt er sich nach seiner Zeit bei der Wiener Handelskammer – aus welchen Gründen auch immer – von Tätigkeiten direkter Politikberatung fern. Er schrieb von einem hohen Gesichtspunkt über das Gesamte des menschlichen Handelns. Sein theoretischer Themen- und Zeithorizont reichte Jahrhunderte zurück. Mit einem geradezu enzyklopädischen Wissen erfasste er die Dogmengeschichte der Moderne und verstand es, sie in die Realgeschichte einzubetten. Die Weite der Retrospektive spiegelt sich in der visionären Weitsicht seines Entwurfs einer Ordnung der Freiheit, einer Ordnung, die noch nie in reiner Form bestand.

> „The System of market economy has never been fully and purely tried." (HA, S. 264)

Daher bezeichne ich Mises als den *Visionär der Freiheit*. Er ist der einzige unter den Neoliberalen, der konsequent jede Wirtschaftstätigkeit des Staates ablehnt. Dadurch nimmt er unter ihnen eine Sonderstellung ein. In diesem Punkt knüpft er an die Positionen Kants, Humboldts und Bastiats an, die er weiterführt und systematisch begründet. In gewisser Weise ist er radikaler noch als sie, wenn wir Radikalität verstehen als eine konsistente Haltung, die nur gelten lässt, was bis zur letzten Gegebenheit (TH, S. 183) durchdacht ist und einer kritischen Prüfung standhält. In dieser Hinsicht steht er auch zur neoliberalen Bewegung in explizitem Widerspruch, die dem Interventionismus einen Spalt weit die Tür offen hält und damit eine Entwicklung befördert, die die Freiheitsordnung tendenziell zerstört.

Aus dieser Sichtweise ergibt sich die Singularität Mises im Kreis seiner Generation der Österreichischen Schule und der Liberalen überhaupt. Der fundamentale Denkfehler des neoliberalen Konzepts eines dritten Weges besteht darin, dass Interventionismus immer zu einem Machtzuwachs des Staates führt, der unvermeidlich zu einem eigennützigen Gewalt- und Herrschaftsapparat über den Bürgern und gegen die Bürger wächst und alle Freiheit mehr und mehr erstickt. Mises hat vor der Geschichte bestanden. Sein Denken kann und muss den Ausgangspunkt für eine Erneuerung des Liberalismus sein.

Die praxeologische und deduktive Methode der Ökonomie Mises'

Wir müssen nicht biografische oder andere thymologische Gründe suchen, um zu erklären, warum Mises diesen Standpunkt eingenommen hat (Thymologie = verstehende Psychologie, vergleiche TH). Sein Standpunkt folgt aus seiner Stellung innerhalb der Österreichischen Schule der Nationalökonomie. Mises hat ihre Herausforderungen angenommen. Carl Menger, der Begründer der Schule, führte einen Methodenstreit mit Gustav Schmoller, dem Oberhaupt der Kathedersozialisten und Vertreter des Historismus. (2) Menger vertrat den Standpunkt, dass die Ökonomie zeitlos gültige Gesetze des wirtschaftlichen Handelns entdecken und damit eine systematische wissenschaftliche Theorie bilden könne. Böhm-Bawerk setzte den Streit fort, indem er die

Kapitaltheorien der verschiedenen Denkschulen methodologisch zerlegte und ihre wissenschaftliche Fehlerhaftigkeit nachwies. (3) Zur Zeit als Mises, Schüler Böhm-Bawerks, anfing, im Rahmen dieser Schule zu denken, war der Historismus noch lange nicht aus dem Feld geschlagen. Mises unternahm darum den Versuch, die Methodologie der Österreichischen Schule der Nationalökonomie systematisch zu begründen. (vergleiche: GN, NÖ, HA, TH) Deren Denkansatz wird durch folgendes Zitat deutlich:

> „Für die Untersuchung der Probleme der Marktwirtschaft formt die Katallaktik ein Gedankenbild, in dem die Elemente der Marktwirtschaft rein erscheinen, so dass die Schlüsse, zu denen sie von diesen Annahmen aus gelangt, nicht durch die Rücksichtnahme auf die Wirkung anderer Faktoren getrübt werden. Sie geht davon aus, dass das Marktgetriebe nicht behindert wird durch weitere institutionelle Gegebenheiten; ihr Markt ist in dem Sinne ein freier Markt, als die Preisbildung nicht gestört wird durch das Walten von Kräften, die für das Getriebe nicht notwendig sind. Sie geht von der Annahme aus, dass Arbeitsteilung und Sondereigentum an den Produktionsmitteln bestehen, und daraus folgt dann, dass die Verwendung der Produktionsmittel durch den Markt gelenkt wird. Andere Annahmen macht sie zunächst nicht. Erst wenn sie alles erschöpft hat, was sich aus diesen Annahmen ergibt, geht sie dazu über, die Wirkung aller denkbaren weiteren Gegebenheiten zu prüfen. Diese Untersuchung der Probleme, die die Interventionen bieten, wird gewöhnlich als die Theorie der Wirtschaftspolitik bezeichnet.“ (NÖ, S. 228 f.)

Diese Annahmen werden gemacht, obwohl in Wirklichkeit diese Bedingungen nicht in reiner Form gegeben sind. Unter Katallaktik ist zu verstehen:

> „Seit man von Nationalökonomie, von Sozialökonomie oder einfach von Ökonomik spricht, hat man es stets als die Aufgabe dieser Wissenschaft angesehen, die Erscheinungen des Marktes zu untersuchen, d. i. die Bildung der wechselseitigen Austauschverhältnisse der auf den Märkten umgesetzten Sachgüter und Dienste, die Entstehung dieser Austauschverhältnisse aus dem Handeln und ihre Wirkung auf weiteres Handeln.“ (NÖ, S. 224)

Die deduktive Methode Mises besteht in der Setzung eines Theorems, dem Satz vom Handeln, dessen begrifflicher Inhalt mehr und mehr entfaltet wird. Der Satz wird als apriori und apodiktisch wahr angenommen. Er ist in den ersten Zeilen der *Nationalökonomie* formuliert:

> „Handeln ist bewusstes Verhalten. Wir können auch sagen: Handeln ist Wollen, das sich in Tat und Wirken umsetzt und damit verwirklicht, ist ziel- und zweckbewusstes Sichbenehmen, ist sinnhafte Antwort des Subjekts – der menschlichen Persönlichkeit – auf die Gegebenheit der Welt und des Lebens." (NÖ, S. 11)

Zur Entfaltung des Begriffsinhalts des Satzes vom Handeln (der Lehre der Praxeologie) sind reine Gedankenbilder der Handlungszusammenhänge zu konstruieren, die von allen Verzerrungen befreit gedacht, den Gesetzen des Handelns unterworfen sind. Die Nationalökonomie ist ein Teil dieser umfassenden Handlungslehre und sein am besten ausgearbeiteter Teil.

Mises Ökonomie ist folglich ein theoretisches geistiges Konstrukt, ein Gedankenmodell. Die empirische Welt der Ökonomie wird gedacht als eine Welt handelnder Individuen, die den praxeologischen und katallaktischen Gesetzen unterliegen. Die Komplexität der empirischen Welt kann durch Kombination verschiedener Gesetze erklärt werden. Makroökonomie baut sich aus der Mikroökonomie auf.

Das in beschriebener Weise aus Modulen zusammengesetzte Modell arbeitet virtuell in idealtypischer Weise. Die Gegenstände der Nationalökonomie sind immer einmalige unwiederholbare Geschehnisse, die sich auch nicht in einem Labor nachstellen lassen, weil die Wahlakte nicht objektiv determinierbar sind. Die Nationalökonomie kann folglich nicht szientistisch, also empirisch, Variablen isolieren und quantifizieren, Hypothesen verifizieren oder falsifizieren. Sie ist ein Gedankenmodell. Ihr Wahrheitsgehalt beruht auf der Stimmigkeit und Logik verketteter Kausalbeziehungen mikroökonomischen Handelns. Aus der immer umfassenderen Konstruktion mikroökonomischer Sätze bilden sie die Totalität makroökonomischer Tatbestände nach. Die

Nationalökonomie ist folglich ein zusammenhängendes Theoriegebäude hoher Komplexität. Das ist die Schwierigkeit.

Die Nationalökonomen sind sich uneinig in der Beurteilung der Tauglichkeit der Praxeologie als Grundlage der Nationalökonomie. Ein Teil von ihr weicht auf die Behandlung von Aggregaten aus. Das sind Zusammenfassungen von Handlungsmomenten vieler Einzelner und bzw. Teilaspekte des Handelns einer Gruppe (beispielsweise Sozialprodukt), die sie mit statistisch-mathematischen Methoden untersuchen. Die Ökonometriker geben somit den mikroökonomischen Ansatz auf und versuchen quasiempiristisch Kausalbeziehungen zu entdecken. Doch sie erkennen nur Korrelationen von Datensätzen, deren genaue Bedeutung sie häufig nicht anzugeben vermögen, da diese nicht aus der Analyse des individuellen Marktgeschehens gezogen wurden.

Mises und die Spaltung des Neoliberalismus

Wir können nicht in die Diskussion der Problematik der Praxeologie einsteigen. Sie wurde von keinem der anderen Neoliberalen geteilt. Diese folgten in den methodologischen Fragen den Lehren Poppers von der Verifizierbakeit (Popper I) und Falsifizierbarkeit (Popper II) der wissenschaftlichen Theorien und mussten schon aus diesem Grund die Praxeologie ablehnen. (E, S. 195) Wichtig für uns ist an dieser Stelle nur zu erkennen, von welchem Standpunkt aus Mises seine politische Haltung, seinen Liberalismus vorträgt. Die Reinheit und Logik seiner wissenschaftlichen Theorie spiegelt sich in der Stringenz und Kompromisslosigkeit seiner politischen Lehren. Wissenschaft und Liberalismus bilden eine konsistente Einheit. Jeder Kompromiss aus politischen Erwägungen zieht einen Verstoß gegen die gültigen Gesetze der Marktwirtschaft nach sich, verstößt gegen das Primat der Freiheit und muss daher abgelehnt werden.

Mises Purismus und Rigorosität der Argumentation sind von kantischem Geist. „Politische Bildung aber bedeutet vor allem Nationalökonomie“, formuliert er apodiktisch. (WL, S. 602)

> „Es ist nicht schwer, die Ursache ihres Scheiterns zu erklären. Dieser angebliche Neuliberalismus war tatsächlich nicht liberal.

Seine Verfechter erstrebten nicht die freie Marktwirtschaft, sondern nur eine "Milderung" gewisser interventionistischer Maßnahmen. Sie waren eifrig darauf bedacht, zu versichern, dass sie keineswegs Laissez-faire-Kapitalismus, sondern nur einen vom Staat "vernünftig" geregelten Kapitalismus anstreben. Mit einem Wort: Sie waren Interventionisten; wie sie glaubten, gemäßigte Interventionisten. Sie kritisierten keineswegs das, was man die Doktrin des Interventionismus nennen mag. Sie empfahlen nur mehr Milde, d. h. weniger Folgerichtigkeit, in der Durchführung seines Programms. Die Progression in der Besteuerung der Einkommen und Verlassenschaften soll gemildert, doch keineswegs beseitigt werden. Manche – aber nicht alle – Gewaltmaßnahmen der Gewerkschaften sollen unterdrückt werden. Manche – aber nicht alle – Privilegien, die den minder leistungsfähigen Unternehmer gegen den leistungsfähigeren schützen, sollen fallen. Schutzzölle und andere protektionistische Verfügungen sollen auf das "unbedingt notwendige" Maß zurückgeführt werden.

> Wenn einmal der Grundgedanke des Sozialismus und Interventionismus, dass nämlich die Marktwirtschaft die Mehrheit des Volkes zugunsten einer Minderheit von Profitmachern benachteilige, als richtig unterstellt wird, dann ist der liberale Standpunkt preisgegeben." (WL, S. 603)

Damals wie heute glauben die Politiker aller Couleur die ökonomischen Gesetze missachten zu dürfen. Der Machtstandpunkt stellt Politik über Ökonomie. Die Wirtschaft ist in den Augen des Politikers ein passives Feld, das dem Willen des Interesses unterliegt, dem er dient. Alle interventionistischen und sozialistischen Richtungen unterliegen diesem Trugschluss.

> „Das Verhängnis des 19. Jh. war es, dass den im demokratischen Staatswesen zur Führung berufenen Schichten der Gebildeten die Nationalökonomie fremd wurde. Es ist hier nicht der Ort, die Gründe dieser Erscheinung aufzuweisen. Es genügt festzustellen, dass etwa seit den 1870er Jahren nur wenige es der Mühe wert erachteten, sich ernstlich mit den Problemen zu beschäftigen, die man gemeinhin als nationalökonomische Theorie zu bezeichnen pflegt." (WL, S. 602)

Ludwig von Mises wies in unzähligen Fällen nach, dass vom Standpunkt der gesetzten Ziele, die Interventionen nicht zu den gewünschten Ergebnisse führen. (siehe Unterkapitel Regierungseingriffe des Interventionismus) Sie schaffen Verhältnisse, die vom Standpunkt der Interventionisten weniger erwünscht sein müssen, als die vorausgegangenen. Dies analysiert der Wissenschaftler. Der Liberale stellt fest, dass alle Interventionen nur die Macht des Staates stärken und die Position des Bürgers schwächen.

Natürlich war Mises der Außenseiter in der Bewegung des Neoliberalismus. Das ergab sich schon allein aus den unterschiedlichen Lebenszielen. Mises verstand sich als der Erbe der Österreichischen Schule der Nationalökonomie. Er arbeitete daran, diese kritisch zu durchdenken und zu höherer Konsistenz und Vollständigkeit zu führen. Er wollte sie nicht mit anderen Paradigmen mischen oder in anderen Paradigmen Lehren entwickeln. Die übrigen deutschsprachigen neoliberalen Denker brannten darauf, nach der Überwindung des Nationalsozialismus ein freieres Deutschland zu schaffen und sie fanden mit Ludwig Erhard einen bedeutenden Gestalter im Zentrum der Macht, ein Glücksfall, den Mises erkannte und würdigte.

Mises dachte allerdings in den Dimensionen des Zivilisationsprozesses der westlichen Welt. Seine Perspektive war global, sein Blick auf die Vision einer freien Marktwirtschaft gerichtet – frei im Sinne von vollkommen unverfälscht und rein, ohne staatliche Eingriffe. Vom Standpunkt ihrer Gesetze aus waren die Halbheiten und die destruktiven Tendenzen der Wirtschafts- und Gesellschaftspolitik zu beurteilen und zu verwerfen. In den Vereinigten Staaten, in der neuen Welt, fand er neue Schüler und Nachfolger, die eine Renaissance des Liberalismus wissenschaftlich und praktisch einleiteten. In Europa aber war der überaus fruchtbaren Ära Erhards und der Neoliberalen nur eine kurze Zeit der Wirksamkeit vergönnt. Bald holte sich der Etatismus in Form des Interventionismus seine Hegemonie zurück und marginalisierte den deutschen Liberalismus erneut. Er versetzte ihm, nach Bismarck, die zweite historische Niederlage.

Als *Libertarismus* fasst der (klassische) Liberalismus nun, von jenseits des Atlantiks kommend, erneut Fuß in der alten Welt. Insbesondere in den vom Sozialismus kommunistischer Prägung befreiten Ländern Mitteleuropas wird er mit großem Interesse und mit Begeisterung aufgenommen. Seine Botschaft, das *Primat der Freiheit*, wird auf dem Hintergrund von Jahrzehnten der Unfreiheit gehört als eine Botschaft der Hoffnung. In den hochentwickelten westlichen Ländern Europas liegt der Wohlfahrtsstaat zwar noch wie ein Bleiteppich auf den Seelen der Menschen, doch auch hier verstehen Kerne eines neuen Netzwerks freiheitlich gesinnter Menschen Mises' Lehren als *Botschaft des Aufbegehrens*. Mises wird somit, vierzig Jahre nach seinem Tod, zum Begründer einer Renaissance der Freiheitsbewegung in ganz Europa.

II. Individualismus – ein Fundament der Freiheitslehre

> „Der Schlussstein der westlichen Zivilisation ist der Raum spontanen Handelns, den sie dem Individuum zusichert." (TH, S. 374)

Nur Einzelne denken und handeln. Jede Lehre von der Gesellschaft muss von diesem Punkt ihren Ausgang nehmen. Es gibt in ontologischer Sicht keine kollektive Wesenheiten wie Staat, Nation, Volk, Gesellschaft, Klasse, Rasse, Geschlecht usw., die das Prädikat verdienen, zu handeln, zu denken, zu wollen oder zu leiden. Sie sind daher auch kein Adressat von Rechten. Kollektive oder „die Gesellschaft" sind nur *Handlungstypen* Einzelner, z. B. Tauschhandlungen, bei denen Käufer und Verkäufer eigennützige Ziele verfolgen, oder *Einstellungen vieler Einzelner*, die gedanklich zu Aggregaten zusammengefügt sind. (NÖ, S. 115, 146)

Handeln besteht aus Denken und Ausführen. Es erfährt seinen Anstoß im Unbefriedigtsein der Lage.

> „Alles Wollen entspringt aus Bedürfnis, also aus Mangel, also aus Leiden." (5, Buch III, § 38)

Der Mensch sucht handelnd sein Glück. Das ist der Topos der Aufklärungsphilosophie. Auch Kant sieht im Glücksstreben das einzige zentrale Motiv des Handelns:

> „Alle materiale praktische Prinzipien sind, als solche, insgesamt von einer und derselben Art, und gehören unter das allgemeine Prinzip der Selbstliebe, oder eigenen Glückseligkeit." (9, 1. Buch, 1. Hauptstück, § 3)

Grundlagen der Lehre vom menschlichen Handeln

Was sein Glück ist, kann nur das Individuum für sich wissen. Es beurteilt seine Handlungsziele im Hinblick auf sein Unbefriedigtsein. Nur jeder Mensch selbst kann wissen, welches Handlungsziel geeignet ist, um sein Unbefriedigtsein zu beheben.

> „Man kann Werturteile nicht beweisen und nicht in einer Weise rechtfertigen und begründen oder ablehnen und verwerfen, die jedermann, der logisch denkt, als gültig annehmen muss. Werturteile sind irrational und subjektiv, man kann sie loben oder tadeln, billigen oder missbilligen, doch man kann sie nicht als wahr oder unwahr bezeichnen. Ein Ziel mag von vielen, ja nahezu von allen Menschen sehr hoch oder an höchster Stelle gewertet werden, wie etwa Leben, Gesundheit, Freiheit; es bleibt doch subjektiv." (NÖ, S. 53)

Die Momente des Handelns sind: (a) Festlegung des Handlungszieles, (b) Auswahl der Mittel, das gewählte Ziel zu erreichen, und (c) Ausführung. Das Ziel ist formal immer gleich: Aufhebung des Unbefriedigtseins. Die Wahl des Ziels und der Mittel sind Anwendungen der praktischen Vernunft, also tätig, bewusst und vernünftig. Durch die Ausrichtung des Handelns auf ein Ziel, das in der Zukunft liegt, ist das Handeln *intentional*.

Die Entscheidung des *Ziels* ist immer *rational*, insoweit das Ziel dem handelnden Individuum als das dringlichste zur Behebung seines Unbefriedigtseins dünkt, und die Wahl der *Mittel* sind in einem technischen Sinne immer *rational*, als sie auf die Erreichung des gewählten Zieles und auf nichts anderes bezogen sind. Ein Mensch kann nicht wollen, was er will. Schon Schopenhauer formulierte:

> „Es ist doch wohl handgreiflicher Widerspruch, den Willen frei zu nennen und doch ihm Gesetze vorzuschreiben, nach denen er wollen soll; – »wollen soll« – hölzernes Eisen!" (5, Buch IV, § 53)

Im Begriff des *autonomen*, d. h. selbstbestimmten Individuums ist das Konzept des *heteronomen* Willens ausgeschlossen. Die heteronome Ethik stellt Gebote im Namen einer Obrigkeit – Gott, Staat, Klasse, Partei oder sonst ein Kollektivbegriff – zur Befolgung, die den Willen der Einzelnen beugen.

> „Die Unduldsamkeit und die Propaganda durch das Schwert des Kriegers oder durch das des Scharfrichters liegen im Wesen der heteronomen Ethik. Das Gesetz Gottes fordert allgemeine Anerkennung und Befolgung, und der von ihm bestellten Obrigkeit sind alle Menschen von Rechts wegen untertan. … Die heteronome Ethik kann man nicht mit Vernunftgründen beweisen; man hat sie gläubig hinzunehmen oder man muss zum Glauben gezwungen werden. Die Zweckmäßigkeit, der autonomen Ethik zu gehorchen, kann man logisch beweisen." (NÖ, S. 118–19)

Die autonome Ethik erlaubt dem Individuum in Übereinstimmung mit seinem Willen zu handeln. Der Wille will immer nur, dass es dem Subjekt des Willens besser geht. Wollen ist einfach. Was ihm besser erscheint, der Inhalt des Wollens, hängt von inneren und äußeren Gegebenheiten ab, die er erlebt und dessen Erleben er sich *bewusst* macht. Die dem Wollen zugrunde liegenden Werturteile sind Ideen. Das Unbefriedigtsein muss ihm vor das Bewusstsein treten, um handlungsinitiierend zu werden. Auch die Wahl der Mittel zur Erreichung des gewählten Zieles sind immer vernünftig gewählt, da es diejenigen sind, die ihm zum Erfolg verhelfen sollen. Sie sind aber von einem objektiven Standpunkt aus einer Kritik fähig, da sie nicht immer zielführend, sondern oft genug untauglich sind. Der Mensch wählt die Mittel immer rational, weil er nicht solche wählen kann, die ihn zu einem anderen Ziel führen sollen, als er will. Er kann nicht entgegen seinem Willen handeln. *Rationalität* und *Bewusstheit* sind Wesensmerkmale des individuellen Handelns.

Wählen heißt Vorziehen und Zurückstellen. Aus einer Alternative zwischen zwei oder mehreren Handlungszielen und -mitteln muss eines ausgewählt und auf die anderen im Augenblick verzichtet werden. Er muss das Eine tun und gleichzeitig das Andere lassen. So hat jedes Handeln Kosten zu tragen (die Mühe der Ausführung) und Kosten zu bewerten (die der vorgezogenen im Vergleich zu denen der entgangenen Möglichkeiten, auch Opportunitätskosten genannt). Alle begehrten und alle als Mittel zu verausgabenden Güter sind *knapp*. Nur im Schlaraffenland fliegen die gebratenen Tauben in den Mund. Im Leben müssen wir handelnd mindestens eine Zeitspanne unseres Lebens verausgaben.

Dieses Gedankenbild des rational handelnden Individuums ist das Fundament von Mises' Theorien, sowohl der wissenschaftlichen Praxeologie einschließlich der Nationalökonomie als auch seiner Politologie des Liberalismus.

Es ist gegen Einwände durch folgende Merkmale der Definition geschützt:

a) Der Mensch handelt rational, aber er verhält sich nicht nur handelnd. Ist er befriedigt, handelt er nicht, sondern lebt empfindend und genießend in Zufriedenheit. Er kann auch unentschlossen das Handeln hinausschieben und sich abwartend verhalten.

b) Rationalität ist eines seiner Vermögen, aber er kann sich in der Wahl seiner Mittel irren. Und der Einzelne irrt sich oft. (NÖ, S. 179) Er braucht für seine rationalen Entscheidungen weder vollständige Information noch Unfehlbarkeit des Denkens. Die Rationalität fußt nicht auf dem individuellen Erfolg, nicht auf der Perfektion seines Denkvermögens, sondern auf der Unvermeidbarkeit seines Strebens nach Glück. Die Rationalität ist formal und subjektiv, nicht objektiv.

Wir fassen diese Gründe unter den Begriff der *Autonomie des Individuums* zusammen. Niemand anders als das handelnde Individuum kann über die Wahl der Handlungsziele entscheiden. Es gibt von außen keine Ansatzpunkte zur Bewertung dieser Wahl. Es gibt in der Wahl der Ziele keine Objektivität. Es gibt nur das sich selbst bestimmende Individuum, sein Wollen. Von außen bleibt nur die Möglichkeit zu beurteilen, ob die Wahl der Mittel geeignet ist, zur Zielerreichung beizutragen.

Die erkenntnistheoretische Schranke

Die vom handelnden Individuum gewählten Ziele sind letzte Gegebenheiten der wissenschaftlichen Erkenntnis. Die Wahl und das Wollen des Zieles wird vom Individuum auf der Grundlage von tiefer liegenden inneren Gegebenheiten im Bezug auf die äußere Lage getroffen und festgelegt. Ziele fußen auf Werturteilen. Es entzieht sich der Außenbeschreibung, welche Gründe dies sind. Die Werturteile sind ihrer Natur nach Ideen, die für den wissenschaftlichen Betrachter letzte Gegebenheiten sind, Daten, die nicht weiter auf rationale Weise auf andere zurückgeführt und damit aufgelöst werden können. Dies gilt auch für die introspektive Selbstbeschreibung, insofern die inneren Gegebenheiten auch dem selbstbeschauenden Individuum weitgehend unbewusst bleiben und nie sicher festgestellt werden kann, ob die Gründe zutreffend und erschöpfend erkannt und begriffen wurden.

> „Die menschliche Suche nach Erkenntnis kann nicht endlos gehen. Unvermeidbar erreicht sie, früher oder später, einen Punkt, hinter dem sie nicht fortgesetzt werden kann. Sie sieht sich dann der letzten Gegebenheit [ultimate given] gegenüber, einem Datum, das der Verstand des Menschen nicht auf ein anderes Datum zurückführen kann. Im Lauf der Entwicklung der Erkenntnis war die Wissenschaft erfolgreich damit, einige Dinge und Geschehnisse, die vorher als Ultimum angesehen wurden, auf andere Data zurückzuführen. Wir dürfen erwarten, dass dies auch in der Zukunft geschehen wird. Aber es wird immer etwas übrig bleiben, das für den menschlichen Geist eine letzte Gegebenheit darstellt, unanalysierbar und unreduzierbar. Der menschliche Verstand kann sogar ein Wissen der Art nicht hervorbringen, das nicht auf ein unüberwindliches Hindernis

> stößt. Für den Menschen gibt es so etwas wie Allwissenheit nicht.
>
> Bei der Behandlung solch endgültiger Daten spricht die Geschichtswissenschaft von Individualität. Die Merkmale eines individuellen Menschen, sowohl seine Ideen und Werturteile als auch seine Handlungen, die von jenen Ideen und Urteilen geleitet sind, können nicht auf etwas zurückverfolgt werden, von denen sie die Ableitung wären. Es gibt keine andere Antwort auf die Frage, warum Friedrich II. in Schlesien einfiel als: weil er Friedrich II. war. Es ist üblich, wenn auch nicht sehr nützlich, den geistigen Prozess, mit dessen Hilfe ein Datum auf ein anderes zurückgeführt wird, rational zu nennen. Dann muss ein ultimatives Datum irrational genannt werden. Es ist keine historische Forschung denkbar, die nicht schließlich auf solche irrationale Tatbestände stößt.“ (TH, S. 183–4)

Damit soll gesagt sein, dass der geschichtlich Handelnde aus einer Reihe von möglichen Gründen einen oder mehrere auswählt und andere, gegenteilige verwirft. Welche er auswählt und warum er dies tut, ist dem Außenbeobachter verschlossen. Dass er diese wählt, kennzeichnet ihn als Individuum, als die Figur einer Erzählung, die eben *so* ist und nicht *anders*.

Mit der Setzung dieser erkenntnistheoretischen Schranke der Praxeologie und auch der Geschichtsschreibung setzt er gleichzeitig dem Herrschaftswissen ein moralisches Tabu. Die Innenwelt ist für die Analytik des wissenschaftlichen Auges verborgen. Die Erforschung der Motive des Handelnden kann niemals objektive Wahrheiten zutage fördern. Wir vermögen uns in andere Menschen hineinzudenken und sie zu verstehen. Aber das Verstehen ist keine objektive Erkenntnis. Was zeitlich und kausal vor dem Werturteil liegt, bleibt dem Begreifen entzogen. Die Wissenschaft hat, gleich der Macht, die Individualität der Einzelnen als das zu respektieren, was im Wortsinn damit gesagt ist: Unteilbarkeit.

Das Konzept des autonomen Individuums

Das Konzept der individuellen Autonomie bei Mises fußt nicht auf metaphysischen Grundannahmen, wie bei Kant, oder auf anthropologischen, wie bei Wilhelm von Humboldt. Derartige Prämissen lehnt Mises aus methodologischen Gründen ab. Postulate, die aus metaphysischen und anthropologischen Prämissen abgeleitet werden, zwingen dazu, mit der Übernahme der Postulate auch die jeweiligen Theorierahmen zu übernehmen.

Das Konzept der individuellen Autonomie leitet sich logisch aus der Entfaltung des Begriffs des Handelns ab. Dieser wiederum ist offensichtlich stimmig, kann intuitiv als richtig erkannt werden. Jedermann, der bedenkt, was für ihn Handeln bedeutet, wird also dem Mises'schen Hauptsatz intuitiv zustimmen. Er ist stimmig, d. h. er passt mit den Erkenntnissen des eigenen Handelns zusammen. Aber kann er auch als apodiktisch wahr gelten?

Aber das charakteristische Merkmal einer Erkenntnis a priori ist, dass wir nicht die Wahrheit ihrer Negation denken können oder von etwas, das sich davon unterscheiden würde. Was das Apriori ausdrückt, ist notwendig in jeder Aussage beinhaltet, das sich auf das in Frage stehende Problem bezieht. Es in all unserem Denken und Handeln inbegriffen.

„Wenn wir ein Konzept oder eine Aussage als aprioristisch qualifizieren, wollen wir sagen: erstens, dass die Negation dessen, was sie behauptet, undenkbar für den menschlichen Geist ist und ihm daher als Unsinn erscheint; zweitens, dass dieses aprioristische Konzept oder die Aussage notwendig in unserem geistigen Zugang auf alle betreffenden Probleme inbegriffen ist, d. i. in unserem Denken und Handeln, das mit diesen Problemen zusammenhängt.“ (UF, Teil 1, Kap. 3)

Eine Verifizierung oder Falsifizierung kann nicht empirisch oder kasuistisch erfolgen, denn der Satz behauptet von sich, immer wahr zu sein. Zur Beantwortung dieser Frage können wir das Verfahren der *reductio ad absurdum* anwenden. Im Gedankenexperiment wählen wir die gegenteiligen Annahmen. Führen sie zu offensichtlichem Unsinn, ist der Beweis apodiktischer Wahrheit der stimmigen Annahmen erbracht. Die Annahmen sind apodiktisch wahr, weil ihr Gegenteil nicht möglich ist. In abgeschwächter Form: Sie sind so lange für wahr zu halten, wie sie nicht widerlegt werden können.

Wir können folgendermaßen vorgehen: Wer annimmt, der Mensch verfolge keine Ziele, muss erklären, warum er dann Ordnung schafft. Wer annimmt, das menschliche Wollen sei zufällig und willkürlich, muss erklären, warum die Menschen den Lebenskampf bestehen. Wer annimmt, der Mensch sei in der Wahl seiner Mittel nicht von seinen Intentionen abhängig, muss erklären, warum Menschen ein Tun, das ihnen im Kalkül ihres Handelns erkennbar schadet, dennoch zu Ende führen. Alle diese Annahmen führen in Paradoxien. Sie können nur mit Hilfe inkonsistenter Argumente und komplizierter Theorien erklärt werden, die durch die Einfachheit und Eleganz der Praxeologie aus dem Feld geschlagen werden.

Mises begründet die Möglichkeit sicheren Wissens über die Logik des Handelns:

> „Die Wirklichkeit, deren Erhellung und Interpretation die Aufgabe der Praxeologie ist, und die logische Struktur des menschlichen Geistes sind gleichartig. Der menschliche Geist erzeugt sowohl das menschliche Denken als auch das menschliche Handeln. Das menschliche Handeln und das menschliche Denken entspringen derselben Quelle und sind in diesem Sinn homogen. Es gibt in der Struktur des menschlichen Handeln nichts, das nicht durch den menschlichen Geist vollständig erklärt werden kann. In diesem Sinn liefert die Praxeologie sicheres Wissen." (UF, Teil 4, Kap. 2)

Aus all diesen Gründen sagt Mises zu Recht, dass die Praxeologie aprioristisch sei und apodiktisch wahr. Die Anhänger des Positivismus weigern sich, dies anzuerkennen. Sie wiegen bedenklich den Kopf, aber keiner kann es widerlegen. Mises hat damit einen unverrückbaren Anker für die weiteren Argumente befestigt.

Wenn nur das Individuum beurteilen kann, wie Handlungsziele mit der Aufhebung des Unbefriedigtseins für es selbst zusammenhängen, muss ihm Autonomie, d. i. Selbstbestimmung, zugebilligt werden. Niemand darf über das Glück des Menschen bestimmen als er selbst, keine Regierung, keine Führung.

Hier ist der Anschluss der Mises'schen Lehre an die Kantische Moralphilosophie. Kant spricht jedem Individuum das Recht auf Handlungswillkür zu, was bedeutet, dass es ein unveräußerliches Recht habe, sein Leben zu erhalten, indem es handelnd in die Welt eingreift. Kant nennt dies das Menschenrecht (im Singular). Aber Mises, den Standpunkt Kants ohne Bezug auf das Naturrecht teilend, spricht an keiner Stelle von einem angeborenen Menschenrecht. Er führt auch zur Ableitung der Argumente nicht den Freiheitsbegriff (Kant) oder den Bildungsbegriff (Humboldt) ein. Er kommt mit weniger Begriffen aus. Das Ockham'sche Rasiermesser hat gründliche Arbeit getan. Es ist schlicht anders nicht zu denken.

Exkurs: Die Frage der Willensfreiheit

Die Frage der Determiniertheit des Willens ist ein kritischer Punkt der Philosophie. Mises entwickelt dazu eine eigene Theorie, die den logischen Widerspruch zwischen zwei als wahr angenommenen Sätzen aufheben soll. Der erste Satz besagt, dass alle Dinge dem Gesetz der Kausalität unterliegen. Insofern der Willen eine Funktion des Verstandes ist, unterliegt auch er diesem Prinzip. Danach muss auch das Denken durch die physischen Gegebenheiten des Denkorgans streng determiniert sein. Der zweite Satz besagt, dass der Wille frei ist. Darunter wird verstanden, dass die Willensakte, die aus dem Wollen folgen, nicht streng determiniert sind. Ansonsten wären Menschen keine autonomen Individuen, sondern Mensch-Maschinen, die wie Roboter funktionierten. Mises nimmt eine agnostische Position ein. Er bezieht die Rolle der Ideen bei den Willensakten ein:

> „Beide Lehren unterlassen es, der Rolle der Ideen gebührende Aufmerksamkeit zu zollen. Die Wahl, die ein Mensch trifft, ist durch die Ideen, die er übernommen hat, bestimmt." (TH, S. 77)

> „Die Sprossen der menschlichen Geistesanstrengungen, die Ideen und Werturteile, die die individuellen Handlungen leiten, können nicht auf ihre Gründe zurückgeführt werden und sind in diesem Sinn endgültige Daten. Wenn wir uns mit ihnen befassen, verwenden wir das Konzept der Individualität.“ (TH, S. 78)

Der philosophische Determinismus bezieht sich auf die physische Welt. Die physischen Kausalbeziehungen sind streng mechanistisch determiniert. Auch die Ideen wirken aufeinander ein. Auch sie bilden Kausalketten. Aber ihre Wechselwirkung ist nicht mechanisch und nicht streng determiniert. Ideen infizieren unser Denken nicht in einem stofflichen Sinne. Sie sind Angebote, die wir wählen, die wir annehmen oder zurückweisen können. In der Rückschau lässt sich eine Kausalität feststellen. Aber in der Vorausschau lässt sich nicht sagen, welche der beiden Möglichkeiten wir wählen werden. Denken, und zwar Denken auf der Ebene kommunizierbarer Aussagen, scheint folglich nicht streng determiniert zu sein. Die tiefer liegenden Ebenen des Denkorganes arbeiten unbewusst. Wir wissen nichts darüber, das uns Auskunft geben kann über die hier aufgeworfenen Fragen. Bis heute ist es nicht gelungen, eine strenge Determinierung der Denkakte nachzuweisen. Damit rettet Mises die Idee der Willensfreiheit und begründet das Konzept der Handlungsautonomie, die für den Liberalismus fundamental ist. Der menschliche Wille ist frei, und der Gang der Geschichte ist kontingent. Diese Position ist heute auch durch die Humanethologie gut belegt. (11, S. 130–136)

III. Das Konzept der Gesellschaft

Die *Individualismustheorie*, wie hier gezeigt, ist die Grundlage für alle Fragen, die die Rechtsordnung und den Staat betreffen. Sie begründet die Souveränität des Bürgers in legislativer Hinsicht. Sie verbietet Herrschaft und Machtausübung gegen den Willen des Bürgers, sie entzieht der Versklavung von Menschen die Legitimation und stellt alle Menschen gleich vor dem Gesetz. Sie bildet den einen Kern der liberalen Gesellschaftstheorie. Der zweite ist die *Gesellschaftstheorie.*

Wenn Mises vom handelnden Individuum spricht, meint er nicht eine abstrakte Konstruktion, ein Modell vom Menschen: Er meint alle vernunftbegabten Menschen, wie sie sind. Von solchen, die aufgrund ihres Alters oder eines Gebrechens über ihr Vernunftvermögen noch nicht oder nicht mehr verfügen, abgesehen, meint er alle wirklichen Menschen. Praxeologie und Nationalökonomie verzichten auf Gedankenkonstrukte eines vollkommen rational handelnden Wirtes im Vollbesitz aller Informationen wie es das Konzept des *Homo oeconomicus* definiert. Die Menschen, *wie sie sind*, und die Verhältnisse, *wie sie sind*, sind der Gegenstand der Theorie.

Der wirkliche Mensch ist aber kein vereinzeltes Wesen. Er ist immer Kind seiner Eltern, er befindet sich immer schon von Geburt an an einem Ort, wo andere Menschen leben, und in ihrer Zeit. Er wächst auf in einer Kultur und mit einer Sprache, die als Werkzeug seines Denkens von ihm angeeignet wird. Er bildet sich durch die Übernahme oder Ablehnung von Ideen, die andere ihm mitteilen oder, die er gebiert und anderen mitteilt.

> „Der Einzelne wird schon in eine Welt hineingeboren, die gesellschaftlich geformt ist.“ (NÖ, S. 115)

Der Einzelne ist allerdings eine Abstraktion, wenn wir den Fokus auf die handelnden Menschen (im Plural) richten, denn handelnd verbinden sie sich miteinander. Das ist der Sache angemessen, denn: Die Vorbereitung der Handlungsakte gehören der Innenwelt des Einzelnen an, aber die Ausführung wirkt doch in der Regel auf andere Menschen ein. Wenn wir von Gesellschaft sprechen, so ist damit immer eine Vereinigung von Einzelnen zur Gemeinschaft des Handelns gemeint. Ist die Freiheit des Willens die *innere* Voraussetzung des individuellen Handelns, so ist die Gemeinschaft mit anderen die *äußere*. Beide Voraussetzungen wirken zusammen und müssen in einer vollständige Wissenschaft des menschlichen Handelns integriert sein.

Arbeitsteilung und das Ricardosche Vergesellschaftungsgesetz

Der Mensch vereinigt sich handelnd mit anderen durch Arbeitsgemeinschaft oder arbeitsteilige *Produktion*, dem gemeinsamen *Verbrauch* gemeinsamer Güter und dem *Tausch* von Gütern. Die Arbeitsteilung verbunden mit der Spezialisierung ist die Hauptmethode zur Vergrößerung des Wohlstands aller und die wichtigste Voraussetzung zur progressiven Behebung des Unbefriedigtseins. Eine spezialisierte und arbeitsteilige Wirtschaft, also eine Tauschgesellschaft, ist sehr viel ergiebiger als eine unspezialisierte und ungeteilte Arbeitsorganisation. Sie hat zudem auch die Tendenz, ihre Ergiebigkeit praktisch unendlich zu vergrößern.

Ricardos Vergesellschaftungsgesetz beweist, dass dieses Prinzip auch zwischen Gebieten gilt, in denen eine Gruppe von Menschen alle Zweige der Produktion in ergiebigerer Weise führen, als eine andere. Der Gesamtausstoß an Gütern vergrößert sich, wenn die schwächere Gruppe sich auf das Gut beschränkt, das sie günstiger herstellen kann. Voraussetzung aber ist die Freiheit des Austauschs von Waren.

Wenn Menschen frei sind, sich ihre Arbeitsstätten auszusuchen, folgen sie dem Kapital in solche Gebiete, die günstigere Bedingungen bieten, um mehr Produkte zu erzeugen als anderswo.

Der Nutzen der Arbeitsteilung ist stets wechselseitig. Es ist für alle besser, solche Verhältnisse zu schaffen, in denen Arbeitsteilung und Spezialisierung möglich sind.

> „Wir können nun begreifen, was die Einzelnen dazu getrieben hat, sich nicht als Konkurrenten im Kampfe um die Aneignung von Unterhaltsmitteln, die die Natur nur in beschränktem Masse zur Verfügung gestellt hat, zu betrachten; wir vermögen zu begreifen, was sie veranlasst hat und fortdauernd veranlasst, sich zu gemeinsamem Handeln zusammenzuschließen." (NÖ, S. 128)

> „Wir brauchen auch nicht anzunehmen, dass die isolierten Einzelnen sich zur Stiftung der Gesellschaft durch förmlichen Vertrag verbunden hätten. Die Kraft, die gesellschaftliche Bindung entstehen lässt und sie fortschreitend verdichtet, ist

menschliches Handeln, das der Einsicht in die höhere Ergiebigkeit des Zusammenhandelns und Zusammenwirkens durch Arbeitsteilung entspringt.“ (ebd.)

Das utilitaristische Prinzip und der konsequente Subjektivismus

> „Die Theorie des Handelns kann immer nur eudämonistisch und utilitaristisch sein. … Das vernünftige und daher allein vernunftgemäß zu begreifende Handeln kennt nur ein Ziel: die höchste Lust des handelnden Individuums. Es will Lust erzeugen, Unlust vertreiben.“ (GW, S. 96–7)

Mises bekennt sich zum Eudämonismus und Utilitarismus. Der Eudämonismus hält das Ziel der Lustsuche für moralisch gerechtfertigt, und der Utilitarismus beurteilt Handlungen in moralischer Hinsicht nach der Nützlichkeit ihrer Ergebnisse. Die Praxeologie knüpft in ihrer Aussage über das Grundmotiv allen Handelns an diese beiden Lehren an. In der Nationalökonomie verbindet Mises das Lust- bzw. Glückseligkeitsstreben mit der Subjektivität des Handelns und formuliert seine eigene Moralphilosophie:

> „Irrational sind die Ziele und Zwecke; wir aber befassen uns mit den Wegen und Mitteln, die zu den Zielen und Zwecken führen sollen.
>
> In diesem Sinne kann man von dem Subjektivismus der Wissenschaft vom Handeln sprechen. Sie nimmt die Wertsetzungen der handelnden Menschen als gegeben an, sie bewahrt ihnen gegenüber vollständige Neutralität und fällt selbst keine Werturteile über die von den Menschen angestrebten Ziele und Zwecke. Wenn der Eudämonismus von Glückseligkeit, wenn der Utilitarismus von Nutzen, wenn die Nationalökonomie von Nützlichkeit spricht, dann muss man Glückseligkeit, Nutzen, Nützlichkeit subjektivistisch verstehen als das, was der handelnde Mensch sucht, weil er es für anstrebenswert erachtet. In diesem Formalismus liegt der Fortschritt der modernen Auffassung von Eudämonismus, Hedonismus und Utilitarismus.“ (NÖ, S. 15)

Auf der Grundlage dieses konsequenten Subjektivismus entgeht Mises der Falle heteronomer Morallehren. Autonomie, im Sinne von

Freiheit des Willens und Selbstbestimmtheit des Handelns, und Subjektivität der Werturteile, die dem Handeln zu Grunde liegen, sind untrennbar logisch miteinander verbunden.

Moralphilosophie

Mises trägt eine wissenschaftliche Lehre vor. Sie muss in Anlehnung an Max Weber dem Anspruch der „Wertfreiheit“ (GN, Kapitel C) genügen, der objektiven Überprüfbarkeit im diskursiven Prozess.

> „Es ist kein Maßstab zur Bewertung jeglicher Art des Handelns von Individuen oder Gruppen von Individuen verfügbar, außer den Wirkungen, die ein solches Handeln erzeugt. Bis zur letzten logischen Konsequenz zu Ende gedacht, führte das Naturrecht irgendwann zu Rationalismus und Utilitarismus.“ (TH, S. 45)

Der konsequente Vertreter des Utilitarismus unter den Aufklärern war Jeremy Bentham. Mises bekennt sich, trotz der Schwächen seiner Lehren, an verschiedenen Stellen seines Werkes zu ihm. (L, S. 169) Gegen den Utilitarismus wurden verschiedene Einwände vorgebracht: er sei materialistisch, verderbe die guten Sitten und dergleichen. Mises stellt in seiner Gesellschaftstheorie die Verbindung zwischen Gesellschaftslehre und Moralphilosophie her.

> „Der Utilitarismus lehrt nicht, dass die Menschen nur nach sinnlichen Freuden streben sollen (obwohl er bemerkt, dass die meisten oder wenigsten viele Leute sich so verhalten). Noch zeigt er sich nachsichtig bei Werturteilen. In seiner Erkenntnis, dass die gesellschaftliche Zusammenarbeit für die überwältigende Mehrheit ein Mittel zur Erreichung ihrer Ziele ist, zerstreut er die Auffassung, dass die Gesellschaft, der Staat, die Nation oder sonst eine soziale Einheit ein Endziel sei und dass individuelle Menschen die Sklaven dieser Einheit seien. Er weist die Philosophien des Universalismus, Kollektivismus und Totalitarismus zurück. In diesem Sinne ist es aussagekräftig, den Utilitarismus als eine Philosophie des Individualismus zu nennen.“ (TH, S. 58)

Moralisch ist allein der Nutzen einer Handlung als gut zu bewerten. Was der Erhaltung der gesellschaftlichen Zusammenarbeit dient, ist folglich objektiv gut, was sie schädigt, ist objektiv schlecht. Gut ist das *Friedensprinzip*, schlecht das *Gewaltprinzip*. Es ist eine formale Definition des Guten, wie bei Kant, aber nicht aus einer willkürlichen intuitiven Setzung der Definition abgeleitet („Ohne Einschränkung gut kann allein ein guter Wille genannt werden.").

Mises postuliert keine absoluten Werte wie es heteronome Morallehren tun. Er umreißt einen Handlungsrahmen (Friedensprinzip) für autonom handelnde Individuen. Er weist nach, dass dieser Rahmen der nützliche und jener (Gewaltprinzip) der schädliche für das Glücksstreben des Menschen ist. Sein Ansatz ist rational, weil objektivierbar. Er kann von jedem geteilt werden. Er stützt sich auf den unwiderlegbaren Grundgedankens des Humanismus, dass der Mensch ein Wesen ist, das leben muss und daher handeln darf. Kant nannte diese Gegebenheit als die Willkür des Handelns und sprach ihr das Prädikat eines Naturrechts zu.

> „Eine jede Handlung ist *recht*, die oder nach deren Maxime die Freiheit der Willkür [des Vermögens zu wollen] eines jeden mit jedermanns Freiheit nach einem allgemeinen Gesetze zusammen bestehen kann." (10, Einleitung in die Rechtslehre, § C)

Damit sind zugleich alle Widersprüche der Utilitarismuslehren von Bentham und James Stuart Mill beseitigt. Im friedlichen zivilisatorischen Prozess erzeugt der Mensch durch gesellschaftliche Zusammenarbeit die Güter seines Wohlstands, die er für die Befriedigung seiner Bedürfnisse benötigt. Wohlstand und Wohlbefinden gedeihen am besten im Frieden. Welche Güter erzeugt werden, kann nach dem Prinzip der Handlungsautonomie des Individuums nur das Individuum selbst entscheiden. Glück und Wohlfahrt definieren sich nicht als Konstruktion einer obrigkeitlichen merkantilistischen Politik, sondern ergeben sich spontan als Folge selbstbestimmten Handelns der Menschen. Die Ordnung der Freiheit ist die freie Marktwirtschaft. Sie ist zugleich die natürliche Rahmenbedingung einer humanistischen Ethik, mit anderen Worten: Die Marktwirtschaft ist moralisch gut, weil sie den Menschen am besten dient, diejenigen Güter zu erwerben, die sie selbst wünschen.

Der zivilisatorische Prozess

Unter einer Zivilisation versteht Mises eine friedliche Ordnung, in der die gesellschaftliche Zusammenarbeit unter den Bedingungen der Arbeitsteilung und Spezialisierung mittels Tauschbeziehungen dazu führt, dass die Bedürfnisse der Menschen immer besser befriedigt werden können. Im zivilisatorischen Prozess haben die Menschen über Jahrtausende durch Beachtung dieser Ordnung allen Widrigkeiten zum Trotz eine beeindruckende Erfolgsgeschichte durchlaufen. Es besteht Grund zur Hoffnung, dass sich auch in Zukunft das Friedensprinzip gegen das Gewaltprinzip durchsetzt.

Die Einsicht des Friedensprinzips ist freilich notwendig. Der bisherige Erfolgt bedeutet nicht, dass der Gang der Geschichte automatisch von der Primitivität zur Hochkultur verläuft. Der zivilisatorische Fortschritt bleibt stets an die Bedingung gebunden, dass die Handelnden den Vorteil gesellschaftlicher Bindung erkennen und nicht zu destruktiven Strategien übergehen.

> „Es wird immer Einzelne und ganze Gruppen geben, denen diese Beweisführung nicht einleuchtet, und wieder andere, die sie wohl begreifen, doch nicht die Kraft aufbringen, ihr Handeln so einzurichten, dass es die gesellschaftliche Ordnung nicht stört. Denn die Eingliederung in die Gesellschaft fordert vom Einzelnen Opfer; es sind das zwar nur vorläufige Opfer, die durch die Vorteile, die ihm die Gesellschaft vermittelt, aufgewogen werden; doch zunächst, im Augenblicke des Verzichts auf einen winkenden Vorteil, ist das Opfer schmerzlich, und es ist nicht jedermanns Sache, im Hinblick auf höheren mittelbaren Gewinn geringeren unmittelbaren Gewinn fahren zu lassen. Um der Versuchung, sich auf Kosten der gesellschaftlichen Ordnung augenblickliche Sondervorteile zu verschaffen, zu widerstehen, bedarf es nicht nur der Einsicht in die Zusammenhänge des gesellschaftlichen Getriebes, sondern auch der Kraft, den einmal gewählten Weg unbeirrt von allen Lockungen der Abwege zu wandeln." (NÖ, S. 119)

Menschen können durch Arbeit, durch Arbeitsteilung und Austausch in den Besitz von Gütern gelangen oder durch Raub und Ausbeutung.

Wenn Mises die Indeterminiertheit des zivilisatorischen Fortschritts hervorhebt, hat er vor Augen, dass in seiner Zeit alle westlichen Länder entweder in die Barbarei des Sozialismus versunken waren, oder sich auf einem Weg dorthin befinden. Zwar hat ihn nie der prinzipielle Optimismus verlassen, dass letzten Endes auch diese Entwicklung als eine Verirrung erkannt und korrigiert werden wird. Nur war ihm bewusst, dass es unter Umständen Jahrzehnte dauern kann. Dennoch hält er an dem aufklärerischen Menschenbild des vernunftbegabten Wesens fest.

> „Es ist zulässig, das fast universelle Prinzip der gesellschaftlichen Zusammenarbeit ein Naturphänomen zu nennen. Wenn wir zu dieser Ausdrucksweise greifen und versichern, dass diese bewusste Gesellschaft mit der menschlichen Natur übereinstimmt, unterstellt man, dass der Mensch als Vernunftmensch charakterisiert ist, was bedeutet, dass er fähig ist, sich der großen Prinzipien des kosmischen Werdens und der Entwicklung, nämlich dem Differenzieren und Integrieren bewusst zu werden und diese Prinzipien absichtlich anzuwenden, um seine Lage zu verbessern." (TH, S. 38)

Man möchte den Menschen zurufen: „Bedient euch doch eures eigenen Verstandes!"

Das Eigentum als Grundlage der Zivilisation

Die Selbstbestimmung des Individuums kann kein bloßer Anspruch bleiben. Handeln ist Tun und Tun ist Eingreifen in die physische Welt. Griffen unsere tierischen Vorfahren noch mit bloßen Händen nach den vorgefundenen Früchten, um sie sich anzueignen, so kann von einem zivilisatorischen Prozess erst gesprochen werden, seitdem die Individuen sich zur Arbeit verbinden, ihre Tätigkeiten spezialisieren und die Produkte tauschen. Das Mein und Dein der Habe musste bestimmt werden; ohne Eigentum, keine Zusammenarbeit.

> „Als soziologische Kategorie betrachtet erscheint das Eigentum als das Vermögen, die Verwendung wirtschaftlicher Güter zu bestimmen. Eigentümer ist, wer über ein wirtschaftliches Gut verfügt." (GW, S. 13)

In rechtlicher Hinsicht ist Eigentümer, wer einen anerkannten Anspruch auf die Verfügung von Gütern hat. In wirtschaftlicher Hinsicht ist Eigentümer, wer *tatsächlich* über ihre Verwendung bestimmt. In juridischer Hinsicht, in der Perspektive Kants, ist Eigentum ein legitimer und anerkannter Anspruch auf Güter, Besitz der zeitweilige tatsächliche Gebrauch der Güter. In nationalökonomischer Sicht ist eine Unterscheidung von Eigentum und Besitz nicht von Belang. Eigentum sind die Güter, über die ein Individuum verfügt. Kann es nicht mit ihnen selbstbestimmt handeln, sind sie auch nicht sein Eigentum, sondern das desjenigen, der über sie verfügt. Eigentum ohne Verfügungsrecht ist kein Eigentum.

> „Die Eigentumsbegriffe der Soziologie und der Rechtslehre sind somit verschieden. Das ist übrigens selbstverständlich, und man kann nur darüber staunen, dass es noch immer mitunter übersehen wird. Für die soziologische und nationalökonomische Betrachtung ist Eigentum jenes Haben der Güter, das die wirtschaftlichen Zwecke der Menschen erfordern. Dieses Haben kann man als das natürliche oder Ureigentum in dem Sinne bezeichnen, als es ein rein physisches Verhältnis des Menschen zu den Gütern darstellt, das von dem Bestand gesellschaftlicher Beziehungen zwischen den Menschen und von der Geltung einer Rechtsordnung unabhängig ist. Die Bedeutung des rechtlichen Eigentumsbegriffes liegt gerade darin, dass er zwischen diesem physischen Haben und dem rechtlichen Habensollen unterscheidet. Das Recht kennt Eigentümer und Besitzer, die das natürliche Haben entbehren, die nicht haben, aber haben sollten. Für das Recht bleibt der Bestohlene Eigentümer, kann der Dieb niemals Eigentum erwerben. Doch wirtschaftlich ist nur das natürliche Haben von Belang, und die wirtschaftliche Bedeutung des rechtlichen Habensollens liegt allein in der Unterstützung, die es der Erlangung, Erhaltung und Wiedergewinnung des natürlichen Habens leiht.“ (GW, S. 13)

Wiederum verzichtet Mises auf eine metaphysische oder mythologische Erklärung der Einführung der Zivilisation durch einen Ur-Akt, sei es durch einen Gesellschaftsvertrag, der von unten, oder durch einen personalen Stifter (einen Gott, einen Halbgott, einen König, einen Gottgesandten wie Moses, einen Eroberer wie Napoleon), der von oben eine Gruppe von Individuen durch einen Initiationsakt zu einer Gesellschaft oder einen Staat konstituiert. Zivilisation, namentlich Eigentum und Recht, entsteht bei Mises spontan durch wirtschaftliche Zusammenarbeit. Eigentum, Mises spricht von Ureigentum, geht also historisch und logisch der Staatenbildung voraus. Er argumentiert in ähnlicher Weise wie Hume, der die Entstehung des Rechts als eine Verbriefung von informellen Konventionen versteht, die spontan im wirtschaftlichen Verkehr der Menschen gebildet wurden. Die Vorstellung eines im Volksgeist schlummernden nationalen Rechtsempfindens wie bei Savigny lehnt er aber als kollektivistische Mystifizierung ab. (TH, S. 188–9)

Exkurs: Selbsteigentum

An keiner Stelle verwendet Mises den Locke'schen Begriff des *Selbsteigentums*. Mises verwendet für das Eigentum des einzelnen Bürgers an den Produktionsmitteln meist den Begriff *Sonder*eigentum an den Produktionsmitteln. Der Ausdruck entspricht dem Marx'schen des *Privat*eigentums. Er hat nichts mit dem Begriff des *Selbst*eigentums zu tun. Weder in seiner Lehre von der Entstehung der Gesellschaft, noch in der von einer gerechten Verfassung der Gesellschaft findet er Platz. Der Begriff ist nicht nur nutzlos, er ist auch logisch widersinnig und mit den praxeologischen Annahmen nicht zu vereinbaren. Eigentum sind die Güter, die der Mensch als Mittel zum Zweck des Handelns verwendet, über die er verfügt. Das Individuum bezieht sich handelnd auf die Außenwelt, die Welt der physischen Dinge, zu denen auch die anderen Individuen gehören. Innenweltlich handeln wir nicht, wir können nur Handlungsakte simulieren, nachbedenken und vorausbedenken. Denken ist nicht Handeln. (Wir sehen hier von dem Fall therapeutischer Eingriffe und selbstsuggestiver Maßnahmen ab, die in das Gebiet der Medizin fallen. Sie setzen einen nur eingeschränkt handlungsfähigen Menschen voraus.) Ein Gut ist immer ein äußeres Ding, und Handeln ist Aneignen (Erwerb und Konsum) sowie Verwandeln (Produktion) von äußeren Gütern. Das handelnde Individuum selbst ist in praxeologischer Hinsicht niemals ein Gut für den Handelnden. Es ist niemals Mittel, sondern immer Zweck und Ziel des

Handelns. Es kann folglich niemals zu einem Eigentum werden. Das Eigentum kann nicht der Eigner des Eigentums sein. Der freie Mensch ist nicht sein eigener Sklave. Die Beziehung, die in dem Begriff *Eigentum* ausgedrückt wird, ist transitiv. In transitiven Sätzen fallen Subjekt und Objekt auseinander. Logisch stimmig wäre daher nur eine Aussage über das Eigentum eines Individuums an einem anderen Individuum, am Sklaven.

Das Eigentum im wirtschaftlichen Handeln

In wirtschaftlicher Hinsicht ist Eigentum dreifach notwendig: bei der *Produktion*, beim *Tausch* und beim *Genuss*. Tausch ist wechselseitige Eigentumsübertragung, Genuss ist der Verzehr von Gütern, der der Sache nach in der Regel nur von einem Individuum getan werden kann. Ein Bild kann von mehreren zugleich betrachtet, ein Rock aber nur von einem getragen werden. Auch in der Produktion erfordert das gemeinsame Handeln Klarheit über die Verfügungsberechtigung der Güter. Auch hier findet Eigentumsübertragung statt.

> „Da alle Produktion in der Zusammenfassung verschiedener Produktionsmittel besteht, muss ein Teil der Eigentümer der Produktionsmittel ihr natürliches Eigentum an andere übertragen, damit diese die Kombinationen, aus denen die Produktion besteht, ins Werk setzen. Kapitalisten, Bodenbesitzer und Eigner der Arbeitskraft übertragen die Verfügung an den Unternehmer, der damit die unmittelbare Leitung im Produktionsprozess übernimmt. Die Unternehmer führen nun die Wirtschaft nach den Weisungen der Verbraucher, die wieder keine anderen sind als die Eigner der Produktionsmittel: Kapitalbesitzer, Grundbesitzer, Arbeiter.“ (GW, S. 17–18)

Es versteht sich von selbst, dass in allen drei Teilmomenten des wirtschaftlichen Handelns der Mensch als Eigentümer unter dem Schutz der Rechtsordnung steht. Die Unverbrüchlichkeit des uneingeschränkten Rechts auf Eigentum schließt das Recht auf Sondereigentum an den Produktionsmitteln in sich ein.

Exkurs: Der Ursprung des Eigentums

Gehen wir noch weiter hinter den Punkt einer bereits bestehenden zivilisierten Gesellschaft zurück und fragen uns, wie der Mensch ursprünglich zu Eigentum kam, so stoßen wir auf die willkürliche Aneignung von natürlichen Gütern. Mises knüpft an Kants Position an und führt sie fort:

> „Alles Eigentum leitet sich von Okkupation und Gewalt her. Beachten wir, von der in den Gütern steckenden Arbeitskomponente absehend, allein die in ihnen enthaltene Naturkomponente, so gelangen wir, wenn wir den Rechtstitel eines rechtmäßigen Eigentümers zurückverfolgen, notwendigerweise zu einem Punkt, an dem es aus der Aneignung allgemein zugänglichen Gutes entstanden ist, wenn wir nicht schon vorher auf gewaltsame Enteignung eines Vorgängers stoßen, dessen Eigentum in letzter Linie sich auch wieder auf Aneignung oder Raub zurückführen lässt.“ (GW, S. 19)

> „Alles Recht führt auf tatsächliche Gewalt zurück, alles Eigentum war ursprünglich Aneignung oder Raub; das kann man den von naturrechtlichen Erwägungen ausgehenden Gegnern des Eigentums ruhig zugestehen. Nur freilich ist damit noch nicht das mindeste zum Beweise der Notwendigkeit, Zweckmäßigkeit oder sittlichen Rechtfertigung seiner Beseitigung gesagt.
>
> Das natürliche Eigentum hat mit Anerkennung durch die Mitmenschen des Eigentümers nicht zu rechnen. Es wird so lange faktisch geduldet, als die Kraft fehlt, es umzustoßen. Es besteht nicht länger als bis sich ein Gewaltigerer findet, der es an sich reißt. Durch Eigenmächtigkeit entstanden muss es jeden Augenblick die stärkere Macht fürchten. Das ist der Zustand, den die naturrechtliche Doktrin als den Krieg aller gegen alle bezeichnet hat.“ (GW, S. 19–20)

Mises argumentiert in der Tradition der Aufklärung. Die Angehörigen der wohlfahrtsstaatverwöhnten akademischen städtischen Mittelschichten hegen heutzutage ein illusorisches idyllisches Naturkonzept. Da waren die Aufklärer (Locke, Hume, Kant) realistischer. Ihr *Naturzustand* war rechtlos und tierisch. Eigentum wurde ursprünglich nicht geachtet. Angehörige anderer Gruppen wurden als Rivalen im

Kampf um Nahrungsvorräte gesehen oder gar als Beute. Das Verhalten bestand weitgehend in Kampf, Gewalt, Unterordnung in eine strenge Hierarchie oder Vereinzelung. Der Naturzustand ist die Wirklichkeit des Gewaltprinzips.

Gegen dieses Konzept des Naturzustands lassen sich begründete Einwände vorbringen. Die moderne Verhaltensbiologie des Menschen entdeckte in altsteinzeitlichen Gemeinschaften Handelsbeziehungen über weite Entfernungen, die aber vorwiegend innerhalb der eigenen Sippe gepflegt wurden. Wahrscheinlich wurden die Sippen als Erweiterungen der Urhorde gesehen und die kooperativen Gepflogenheiten dehnten sich mit ihr aus. (12, S. 498) Die Verhaltensbiologie entdeckt kooperatives und altruistisches Verhalten bei Tieren. Dies ändert jedoch nichts an dem Tatbestand, dass die höheren Tiere durch das weitgehende Fehlen einer arbeitsteiligen Organisation der Produktion und des Tauschhandels nicht in der Lage sind, dem täglichen Kampf ums nackte Überleben zu entrinnen.

Der Übergang zur Zivilisation

Die Überwindung des Naturzustands fällt zusammen mit der Entstehung der, wirtschaftlich verstandenen, Idee des Eigentums, die zur Idee des Rechts führt.

> „Es [der Krieg aller gegen alle] wird beendet durch die Anerkennung des tatsächlichen Verhältnisses als eines, das wert ist, erhalten zu werden. Aus Gewalt wird Recht.“ (GW, S. 20)

Diese Entwicklung vom Tier zum Menschen verlief spontan und unbewusst.

> „Die naturrechtliche Doktrin hat darin gefehlt, dass sie diese große Wandlung, die den Übergang der Menschen vom tierischen Nebeneinander und Gegeneinander zur menschlichen Gesellschaft bezeichnet, als das Ergebnis eines bewussten Handelns ansah, das sich über seine Beweggründe, über die anzustrebenden Ziele und über die Wege, die zu ihrer Erreichung eingeschlagen werden müssten, vollkommen klar

gewesen sei. So sei es zum Abschlusse des Gesellschaftsvertrages gekommen, durch den die staatliche Gemeinschaft, die Rechtsordnung, ins Leben trat." (GW, S. 20)

Die Lehren der Aufklärer über Naturrecht und Gesellschaftsvertrag werden von Mises gleichermaßen verworfen wie auch Erklärungen der Entstehung menschlicher Kultur in Anlehnung an Darwins biologische Evolutionstheorie. Mises setzt letztere im Hinblick auf ihre Erklärungskraft gleich mit den theologischen und metaphysischen Lehren. Grundlegend für den Zivilisationsprozess von den Anfängen der Menschheit ist das Ringen um Erhaltung des Lebens: das wirtschaftliche Handeln. Hier wird an die Position Humes angeknüpft:

> „Wirtschaft verlangt Beständigkeit der Verhältnisse, weil sie weit ausgreifendes zeitraubendes Beginnen ist, das um so erfolgreicher ist, auf je größere Zeitspannen es eingestellt wird. Wirtschaft verlangt endlose Kontinuität, die ohne tiefsten Schaden nicht gestört werden kann. Das heißt: Wirtschaft fordert Frieden, Ausschluß von Gewalt. Frieden, sagt der Rationalist, ist der Sinn und der Zweck aller Rechtseinrichtungen; Frieden, sagen wir, ist ihre Wirkung, ist ihre Funktion. Das Recht, sagt der Rationalist, ist aus Verträgen hervorgegangen; das Recht, sagen wir, ist ein Sichvertragen, ist Streitbeendung, Streitvermeiden. Gewalt und Recht, Krieg und Frieden, sind die beiden Pole der Form des gesellschaftlichen Lebens; sein Inhalt aber ist die Wirtschaft." (GW, S. 20)

Mises versteht den Übergang zur Zivilisation nicht als einen einmaligen historischen Schritt im Sinne einer metaphysischen Geschichtsphilosophie. Der Mensch hat täglich die Wahl zwischen Frieden und Gewalt. Immer wieder gerät er in den chaotischen Strudel von Gewaltexzessen. Doch im Großen und Ganzen war er immer wieder erfolgreich darin, diesen Punkt hin zur Zivilisation zu überschreiten und wieder eine Friedens-, sprich Rechtsordnung zu etablieren.

IV. Die Rechtsordnung

Das Eigentum hat eine Funktion, die über das Wirtschaften hinausgeht. Es ist die Grundlage der Zivilisation, die Grundlage von Frieden, Freiheit und Wohlstand.

> „Das Ziel aller Gewalt ist das Eigentum des anderen. Die Person, d. i. das Leben und die Gesundheit, ist nur soweit Gegenstand von Angriffen, als sie der Erlangung von Eigentum im Wege steht." (GW, S. 20)

Vor allem aber ist Eigentum die Grundlage der Rechtsordnung. In der Nachfolge Kants formuliert Mises:

> „Es ist daher kein Zufall, dass das Recht, gerade im Eigentumsschutz noch besonders deutlich den Charakter der Friedensbereitung erkennen lässt. In der zweifachen Ordnung des Schutzes, der dem Haben zuteil wird, in der Unterscheidung zwischen Eigentum und Besitz, tritt das Wesen des Rechts, Frieden, ja Frieden um jeden Preis zu schaffen, am klarsten zutage." (GW, S. 20–21)

Der Übergang von einem Zustand des Kriegs und der Gewalt zu einer Friedensordnung wird möglich durch die Anerkennung der Eigentumsrechte aller Beteiligten. Der gegenwärtige Krieg der Araber gegen den Staat Israel wäre ab dem Tag beendet, wo erstere das Existenzrecht des letzteren anerkannten. Das Eigentum allein konstituiert die Rechtsordnung, in der die Zivilisation ihre Grundlage hat. Das Menschenrecht aber kann auch ohne die Voraussetzung einer Rechtsordnung geschützt werden.

> „Sadistische Ausschreitungen, Bluttaten, die um ihrer selbst willen vollbracht werden, sind Ausnahmeerscheinungen; um sie zu verhindern, bedurfte man nicht der Rechtsordnung." (GW, S. 20)

Die Legitimität der Rechtsordnung

> „Man glaubt, das Eigentum, wie es in der gegebenen Eigentumsverteilung zutage tritt, damit bekämpfen zu können, dass man

> auf seinen unrechtmäßigen Ursprung aus eigenmächtiger Aneignung und gewalttätigem Raub hinweist. Alles Recht sei so nichts anderes als verjährtes Unrecht. Darum müsse die bestehende Rechtsordnung, als dem ewigen unverlierbaren Gedanken des Rechts zuwiderlaufend, beseitigt und an ihre Stelle eine neue gesetzt werden, die den Forderungen der Idee des Rechts entspricht.“ (GW, S. 22)

So argumentieren Marx und seine Anhänger. Sie sagen, das Privateigentum sei der Ursprung der Herrschaft der besitzenden über die besitzlose Klasse. (12) Die ursprüngliche Entstehung des Eigentums aus einem Gewaltakt der Aneignung herrenloser Güter kann aber nicht zur Begründung einer fehlenden Legitimität der Rechtsordnung, die auf dem Eigentum und nur auf dem Eigentum beruht, vorgebracht werden. Die Sozialisten behaupten, es sei

> „die Bestimmung des Staats, jedem erst das Seinige zu geben, ihn in sein Eigentum erst einzusetzen, und sodann erst, ihn dabei zu schützen.“ (4, S. 12, zitiert nach: GW, S. 22)

Mises verwirft dieses Argument Fichtes zugunsten eines Recht setzenden Staates durch logische Widerlegung, durch Nachweis seiner inhärenten Widersprüchlichkeit. Er begründet die Anerkennung der Rechtsordnung mit ihrer Nützlichkeit im zivilisatorischen Prozess. Recht stiftet Frieden.

> „Das Recht kann sich nicht aus sich selbst erzeugt haben. Der Ursprung des Rechts liegt jenseits der Rechtsordnung. Wenn man dem Recht vorwirft, dass es nichts anderes sei als sanktioniertes Unrecht, so verkennt man, dass es anders gar nicht sein könnte, außer es wäre von allem Uranfang an dagewesen. Wenn es einmal entstanden sein soll, dann kann das, was damals Recht wurde, nicht schon früher Recht gewesen sein. Wer vom Rechte verlangt, dass es rechtlich entstanden sein soll, fordert Unmögliches. Er wendet einen Begriff, der nur innerhalb des Rechtssystems Geltung hat, auf einen Zustand an, der außerhalb des Systems steht.
>
> Wir, die wir nur die Wirkung des Rechts, die Friedensstiftung, sehen, müssen erkennen, dass es nicht anders ins Leben treten konnte als durch Anerkennung des Bestehenden, wie immer

> dieses auch entstanden sein mag. Jeder Versuch, es anders zu machen, hätte den Kampf erneuert und verewigt. Frieden kann nur werden, wenn man den augenblicklichen Zustand gegen gewaltsame Störung sichert und jede künftige Veränderung von der Zustimmung der Betroffenen abhängig macht. Das ist der wahre Sinn des Schutzes erworbener Rechte, der den Wesenskern aller Rechtsordnung ausmacht.“ (GW, S. 23)

Das Wesen des zivilisatorischen Prozesses besteht im Kampf um die Durchsetzung des Friedensprinzips gegen das Gewaltprinzip. Dieser Kampf durchzieht die gesamte Menschheitsgeschichte.

„Nur schwer und langsam ringt sich der Rechtsgedanke durch; nur schwer und langsam drängt er das Gewaltprinzip zurück. Immer wieder gibt es Rückschläge, immer wieder fängt die Rechtsgeschichte von vorn an.“ (GW, S. 24–25)

Der Ausgang ist ungewiss. Er hängt von der Erkenntnis der Menschen ab, dass die Unverbrüchlichkeit des Eigentums das Fundament des Rechts und damit des Friedens ist.

V. Die Rolle des Staates

Bestünde die Gefahr eines Umschwungs des friedlichen Handelns der Individuen untereinander in einen Zustand, in dem Raub, Ausbeutung und Unterwerfung anderer zur Gepflogenheit wird, nicht, wäre der Staat als Gewalt- und Zwangsinstrument überflüssig. Alle Obliegenheiten könnten dann ohne zentrale staatliche Verwaltung durch die Bürger selbst bewältigt werden. Aber die Menschheit wird niemals das gelobte Land des ewigen Friedens betreten.

Anarchismus und Liberalismus und die Begründung der Notwendigkeit des Staates

Der Anarchismus geht davon aus, dass Gewalt und Herrschaft hauptsächlich vom Staat ausgeübt wird. Die Gewalt, die von Einzelnen oder Gruppen von Einzelnen ausgeübt wird, lässt sich ohne staatlichen

Zwangsapparat befrieden. Wird dieser abgeschafft, besteht die Chance, dass alle Menschen dauerhaft friedlich miteinander in Gemeinschaft leben.

Dieser Lehre liegt die Annahme zu Grunde, dass Menschen von Natur aus gut sind (Rousseau) und sie durch die gesellschaftlichen Verhältnisse verdorben werden. Auftretende Konflikte seien zeitlich und räumlich begrenzt und können ohne allgemeingültige Rechtsordnung und ohne den Gewaltapparat eines Staates gelöst werden. Der Anarchismus strebt eine egalitäre Gesellschaft als Verbund von Individuen ohne festen Ordnungsrahmen an. Vom Standpunkt der Gesellschaftstheorie Mises‘ handelt es sich um eine utopische Fiktion, die gleichbedeutend ist mit dem Rückfall in den Naturzustand. Die Utopie des Anarchismus ist illusionär.

> „Liberalismus ist nicht Anarchismus; Liberalismus hat mit Anarchismus nicht das geringste zu tun. … Der Liberalismus ist sich darüber ganz klar, dass ohne Zwanganwendung der Bestand der Gesellschaft gefährdet wäre, und dass hinter den Regeln, deren Befolgung notwendig ist, um die friedliche menschliche Kooperation zu sichern, die Androhung der Gewalt stehen muss, soll nicht jeder einzelne imstande sein, den ganzen Gesellschaftsbau zu zerstören. Man muß in der Lage sein, den, der das Leben, die Gesundheit oder persönliche Freiheit anderer Menschen oder das Sondereigentum nicht achten will, mit Gewalt dazu zu bringen, sich in die Regeln des gesellschaftlichen Zusammenlebens zu fügen.“ (L, S. 33)

Dieses Plädoyer für einen starken Rechtsstaat schreibt Mises 1927 in seinem Werk *Liberalismus*. Kant lehrt, dass Gesetze die Befugnis zum Zwang beinhalten.

> „Das Recht ist mit der Befugnis zu zwingen verbunden. … Wenn ein gewisser Gebrauch der Freiheit selbst ein Hindernis der Freiheit nach allgemeinen Gesetzen (d. i. unrecht) ist, so ist der Zwang, der diesem entgegengesetzt wird, als Verhinderung eines Hindernisses der Freiheit mit der Freiheit nach allgemeinen Gesetzen zusammen stimmend. … Das strikte Recht kann auch als die Möglichkeit eines mit jedermanns Freiheit nach allgemeinen Gesetzen zusammenstimmenden durchgängigen

wechselseitigen Zwanges vorgestellt werden. … Recht und Befugnis zu zwingen bedeuten also einerlei.“ (10, Einleitung in die Rechtslehre § D und E)

Im Jahre 1940 erscheint die *Nationalökonomie*, in der Mises sich ebenso eindeutig vom Anarchismus abgrenzt.

> „Es gibt eine Schule, die meint, man könnte durch Belehrung alle Menschen von der Notwendigkeit überzeugen, immer sozial zu handeln, das heißt so zu handeln, dass man im Handeln auf die Erhaltung der gesellschaftlichen Ordnung Rücksicht nimmt; richtig belehrt, würden dann alle Menschen schon freiwillig sozial handeln. Dem Anarchismus erscheinen daher Einrichtungen, die den Einzelnen zur Befolgung der Regeln, die die Aufrechthaltung der Gesellschaft fordert, zwingen sollen, als überflüssig. Seiner Auffassung nach könnte eine Gesellschaftsordnung, die nicht einzelnen Menschengruppen Vorrechte auf Kosten und zu Lasten der übrigen einräumt, auch ohne die Einrichtung eines Zwangsapparates zur Unterdrückung gesellschaftsschädlichen Handelns auskommen. Die ideale Gesellschaft brauche daher keinen Staat und keine Regierung, keine Richter, keine Büttel und keine Schergen.
>
> Der Grundfehler der anarchistischen Lehre liegt in der Nichtbeachtung der Erfahrungstatsache, dass es Menschen gibt, denen die Einsicht oder die Kraft mangelt, ihr Handeln den Anforderungen der Gesellschaft gemäß einzurichten. Wollte man selbst zugeben, dass alle gesunden Erwachsenen über beides verfügen, so kann man doch nicht bestreiten, dass es beim heranwachsenden Menschen, beim kranken Menschen und bei dem vom Kräfteverfall des Alters ergriffenen Menschen gar häufig anders ist. Schon dass es Kinder, Geisteskranke und Altersschwache gibt, macht einen gesellschaftlichen Zwangsapparat unentbehrlich. Wenn die übrigen Glieder der Gesellschaft freiwillig stets sozial handeln, dann wird ihnen gegenüber ein Einschreiten der Regierungsorgane sich als überflüssig erweisen. Man mag der Ansicht sein, dass jeder, der antisozial handelt, als krank zu betrachten und daher vor allem zu heilen sei; doch solange nicht alle geheilt sind, muss ein Zwangsapparat darüber wachen, dass durch das Verhalten solcher Kranker kein Schaden entstehe. Gesellschaftliches

> Zusammenleben und Zusammenwirken von Menschen ist daher nur im staatlichen Verbande denkbar, d. h. nur in einem Verbande, der über einen Zwangsapparat zur Unterdrückung gesellschaftsstörenden Handelns von Einzelnen oder von Gruppen verfügt." (NÖ, S. 119–120)

Auch in seinem bedeutenden Spätwerk Theory and History von 1957 kommt Mises auf die Rechtsordnung zu sprechen.

> „Der Hauptvorzug und Wert dessen, was verfassungsmäßige Einrichtungen, Demokratie und Regierung durch das Volk genannt wird, muss in dem Tatbestand gesehen werden, dass sie einen friedlichen Wechsel der Methoden und des Personals der Regierung ermöglichen. Wo es eine repräsentative Regierung gibt, sind keine Revolutionen und Bürgerkriege erforderlich, um einen unpopulären Herrscher und sein System abzulösen." (TH, S. 372–3)

Die Ablehnung der anarchistischen Utopie wird mit Erfahrungstatsachen begründet, also anthropologisch aus den Möglichkeiten menschlicher Destruktivität abgeleitet. In seinen Erinnerungen, die nach der *Nationalökonomie* und nach seiner Emigration in den Vereinigten Staaten verfasst wurden, wird ein weiteres Argument ins Feld geführt.

> „Die Massen müssen entscheiden. Gewiss, die Nationalökonomen haben die Pflicht, ihre Mitbürger aufzuklären. Doch was soll geschehen, wenn die Nationalökonomen dieser dialektischen Aufgabe nicht gewachsen sind und von den Demagogen bei den Massen ausgestochen werden? Oder wenn die Massen zu wenig intelligent sind, um die Lehren der Nationalökonomen zu erfassen? Muss man nicht den Versuch, die Massen auf den richtigen Weg zu führen, als aussichtslos ansehen, wenn man die Erfahrung machen konnte, dass Männer wie J. M. Keynes, Bertrand Russell, Harold Laski und Albert Einstein nationalökonomische Probleme nicht zu begreifen vermochten?" (E, 42)

> „Man hat gesagt, dass das Problem in der Volksbildung und Volksaufklärung liege. Doch man gibt sich argen Täuschungen hin, wenn man glaubt, dass man durch mehr Schulen und Vorträge und durch Verbreitung von Büchern und Zeitschriften

der richtigen Meinung zum Siege verhelfen könne. Man kann auf diesem Wege auch Irrlehren Anhänger werben. Das Übel besteht gerade darin, dass die Massen geistig nicht befähigt sind, die Mittel zu wählen, die zu den von ihnen angestrebten Zielen führen. Dass man dem Volke fertige Urteile durch Suggestion aufdrängen kann, beweist, dass das Volk keines selbständigen Urteils fähig ist. Das ist gerade das, was die große Gefahr birgt." (E, 43)

Die Massen können die Gesetze des zivilisatorischen Fortschritts nicht einsehen. Sie erkennen nicht ihre wahren langfristigen Interessen, sondern verfolgen kurzfristige Ziele, die ihnen langfristig schaden. Sie sind lenkbar durch Führer.

> „In der ersten Periode, die vom Zusammenbruch der Monarchie im Herbst 1918 bis zum Herbst 1919 währte, war die wichtigste Aufgabe, die ich mir gesetzt hatte, die Verhinderung des Bolschewismus. Ich habe schon erzählt, wie mir das durch Einwirkung auf Otto Bauer gelang. dass es damals in Wien nicht zum Bolschewismus gekommen ist, war einzig und allein mein Erfolg. Nur wenige Leute unterstützten mich im Kampfe, und deren Hilfe war ziemlich wirkungslos. Bauer habe ich allein von der Idee, den Anschluss an Moskau zu suchen, abgebracht. Die radikalen jungen Leute, die Bauers Autorität nicht anerkannten und gegen den Willen der Parteileitung auf eigene Faust vorgehen wollten, waren so unerfahren, unfähig und von gegenseitiger Eifersucht erfüllt, dass sie nicht einmal einen halbwegs arbeitsfähigen Parteiverband der Kommunisten gründen konnten. Die Entwicklung lag in der Hand der Führer der alten sozialdemokratischen Partei. In diesem Kreis hatte Bauer das letzte Wort zu sprechen." (E, 49)

Wir haben diese Passagen so ausführlich zitiert, weil heute Anhänger des Libertarismus erklären, dass Mises Position in dieser Frage inkonsistent sei. Nach den bisherigen Ausführungen sollte deutlich werden, dass dem nicht so ist. Auch in dieser Frage trug Mises wie stets tiefgründig durchdachte Positionen vor. Der Bogen seiner Lehre stürzt ein, wird auch nur ein Stein herausgenommen.

Mises Standpunkt gegenüber dem Anarchismus speist sich auch aus bitterer Lebenserfahrung. Er hat sie während seines ganzen Lebens nicht geändert. War er doch Augenzeuge, wie das Schicksal Österreichs am seidenen Faden hing, und es von einem Mann abhing – Otto Bauer –, ob es in die Hände der Bolschewisten fallen würde. Wiederum hing es an einem Mann allein – an ihm –, Österreich vor diesem katastrophalen Schicksal zu bewahren.

Exkurs: Nachtrag einer Begründung der Notwendigkeit des Staates a priori durch den Autor

Mises hat meines Wissens an keiner Stelle weitere Gründe vorgetragen, außer den genannten, warum die Einzelnen nicht in der Lage sind, eine Destabilisierung der Lage etwa im Falle eines revolutionären Aufstandes zu verhindern. Mit Blick auf die Geschehnisse der kommunistischen Revolutionen der Jahre 1917 bis 1919 sowie der faschistischen, falangistischen Putsche und der Machtergreifung Hitlers mag es ihm nicht in den Sinn gekommen sein, dass diese Aussage noch eines aprioristischen Beweises bedürfe.

Im Werk Mises sind Argumentationen a posteriori eher selten. Ihre Argumente erscheinen im Verhältnis zu aprioristischen Ableitungen aus grundsätzlichen Gesichtspunkten problematisch. Eine Theorie, die a priori erklärt, warum der Gewalt- und Zwangsapparat unverzichtbar ist, könnte meines Erachtens aus dem systemischen Gesetz abgeleitet werden, dass das Teil niemals das Ganze beherrschen kann. (7, S. 256) Dieses Gesetz ist seinerseits aus der von Bertrand Russel entdeckten Regel bezüglich paradoxer Aussagen (Ein Kreter sagt: „Alle Kreter lügen immer.“) abgeleitet, wonach eine Klasse ein Element ihrer selbst sein soll, was logisch nicht möglich ist. Ein Kreter, der lügt, lügt auch, wenn er sagt, dass er lügt, womit dies aber wiederum die Wahrheit ist und folglich die Unwahrheit. Dieser unendliche Zirkelschluss beruht in einem Hin- und Herspringen der Begriffsbedeutung des Wortes „Kreters“ einmal als Klasse (alle Kreter) und einmal als Individuum (Element der Klasse).

Angewendet auf unsere Frage heißt das: Wenn ein verbindlicher Ordnungsrahmen als verbindliche und durchsetzungsfähige Rechtsordnung fehlt und folglich ein Gewaltapparat zur Unterdrückung asozialer Tendenzen, zerfällt eine Gemeinschaft in Parteien, die um die Führung ringen. Wenn Einzelne oder Gruppen von Einzelnen sich die Aufgabe stellen, den Rahmen für alle zu verteidigen oder wieder herzustellen, sind sie sowohl Element, als auch Menge der Elemente, deren Teil sie sind. Sie werden als Partei ihres Sonderinteresses wahrgenommen, folglich als Feind und provozieren dadurch nur eine verstärkte Tendenz zum Konflikt. Auf diesem Weg gibt es keine Aussicht auf Frieden, nur die Aussicht auf die Durchsetzung eines Gewaltmonopols eines Einzelnen oder einer Gruppe von Einzelnen und der Errichtung einer Despotie oder der Vernichtung aller. Die Geschichte des Feudalismus ist voll dieser unentrinnbaren Destruktionsspiralen. Die Königsdramen Shakespeares erzählen davon.

Wenn aber vor einem Konfliktstrudel ein Rechtsrahmen gesetzt ist, der als allgemeinverbindlich anerkannt wird und daher für legitim gilt, dann können sich Einzelne (Elemente der Klasse) bei ihren Schlichtungsversuchen auf diesen Beziehen und mit der Autorität dieser Ordnung (der Klasse) versehen erfolgreich im Interesse der Allgemeinheit eingreifen (logisch gesehen agieren sie als Vertreter der Klasse, nicht als Vertreter ihrer selbst, als Elemente der Klasse). Nur Richter stiften Frieden.

Eine eingehende Untersuchung zum Staatsverständnis von Liberalismus und Anarchismus legt Robert Nozick vor. (13)

Der „Nachtwächterstaat“

> „Das sind die Aufgaben, die die liberale Lehre dem Staat zuweist: Schutz des Eigentums, der Freiheit und des Friedens.“ (L, S. 33)

So bündig formuliert Mises diesen Sachverhalt. Die Notwendigkeit eines Unterdrückungs- und Gewaltapparates ergibt sich aus den dargelegten Gründen, nämlich dass die Menschen sich irren können und häufig irren. Sie haben immer die Wahlfreiheit zwischen friedlicher gesellschaftlicher Zusammenarbeit, die auf der freien Zustimmung der Beteiligen beruht, und dem rechtswidrigen, sogar gewaltsamen Handeln. Das beinhaltet das Konzept des praxeologischen Handlungsbegriffs. Um einer Destabilisierung der Lage durch zunehmende Rechtsbrüche einen Riegel vorzuschieben, muss ein staatlicher Apparat vorhanden sein, der Rechtsbrecher fasst, verurteilt und bestraft.

In dieser Definition wird implizit auch ausgesagt, dass der Staat alles andere nicht darf und auch nicht kann, also auch nicht wirtschaftlich handeln. Es ist weiter impliziert, dass alles andere die handelnden Individuen ohne Staat können, außer der Unterdrückung destruktiven Verhaltens.

> „Der Staat ist Zwangs- und Unterdrückungsapparat. Das gilt nicht nur vom „Nachtwächterstaat“, sondern geradeso auch von jedem anders gebauten Staatswesen, ganz besonders auch vom sozialistischen Staat. Alles, was der Staat ist und vermag, ist Zwang und Gewaltanwendung. Das Verhalten, das dem Bestande der Gesellschaftsordnung gefährlich ist, zu unterdrücken, ist das Um und Auf aller Staatstätigkeit.“ (L, S. 50)

Die Begrenzung der Regierungstätigkeit

Mit dem Ausdruck Nachtwächterstaat übernimmt Mises selbstbewusst ein Lassalle‘sches Schmähwort. Der Staat ist kein selbständiges autonomes Wesen über der Gesellschaft. Er besteht aus Menschen, er ist die Regierung, er ist die Verwaltung. Die Aufgabe des liberalen Staates, d. i. des Staates in einer Marktwirtschaft, ist es, Eigentum, Freiheit und Frieden zu sichern. Sonst kann er nichts und sonst steht ihm auch keine Aufgabe zu.

> „Nach liberaler Auffassung besteht die Aufgabe des Staatsapparates einzig und allein darin, die Sicherheit des Lebens und der Gesundheit, der Freiheit und des Sondereigentums gegen gewaltsame Angriffe zu gewährleisten. Alles, was darüber hinausgeht, ist von Übel. Eine Regierung, die, statt ihre Aufgabe zu erfüllen, darauf ausgehen wollte, selbst das Leben und die Gesundheit, die Freiheit und das Eigentum anzutasten, wäre natürlich ganz schlecht.“ (L, S. 46)

Der Staat kann nicht wirtschaftlich handeln, weil er stets eine Monopolposition hat. Alle relevanten Monopole sind staatlich oder vom Staat gewollt. Er tritt wie andere Marktteilnehmer in den Markt ein. Er kann aber seine Wünsche zu Gesetzen machen und diese mit Gewalt durchsetzen. Allein aus diesem Grund verletzt er die sich selbst regulierende Ordnung des marktwirtschaftlichen Geschehens empfindlich, die auf dem Prinzip der Freiwilligkeit beruht.

> „Doch die Macht ist, wie Jacob Burckhardt sagt, böse an sich, gleichviel wer sie ausübe. Sie verführt zum Missbrauch. Nicht nur absolute Fürsten und Aristokratien, auch die in der Demokratie herrschenden Massen neigen nur allzu leicht zu Ausschreitungen." (L, S. 46)

Aus der inhärenten Tendenz der Regierung, ihre Machtbefugnisse eigennützig auszuweiten, droht der liberalen Ordnung ständig die Gefahr, vom Staat geknechtet zu werden. Aus diesem Widerspruch gibt es für Mises kein Entrinnen.

Wir gehen auf die Frage, wie der Übergang vom derzeitigen interventionistischen Staat zum Staat der Freiheit vollzogen werden kann und ob dies aus Mises Sicht mit einer Destruktion zivilisatorischer Standards einhergehen muss, weiter unten ein. Zunächst befassen wir uns mit den Wirtschaftseingriffen des Interventionismus.

Regierungseingriffe des Interventionismus

Die Gegenspieler des Liberalismus sind *Sozialismus* und *Interventionismus* als die beiden Varianten des *Etatismus*. Mises entwickelt ausführlich Argumente zum Nachweis der Unmöglichkeit des Sozialismus und zeigte die Tendenzen des Interventionismus auf. (Siehe im Anhang des Kapitels die Interventionsspirale am Beispiel der Milchpreisfixierung. Vgl. auch Bastiat: 15) Der Sozialismus alter Prägung (Bolschewismus und Nationalsozialismus) ist heute auf dem Rückzug begriffen. Die Hauptgefahr unserer Zeit ist der Interventionismus.

Die Interventionen der Regierung und anderer Gewaltkörper in den Markt sind vielfältiger Natur: Preise werden verteuert durch Steuern und Zölle, Produkte werden verboten (Drogen) oder kontrolliert (Arzneimittel), Preise werden taxiert (Mietpreisbremsen, Mindestlöhne), Konsumentenentscheidungen werden durch Informationen beeinflusst (Verbraucherberatung), Technologien werden behindert oder subventioniert (Energie) usw. Eine Behandlung dieses Themas füllt Bände. Alle wirtschaftlichen Interventionen in Produktion, Konsumtion und Tausch sind zu unterbinden. Dies gilt auch für die Einrichtungen des Wohlfahrtsstaates: Die Versicherung der Renten, der Krankheitskosten, der Unfallkosten und der Subsistenzmittel in Zeiten der Arbeitslosigkeit fallen nicht in das Aufgabengebiet des Staates. Auch das Geld ist durch einen Goldstandard zu neutralisieren, Konjunkturprogramme sind schädlich. Die Aufzählung der Betätigungsfelder des Interventionismus ist lang und muss unvollständig bleiben. Sie werden ständig ausgeweitet.

Mises wies in zahlreichen detaillierten Analysen nach, dass der Interventionismus darauf zielt, die Marktbewertungen auszuschalten oder zu ignorieren. Die Regierungseingriffe verschlimmern das durch sie erzeugte Chaos, statt es zu überwinden und mindern den allgemeinen Wohlstand. Die Eingriffe können aufgrund ihrer Grobheit und der Gegenreaktionen der Marktteilnehmer niemals die erwünschten Wirkungen hervorbringen. Politik kann die Ökonomie nicht außer Kraft setzen. Die Interventionen können daher auch nicht konsequent durchgehalten werden. (8, S. 324)

Die Folgen sind Arbeitslosigkeit, relative Verarmung, Kapitalverzehr und Fehlallokation des Kapitals, Zerrüttung der Währung, Bürokratie und Bestechung, Korruption der Rechts, Züchtung des Untertanengeistes, der sich im Geltendmachen von nicht erarbeiteten Ansprüchen aus dem Topfe der Allgemeinheit, im Nachlassen der Selbstverantwortlichkeit und im Verschwinden des kritischen und des Unternehmergeists ausdrückt. (B, S. 109)

Auch die sozialpolitischen Interventionen sind zweckwidrig. Sie erreichen nicht ihr Ziel, verwirren die Marktverhältnisse und vermindern das mögliche Maß an allgemeiner Wohlfahrt. (8, S. 326)

> „Die Übertretung der Gesetze ist aber nicht, wie von den Etatisten naiv gelehrt wird, ein in der schwer ausrottbaren menschlichen Schwäche gelegener Übelstand, den man nur auszumerzen braucht, um das Paradies auf Erden zu schaffen. Würden die interventionistischen Gesetze wirklich beachtet werden, dann müssten sie sich in der kürzesten Zeit ad absurdum führen. Alle Räder würden stillstehen, weil der starke Arm des Staates ihnen zu nahe gekommen ist." (KI; S. 41)

Redet Mises mit seiner Ablehnung sozialpolitischer Regierungseingriffe einer Gefühllosigkeit gegen fremde Not, dem brutalen Gebrauch des Ellenbogens und einem Streben nach Übermächtigung und Knechtung der Mitmenschen das Wort, wie ihm vorgeworfen wurde? (8, S. 327) Mises weist diese Phrasen zurück:

> „Wenn in der kapitalistischen Gesellschaft der Käufer ohne andere Rücksichten dort zu kaufen sucht, wo er die Ware am billigsten erhalten kann, ist das nicht ‚Gefühllosigkeit gegen fremde Not'. Wenn der überlegene Betrieb den minder rationell arbeitenden im Konkurrenzkampf zurückdrängt, liegt nicht ‚brutaler Gebrauch der Ellenbogen' und ‚Streben nach Übermächtigung und Knechtung der Mitmenschen' vor. Das, was in diesem Falle vorgeht, ist nicht etwa eine unerwünschte Begleiterscheinung oder ein ‚Auswuchs' des Kapitalismus und ist keineswegs etwa vom Liberalismus nicht gewollt worden. Im Gegenteil. Je schärfer der Konkurrenzkampf vor sich geht, desto besser erfüllt er seinen gesellschaftlichen Zweck, die Produktion zu rationalisieren." (I, S. 113)

Der Vorwurf sozialer Kälte trennt den Produzenten vom Konsumenten. Wenn ein Arbeiter seinen Arbeitsplatz verliert, weil seine Arbeit durch technologische Verbesserungen wegfallen kann, so hat er davon unter Marktbedingungen einen Nutzen davon als Konsument billiger werdender Waren. Als Produzent stehen ihm unter Marktbedingungen neue Arbeitsangebote zur Verfügung, weil – wirtschaftliche Freiheit vorausgesetzt – keine Arbeitslosigkeit herrscht.

Jeder Arbeitssuchende findet Kapital, das nach ihm fragt. Es sind gerade die Maßnahmen zur Milderung der „kapitalistischen Kälte", die die sozialen Probleme erzeugen, die sie mildern oder abschaffen wollen.

Interventionen schaffen rechtliche Ungleichheit und ziehen zur Korrektur weitere Eingriffe nach sich. Alle Interventionen haben nur eine Tendenz: Sie machen den Staat mächtiger und die Gesamtheit aller Individuen ärmer. Sie lösen nicht gesellschaftliche Spannungen, sondern verstärken sie künstlich. Interventionismus läuft daher auf einen Neomerkantilismus (vulgo Sozialismus) hinaus.

> „Es gibt eben keine andere Wahl als die: entweder von Eingriffen in das Spiel des Marktes abzusehen oder aber die gesamte Leitung der Produktion und der Verteilung an die Obrigkeit zu übertragen. Entweder Kapitalismus oder Sozialismus; ein Mittelding gibt es nicht." (L, S. 69)

Mises formulierte seine Ablehnung des neoliberalen Projektes eines dritten Weges in ungeschminkter Sprache. Der dritte Weg, der Interventionismus, ist im Wesenskern dasselbe wie Planwirtschaft. Sein Prinzip besteht darin, die Oberhoheit des Konsumenten über die Produktion und Distribution auszuschalten und an die Stelle des Konsumenten die Regierung zum Befehlshaber der Wirtschaft zu setzen. Auch der Interventionismus strebt danach, die Handlungsautonomie des Individuums und die Freiheit des Menschen zu unterdrücken.

VI. Die Potenz der spontanen Ordnung

Das Bild des „Nachtwächterstaates" beinhaltet die Abwesenheit des Staates im Normalfall und sein Eingreifen nur im Konfliktfall mit dem Ziel, den Frieden wieder herzustellen. Dies ist die weitestgehende mögliche Begrenzung der Wirksamkeit des Staates (Humboldt). Die Utopie des Anarchismus nimmt den Normalfall als einzig möglichen an und zieht überhaupt keine Grenze.

Alle Bereiche des persönlichen und wirtschaftlichen Handelns müssen frei von staatlicher Einmischung bleiben. Sie werden von natürlichen Gesetzen endogen gesteuert. Wie gezeigt, erfordert wirtschaftliches Handeln nicht mehr als die Achtung des Eigentums und Willensentscheidungen auf der Grundlage subjektiver Werturteile.

Handelt es sich bei Mises *Vision der Freiheit* also doch um eine Utopie? Noch nie existierte eine Marktwirtschaft in reiner Form und die Aussichten, diesen Zustand herbeizuführen, sind mehr als fraglich. Das Konzept der *Vision der Freiheit* als Utopie aufzufassen, hieße, es gründlich misszuverstehen. Konsequenterweise hat Mises nie versucht, eine Utopie zu zeichnen. Utopien sind Entwürfe im Rahmen einer kollektivistischen Ideologie. Er hat nie eine heteronome Ethik verfasst. Er verwirft folglich auch alle Ideen über *absolute Werte* als kollektivistisch (TH), oder optimale *statische Gleichgewichtszustände* als Verkennung der unaufhörlichen Marktbewegungen. (NÖ, S. 239) Er verwirft alle Endziele angeblich *determinierter* Geschichtsprozesse. (TH, S. 76) Seine Idee ist die individuelle Handlungsautonomie.

Die *Vision der Freiheit* ist keine starre Ordnung, kein Konstrukt des Intellekts. Es ist die natürliche Ordnung der Dinge, befreit gedacht von allen etatistischen Verzerrungen, die *Marktwirtschaft* in Reinform. Insofern ist sie Gedankenbild, das zur Analyse der Katallaktik verwendet wird, also integraler Bestandteil seiner wissenschaftlichen Argumentation. Die Vorstellung der Marktwirtschaft in Reinform wiederum ist für Mises die optimale Bedingung für das Erstreben selbstbestimmter Glücksvorstellungen. In dieser Doppelbedeutung gibt diese Vision kein Versprechen auf die Zukunft ab, in der alles anders ist. Sie weist mit wissenschaftlichen Argumenten nach, wie die Bedingungen schon heute Wohlstandspotenziale entfalten könnten, wenn sie von staatlichen und anderen gewaltsamen Eingriffen in die Wirtschaft verschont blieben.

Die Freiheit ist, so lange Menschen handeln, ein unveräußerliches ewiges Moment, das auch Wirtschaftsformen innewohnt, in der die Freiheit heftig bekämpft wird und Gesellschaftsordnungen, in der die Anhänger der individuellen Freiheit grausam verfolgt werden. Auch im

Sozialismus bildeten sich spontan Schwarzmärkte, auch in der Todeszelle blieben Tapfere standhaft.

Die Vision der Freiheit ist der Gegenwart inhärent. Die Aufgabe ist eine negative. Von den Verhältnissen, in der die Menschen leben, sind alle Einschränkungen der Freiheit zu beseitigen, wodurch sich nach und nach die natürliche Ordnung einstellt und die Freiheit hervortritt. Die Elemente der natürlichen Ordnung sind gegen alle Zumutungen und Anmaßungen ihrer Feinde zu verteidigen. Der Schwerpunkt von Mises' politischer Arbeit liegt in der Untersuchung der Behinderungen der Marktordnung und dem Aufzeigen ihrer Folgen.

Der kasuistische Nachweis der Möglichkeit einer vollkommen freien Gesellschaft ließe sich nicht erbringen, da die Wirklichkeit unendlich mannigfaltig ist und ihr Wandel unvorhersehbar. Nachweisen konnte Mises aber, dass der Mensch vernünftig handeln kann und dass er es in wirtschaftlichen Zusammenhängen auch erstaunlich gut kann. Das Spiel von Angebot und Nachfrage regelt auf eine so genaue Weise die Kapitalströme, dass bei einer unbehinderten Funktionsweise sich rasch ein allgemeiner Wohlstand einstellt. Das eigennützige Handeln der Individuen bildet spontan eine Ordnung tendenziell optimaler Kapitalallokation aus und mehrt auf dieser Weise das Allgemeinwohl.

Im Unterschied zu utopistischen Politikstrategien ist Mises' Liberalismus evolutorisch und pragmatisch. Es muss nicht das System als Ganzes beseitigt und ausgewechselt werden. Es braucht keine Revolution, die alles niederreißt, was besteht, damit aus der Asche ein neuer Phönix aufsteigen kann. In jedem bestehenden Gesellschaftssystem sind die ökonomischen Gesetze wirksam. Das vernunftbegabte Individuum ist niemals völlig seiner Willensfreiheit zu berauben. Jede einzelne Reformmaßnahme, die den Freiheitsgrad der Individuen erhöht, entfesselt die Marktgesetze, verstärkt die Selbstregulationsfähigkeit der Marktwirtschaft und hebt den allgemeinen Wohlstand. Alle gesellschaftlichen Einrichtungen sind daher einer eingehenden Analyse auf die Frage hin zu untersuchen, ob sie die Handlungsfreiheit der Individuen einschränkt und die Marktgesetze stört, und entsprechend sind die Reformen darauf hin einzurichten.

Liberalismus funktioniert auch im Kleinen und die Vision der Freiheit kann schrittweise wirkungsmächtiger werden.

Die konservative Methode des staatlichen Rückbaus

Die Vorstellungen Ludwig von Mises über die Praxis einer liberalen Politik sind spärlich in seine theoretischen Werke eingeflossen. Wir wissen aus seinem Munde, dass er die pragmatische und dennoch zupackende Politik Ludwig Erhards und Alfred Müller-Armacks guthieß. In einem Brief vom 14. 11. 1961 an letzteren spricht er seine Anerkennung aus.

> „Was Sie und Erhard für die Wiederaufrichtung der deutschen Wirtschaft vollbracht haben, wird, ungeachtet mancher ‚Schönheitsfehler', mit Recht überall als eine große Tat des Liberalismus angesehen." (OG, S. 16–7)

Die Befreiung der handelnden Menschen von freiheitsberaubenden Vorschriften setzt Entwicklungspotenziale der unternehmerisch Tätigen frei, die zu einer rascheren Bildung von Reichtum und Lebensqualität führen müssen. Wir haben einer Politik des Tabula-Rasa-Machens bereits eine Absage erteilt. Der Liberalismus beabsichtigt, die Lebensbedingungen möglichst aller Menschen zu verbessern (utilitaristisches Prinzip). Daher müssen die einzuleitenden Veränderungen möglichst schonend vorgenommen werden. Bei diesem Rückbau des interventionistischen Staates darf nicht ins gesunde Fleisch geschnitten werden. Auch muss bedacht werden, dass die Freisetzung der produktiven Kräfte einhergeht mit einem Mentalitätswandel, einer Veränderung des Bewusstseins der Abhängigkeit und Schwäche der Massen zum Selbstbewusstsein der Stärke. Das benötigt viele Jahre Zeit der Reife.

Wir müssen unterscheiden zwischen potenziell produktiven und destruktiven Gesetzen und Einrichtungen. Als Beispiel für Mises' Methode der Herausarbeitung erhaltenswerter Einrichtungen sei hier auf die Untersuchung über die „Monopolpreise" verwiesen. Dort charakterisiert er das Urheberrecht als ein von der Regierung geschaffenes Monopol. Es ist naheliegend zu vermuten, dass Mises für die Aufhebung von Monopolen plädiert und folglich die Abschaffung des Urheberrechts befürwortet. Dies verhält sich aber anders. Zunächst weist er nach, dass ein Autor auch unter dem Urheberrecht trotz seiner Monopolposition keine Monopolpreise erzielen kann, die die Konsumenten übermächtigen. Niemand ist gezwungen, ein überteuertes Buch zu erwerben. Andererseits aber zieht der Konsument aus dem Urheberrecht den Nutzen, dass Autoren überhaupt erst dadurch befähigt werden, für einen Markt zu schreiben. Andernfalls wären sie auf die Gunst von Mäzenen angewiesen.

> „Kaum jemand greift die Urheberrechtsgesetze an. Dank der Monopolposition, die diese Gesetze den Autoren sichert, ist es für einen erfolgreichen Schriftsteller von Belletristik, und gleicherweise für den von Sachbüchern, möglich, von Büchern und Artikeln, die für den allgemeinen Leser gedacht sind, zu leben. Der Autor hängt nicht länger von der Großzügigkeit einiger Mäzene ab wie in früheren Zeiten. Er hängt von der Käuferschaft ab.“ (MP, S. 24)

Das Urheberrecht beschert den Autoren die Existenzgrundlage, den Konsumenten eine Fülle von Angeboten. Daraus lässt sich folgern, dass Mises keineswegs an einer Opferung des Urheberrechts zugunsten der vollkommenen Entstaatlichung dachte. Seine Beseitigung wäre destruktiv.

Das Kriterium, ob ein Gesetz, das im interventionistischen Staat erlassen wurde, abgeschafft werden soll oder nicht, hängt davon ab, ob es die Konsumenten in ihrer Handlungsfreiheit einschränkt oder nicht. Wenn Gesetze die Willensfreiheit der Bürger nicht einschränken und gleichzeitig ihren Lebensstandard heben, wäre ihre Abschaffung widersinnig. Es würde dem Liberalismus rasch die Unterstützung der Massen kosten.

Wir dürfen annehmen, dass diese Untersuchungsmethode auf alle Felder der praktischen Politik anzuwenden ist. Dies betrifft aus meiner Sicht alle Standards, die der Gesundheit, Informiertheit, der Ökonomie alltäglicher Vorgänge, dem Schutz der Privatsphäre – kurz, den Menschenrechten und dem Wohlbefinden aller Menschen dienen. Wer beispielsweise dafür eintritt, dass die Vorschriften zur Bereitstellung von Leitungswasser in Lebensmittelqualität an alle Haushalte in Deutschland deswegen abgeschafft werden müssen, weil sie staatlicher Natur sind, verkennt den Standpunkt des Liberalismus. Das Ziel des Liberalismus ist die Hebung, nicht die Senkung des Lebensstandards. Daher darf er auch keine Vorstöße unternehmen, die zivilisatorischen Errungenschaften, die dem Allgemeinwohl dienen, zu beseitigen. Es kann nur darum gehen, freiheitsbegrenzende Gesetze oder Privilegien, die nur einer Minderheit Vorteile verschaffen, zu beseitigen.

Ist eine solche Vorgehensweise gegenüber der Feststellung, dass der Staat Gewalt- und Zwangsapparat zu sein hat und sonst nichts, inkonsistent? Meiner Meinung nach müssen wir erstens unterscheiden, ob der Staat sich weiterhin aktiv in die sich selbst justierenden Marktmechanismen einmischen darf oder nicht. Hier lautet die Antwort eindeutig nein. Zweitens muss beim Abbau der Gesetze so vorgegangen werden, dass die am meisten verzerrenden Eingriffe zuerst beseitigt werden. Sodann gebe man in kleinen Schritten Stück für Stück staatlich regulierter Bereiche in die Selbstverantwortung des Bürgers zurück. Schließlich aber zerstöre man nicht solche Regeln, die dem Schutz der Bürger und der Erhaltung seines Wohlstandes dienen.

Ob zur Erhaltung und Weiterentwicklung von Einrichtungen, die für den Bürger nützlich sind, eine Gesetzgebung notwendig ist, die mit dem Gewalt- und Zwangsapparat des Staates untrennbar verbunden ist, oder ob dazu auch zivilgesellschaftliche Einrichtungen taugen, etwa im Sinne der von Humboldt propagierten Nationalgesellschaften, steht auf einem anderen Blatt. Die flächendeckenden Impfungen von Kindern folgt staatlichen Vorgaben. Sie ist im Fall von Ansteckungskrankheiten zurecht obligatorisch. Die Einführung von Formaten und Standards in der Informationstechnologie erfolgte nicht auf der Basis von staatlichen Gesetzen oder zwischenstaatlichen Abkommen. Die USA verzichten bei der Einführung von Saatgut auf zeitraubende und kostspielige Nachweisverfahren bezüglich ihrer Gefahrlosigkeit. Andererseits wird bei einer Schädigung des Käufers auch konsequent das Verursacherprinzip verfolgt, was mit empfindlichen Strafen verbunden ist.

Entstaatlichung soll nicht aus Prinzip erfolgen, sondern um wirksame Verbesserungen zu erzielen. Hier muss in die Erörterung der Einzelfälle eingetreten werden.

Was sich selbst organisieren kann, soll privatrechtlich bleiben, wo aber der Schutz des Bürgers und Konsumenten vor Übermächtigung gefordert ist, muss der Liberalismus auch mit Gesetzen die Freiheit des Bürgers verteidigen.

Die Konsumentendemokratie

Der Ausdruck „Allokation des Kapitals", also die Leitung des Kapitals zu bestimmten Produktionslinien, in denen bestimmte Waren hergestellt werden, ist auf dem Hintergrund eines unbeeinflussten Marktes ein anderes Wort für die Potenz der spontanen Ordnung. Wird sie nicht durch Markteingriffe der Regierung verzerrt, stellt sich eine Führung der Wirtschaft durch die Konsumenten ein. Die Bedürfnisse der Konsumenten, die als nachfragende Wirte am Marktgeschehen teilnehmen, geben die Information ihrer Bedürfnisse (ihres Wollens) in Form von Preisen an die Produzenten weiter, die die Allokation des Kapitals (der produktiven Kraft) danach ausrichten. Unter der Führung der Konsumenten wirken die menschlichen Kräfte effizienter. Die Springquellen des Reichtums sprudeln reichlicher in einer freien Marktordnung, die auf dem Sondereigentum an den Produktionsmitteln beruht, und zwar entsprechend den Bedürfnissen aller Menschen. Die Markteingriffe durch den Staat verändern die Allokation des Kapitals. Die Produzenten stellen Güter her oder leisten Dienste, die nicht den Wünschen der Konsumenten entsprechen. Sie finden daher auch nicht in entsprechendem Umfang Käufer, so dass sich die unternehmerischen Projekte als Fehlschläge herausstellen. Konjunktureinbrüche, die auf konjunkturelle Belebungsphasen folgen, sind die unvermeidliche Folge der Interventionen in die Produktion, etwa durch Zins senkende Maßnahmen. Das fehlgeleitete Kapital ist weitgehend verloren, Wohlstand wird verringert.

Folgt das Kapital aber den Informationen der Konsumenten, die sich in den Preisen als Indikatoren der relativen Knappheit der Güter, oder, was nur ein anderer Aspekt derselben Sache ist, ein Indikator der Wünsche der Konsumenten, bringen die Erzeuger jene Waren auf den Markt und bieten jene Dienstleistungen an, die auch ihre Abnehmer finden. Das Kapital hebt so den Wohlstand aller Marktteilnehmer, sowohl der Kapitalseite (Investoren, Unternehmer, Arbeiter) als auch der Konsumenten, somit der Allgemeinheit. Das größtmögliche Glück der größtmöglichen Zahl stellt sich nur im Rahmen der Konsumentendemokratie ein. Was Glück ist, bestimmen die Konsumenten jeweils aus ihrer subjektiven Sicht selbst. Sie handeln autonom.

Kapitalismus, um dieses Marx'sche Schmähwort zu gebrauchen, ist Konsumentendemokratie. Die Konsumentendemokratie ist der angemessene Ordnungsrahmen zur die Verwirklichung des Wollens der Individuen. Die Durchsetzung der Konsumentendemokratie ist die Politik, die der Vision der Freiheit folgt.

VII. Die Umkehrung des geschichtlichen Trends

> „Der Liberalismus ist keine Religion, keine Weltanschauung und keine Partei der Sonderinteressen. Er ist keine Religion, weil er weder Glauben noch Hingabe fordert, weil nichts Mystisches um ihn webt und weil er keine Dogmen hat; er ist keine Weltanschauung, weil er nicht den Kosmos erklären will und weil er uns nichts sagt und nichts sagen will über Sinn und Zweck des Menschendaseins; er ist keine Partei der Interessen, weil er keinem einzelnen und keiner Gruppe irgendeinen Sondervorteil verspricht, verschaffen will oder verschafft. Er ist ganz etwas anderes. Er ist Ideologie, Lehre von dem Zusammenhang der gesellschaftlichen Dinge und zugleich Anwendung dieser Lehre auf das Verhalten der Menschen in gesellschaftlichen Dingen. Er verspricht nichts, was über das hinausgeht, was in der Gesellschaft und durch die Gesellschaft geleistet werden kann. Er will den Menschen nur eines geben: friedliche, ungestörte Entwicklung des materiellen Wohlstandes für alle, um so von ihnen die äußeren Ursachen von Schmerz und Leid fernzuhalten, soweit das überhaupt in der Macht gesellschaftlicher

> Einrichtungen steht. Leid zu mindern, Freude zu mehren, das ist sein Ziel." (L, S. 168)

Der Ausgang des zivilisatorischen Prozesses, die Frage, ob sich das Friedensprinzip oder das Gewaltprinzip auf lange Sicht durchsetzt, ist offen. Es ist unentschieden, ob sich die Umkehrung des Trends zur Freiheit rückgängig machen lässt. Auch der mutmaßlich automatisch ablaufende Trend zum fortwährenden technologischen Fortschritt ist nicht unumkehrbar. Der Wandel der Geschichte unterliegt einem Kampf der Ideologien. Heute triumphiert die Idee der Gleichheit der Lebensbedingungen. Die Unterdrückung der wirtschaftlichen Freiheit ist gleichbedeutend mit der Unterdrückung der Handlungsfreiheit des Menschen. Wirtschaft und Gesellschaft sind eins.

> „Die Unterscheidung zwischen einer wirtschaftlichen Sphäre des menschlichen Lebens und Handelns und einer nicht-wirtschaftlichen Sphäre ist der übelste ihrer Irrtümer. Wenn eine allmächtige Autorität die Macht hat, jedem Individuum die Aufgaben, die es zu erfüllen hat, vorzuschreiben, kann nichts von dem, was übrig bleibt, Freiheit genannt werden." (TH, S. 376)

Die Unfähigkeit der Massen, ihre langfristigen Ziele zu erkennen, ist sattsam bewiesen. Alle Bestrebungen der Aufklärer und frühen Liberalen, die Massen durch Bildung zu heben bis zu dem Niveau, wo sie ihre eigenen langfristigen Interessen wohl verstehen, sind gescheitert.

Sollte die Gesellschaft in eine Krise geraten, spülen Unruhen gewöhnlich Despoten an die Macht, die diese nicht zur Entfaltung von Freiheit nutzen, im Gegenteil. Auch droht als Konsequenz eines wuchernden Wohlfahrtsstaates die allgemeine Erstarrung einer durchgängig regulierten Gesellschaft unter der Herrschaft eines allmächtigen Beamtenapparates, die Mises im China des 13. Jahrhundert aufzeigt.

Die Geschichte ist ein Kampf der Ideologien. Die Vision der Freiheit in Freiheit zu setzen und zur Geltung zu bringen erfordert eine starke liberale Kraft, die auf die Massen wirkt. Sie kann nur vorgetragen werden, von einer intelligenten Elite, die sich zum Verständnis der ökonomischen Gesetze hochgearbeitet hat. Die Kraft der besseren Ideen wirkt nur durch die Überzeugungskraft derer, die sie vortragen. Die Liberalen haben sich aus dem Kampf um die Futtertröge des Umverteilungsstaates fern zu halten. Sie haben Anwalt der langfristigen Allgemeininteressen sein.

> „Bis heute gelang es im Westen keinem Apostel der Stabilisierung und Versteinerung, die angeborene Veranlagung des Individuums, zu denken und alle Probleme am Maßstab der Vernunft zu messen, auszulöschen. Dies allein, und nicht mehr, kann die Geschichtsschreibung und die Philosophie versichern, wenn sie sich mit den Lehren befasst, die beanspruchen genau zu wissen, was die Zukunft für die Menschheit vorsieht.“ (TH, S. 379)

Anhang

Die Interventionsspirale am Beispiel der Milchpreisfixierung

Ludwig von Mises hat am Beispiel der Preiskontrollen für Milch die Funktionsweise und Folgen des Interventionismus auf einzigartige Weise geschildert. Die erste Lektüre der etwa dreiseitigen Passage in „Vom Wert der besseren Ideen“ (S. 68–72) ist ein unvergessliches Erlebnis: (14)

„Der Regierung kommt zu Ohren, dass sich die Leute beschweren, weil der Milchpreis gestiegen ist. Milch ist sicherlich sehr wichtig, besonders für heranwachsende Kinder. Deshalb setzt sie einen Höchstpreis für Milch fest, einen Höchstpreis der niedriger ist als der potentielle Marktpreis. Dann sagt die Regierung: „Jetzt haben wir bestimmt alles getan, damit arme Eltern so viel Milch kaufen können, wie sie brauchen, um ihre Kinder zu ernähren.“

Was geschieht aber nun? Einerseits steigt durch den niedrigen Milchpreis die Nachfrage nach Milch. Leute, die sich Milch zum höheren Preis nicht leisten konnten, können es jetzt zu dem niedrigeren, von der Regierung festgesetzten Preis. Andererseits haben einige Produzenten Verluste, nämlich jene, die mit den höchsten Kosten produzieren, d.h. die Grenzproduzenten, denn der Preis, den die Regierung festgesetzt hat, bringt weniger, als ihre Kosten ausmachen. Das ist ein sehr wichtiger Punkt in der Marktwirtschaft.

Der private Unternehmer, der private Produzent, kann nicht lange mit Verlusten arbeiten. Deshalb schränkt er die Milchproduktion für den Markt ein. Vielleicht verkauft er sein Kühe als Schlachtvieh oder er verkauft stattdessen Milchprodukte, wie Rahm, Butter oder Käse.

Das Ergebnis dieses staatlichen Eingriffs in den Milchpreis ist, dass weniger Milch als zuvor angeboten wird und gleichzeitig die Nachfrage steigt. Es können nicht mehr alle Leute, die bereit sind, den von der Regierung festgesetzten Preis zu zahlen, Milch kaufen. Besonders ängstliche Menschen werden versuchen, als erste in den Geschäften zu sein. Sie müssen nun vor den Geschäften anstehen; lange Warteschlangen vor den Geschäften sind eine bekannte Erscheinung in solchen Städten, in denen die Regierung Höchstpreise für die Waren, die sie für wichtig hält, festgesetzt hat. Das war immer so, wenn der Milchpreis kontrolliert wurde, und das wurde von den Wirtschaftswissenschaftlern auch immer so vorausgesagt. Natürlich nur von den vernünftigen Nationalökonomen, und deren Zahl ist nicht sehr groß. Was ist aber schließlich das Ergebnis dieser staatlichen Preiskontrolle? Die Regierung ist enttäuscht. Sie wollte die Zufriedenheit der Milchtrinker vergrößern. Aber in Wirklichkeit sind diese jetzt unzufriedener als zuvor. Bevor die Regierung sich einmischte, war die Milch teuer, aber man konnte sie kaufen. Jetzt ist nicht mehr genug Milch verfügbar, der Gesamtkonsum an Milch geht zurück. Die Kinder bekommen weniger Milch, nicht mehr.

Die nächste Maßnahme, zu der die Regierung greifen wird, ist die Rationierung. Aber Rationierung bedeutet, dass bestimmte Menschen privilegiert sind und Milch bekommen, während andere leer ausgehen. Wer Milch bekommt und wer nicht, das wird immer sehr willkürlich entschieden. Es kann z.B. angeordnet werden, dass Kinder unter vier Jahren Milch bekommen sollen und dass Kinder, die älter als vier oder zwischen vier und sechs Jahren sind, nur die halbe Ration bekommen sollen. Wie immer die Regierung auch entscheidet, die Tatsache bleibt bestehen, dass die verfügbare Milchmenge geringer sein wird. Deshalb sind die Menschen unzufriedener als zuvor. Fragt nun die Regierung die Milchproduzenten (weil sie nicht genug Phantasie hat, es selbst herauszufinden), warum sie nicht dieselbe Milchmenge wie zuvor liefern, bekommen sie zur Antwort: „Das können wir nicht. Denn die Produktionskosten sind höher als der von der Regierung festgesetzte Höchstpreis.“ Wenn dann die Regierung die Produktionskosten im einzelnen überprüft, wird sie feststellen, dass das Futter ein wichtiger Posten ist.

„Oh“, sagt die Regierung jetzt, „das ist sehr einfach. Wir werden die gleiche Kontrolle, die wir bei Milch angewandt haben, nun auch auf Futter anwenden und einen Höchstpreis für Futtermittel festsetzen. Sie könne dann ihre Kühe billiger füttern und werden weniger

Aufwendungen haben. Dann kommt alles in Ordnung. Sie werden mehr Milch produzieren und mehr Milch verkaufen können."

Was geschieht aber nun? Die gleiche Geschichte wiederholt sich mit dem Futter, natürlich aus denselben Gründen. Die Futterproduktion sinkt und die Regierung steht vor dem gleichen Problem. Sie sorgt nun dafür, dass neue Anhörungen stattfinden, um herauszufinden, wo es bei der Futterproduktion hapert. Und die Futterproduzenten geben ihr genau die gleiche Erklärung wie die Milchproduzenten. So muss die Regierung noch einen Schritt weiter gehen, denn sie will ja das Prinzip der Preiskontrolle nicht aufgeben. Sie setzt jetzt einen Höchstpreis für die Materialien fest, die zur Futterproduktion notwendig sind. Und wieder geschieht dasselbe.

Die Regierung geht nun dazu über, nicht nur Milch, sondern auch Eier, Fleisch und anderer zum Lebensunterhalt notwendige Güter zu kontrollieren. Und jedesmal erzielt sie dasselbe Ergebnis mit den gleichen Folgen. Sobald sie einen Höchstpreis für Konsumgüter festgesetzt hat, muss sie einen Schritt weiter zurückgehen und auch ein Preislimit für die Produktionsgüter festsetzen, die man zur Produktion der preisgebundenen Konsumgüter braucht. Und so greift sie, nachdem sie mit einigen wenigen Preiskontrollen angefangen hat, immer tiefer in den Produktionsprozess ein und setzt Höchstpreise für alle möglichen Produktionsgüter fest, natürlich auch den Preis für Arbeit, denn ohne Lohnkontrolle bliebe die staatliche „Preiskontrolle" wirkungslos.

Hinzu kommt noch, dass der Staat Eingriffe in das Marktgeschehen nicht auf jene Güter beschränken kann, die er für lebensnotwendig hält, wie Milch, Butter, Eier und Fleisch. Er muss sie zwangsläufig auch auf Luxusgüter ausdehnen; denn wenn er deren Preise nicht auch festsetzt, würden Arbeit und Kapital aus der Produktion der lebensnotwendigen Güter in jene Produktionsbereiche abwandern, die der Staat als unnötigen Luxus betrachtet. So zieht – es ist wichtig, sich das klar zu machen – die begrenzte Einmischung in die Preisbildung bei einigen wenigen Konsumgütern zwangsläufig weitere Folgen nach sich, die noch weit weniger zufriedenstellend sind als es die Zustände zuvor waren. Bevor der Staat sich einmischte, waren Milch und Eier zwar teuer, aber nach der staatlichen Einmischung begannen sie vom Markt zu verschwinden.

Die Regierung hielt diese Bereiche für so wichtig, dass sie sich einmischte. Sie wollte das Angebot vergrößern und die Versorgung verbessern. Doch sie erreichte das Gegenteil – die punktuellen Eingriffe führten zu einem Zustand, der vom Standpunkt der Regierung aus noch viel unerwünschter war als die früheren Verhältnisse, die sie hatte verändern wollen. Und da die Regierung, nachdem sie einmal mit Preiskontrollen begonnen hat, gezwungen ist, weiter und weiter zu gehen, wird sie schließlich an einem Punkt anlangen, wo alle Preise, alle Löhne, alle Zinsen, kurzum alles im Wirtschaftssystem vom Staat bestimmt wird. Und das ist – das besteht kein Zweifel – Sozialismus."

Quellen:

Werke von Ludwig von Mises:

GW: *Die Gemeinwirtschaft*, Jena, 1922.

TG: *Theorie des Geldes und der Umlaufsmittel*, Berlin, 1924 (2005).

L: *Liberalismus*, Jena, 1927.

KI: *Kritik des Interventionismus*, Jena, 1929 (München 2013).

GN: *Grundprobleme der Nationalökonomie*, Jena, 1933.

OG: *Im Namen des Staates oder Die Gefahren des Kollektivismus*, Stuttgart, 1939 (1978).

E: *Erinnerungen*, Stuttgart, New York, 1940 (1978).

NÖ: *Nationalökonomie, Theorie des Wirtschaftens und Handelns*, Genf, 1940.

B: *Die Bürokratie*, New Haven, 1944 (Sankt Augustin, 2013).

MP: *Monpopoly Prices*, 1940, The Quarterly Journal of Austrian Economics 1 (1998) No 2, 1–28.

HA: *Human Action*, Indianapolis, 1949.

TH: *Theory and History*, Auburn, 1957 (2007).

WL: *Wirtschaftlicher Liberalismus*, in: *Handwörterbuch der Sozialwissenschaften*, Bd. 6 (1959), S. 596–603.

UF: *The Ultimate Foundation of Economic Science. An Essay on Method*, Princeton u.a. 1962.

HS: *The Historical Setting of the Austrian School of Economics*, Auburn, 1969.

Werke anderer Autoren:

(1) Stefan Kolev: *Neoliberale Staatsverständnisse im Vergleich*, Stuttgart, 2013.

(2) Carl Menger: *Die Irrthümer des Historismus in der deutschen Nationalökonomie*, Wien, 1884.

(3) Eugen Böhm von Bawerk: *Geschichte und Kritik der Capitalzinstheorien*, Innsbruck, 1884.

(4) J. G. Fichte: *Der geschlossene Handelsstaat*, Leipzig, 1910.

(5) Arthur Schopenhauer: *Die Welt als Wille und Vorstellung*.

(6) Max Weber: *Die Objektivität" sozialwissenschaftlicher und sozial-politischer Erkenntnis*, in: *Gesammelte Aufsätze zur Wissenschafts-lehre*, hg. v. J. Winckelmann, Tübingen, 1988.

(7) Gregory Bateson: *Die Ökologie des Geistes*, Frankfurt, 1981.

(8) Gerd Habermann: *Der Wohlfahrtsstaat, Ende einer Illusion*, München, 2013.

(9) Immanuel Kant: *Kritik der praktischen Vernunft*.

(10) Immanuel Kant: *Die Metaphysik der Sitten*.

(11) Irenäus Eibl-Eibesfeldt: *Die Biologie des menschlichen Verhaltens. Grundriss der Humanethologie*, München, 1995.

(12) Friedrich Engels: *Der Ursprung der Familie, des Privateigentums und des Staates*.

(13) Robert Nozick: *Anarchie, Staat, Utopia*, München, 2011.

(14) Michael von Prollius: *Interventionismus führt zum Sozialismus*, erschienen auf Forum Ordnungspolitik am 04.05.2010, http://www.forum-ordnungspolitik.de/zum-mitnehmen/zentrale-texte/was-ist-liberalismus/750-interventionismus-fuehrt-zum-sozialismus

(15) Claude-Frédéric Bastiat: *Was man sieht und was man nicht sieht*, Thun, 2001.

Legitime Staatsausgaben

Michael von Prollius

Die Staatsfrage im klassischen Liberalismus stellt sich auch im Hinblick auf die Staatsausgaben: Welche Staatsausgaben können im Einklang mit klassisch liberalen Staatstheorien als legitim angesehen werden?[1]

Staatliche Aufgaben können ausnahmslos effizienter privat realisiert werden. Die Hebung des Lebensstandards gehört zum Wesen des Liberalismus. Wo verläuft die Grenze zwischen privat und Staat? Angesichts der aktuell alarmierenden und strukturell schlechten Performance, die staatliches Handeln auszeichnet, ist Good Governance ein treffender Begriff für eine Ausnahmeerscheinung. Gute Regierungsführung ist auch historisch ein seltener Fall. Ludwig von Mises ging so weit, dass er in liberaler Regierung einen *contradictio in adjecto* sah.[2]

Als Leitidee für die nachfolgenden Überlegungen mag die klassische Maxime Wilhelm von Humboldts dienen: „Der Staat soll nämlich auf *keine Weise für das positive Wohl der Bürger sorgen, daher auch nicht für ihr Leben und ihre Gesundheit – es müssten denn Handlungen*

---

1 Ich danke Helmut Krebs für wertvolle Anregungen. Dieser Aufsatz bildete die Grundlage meines Vortrags auf der 10th International Gottfried von Haberler Conference in Vaduz (Liechtenstein), am 27. Juni 2014, die unter folgendem Motto stand: Staatskunst – Staatsausgaben – Staatsaufgaben. On Statesmanship and the Limits of State Action.
Zum Ausmaß des Staates zählt nicht nur der Aspekt „Big Government", sondern auch „Big Governance". Das Thema Regulierungsausmaß wird nachfolgend nicht betrachtet, wenn auch die Kosten für die Betroffenen beträchtlich sind.

2 Vgl. Ludwig von Mises: *Liberalismus*, Erstauflage 1927, Neuauflage St. Augustin 1993, 60.

andrer ihnen Gefahr drohen –, aber wohl für ihre Sicherheit."[3] Aufgabe des Staates ist es demnach, für Sicherheit zu sorgen. Der Staat ist weder für das Wohl noch für die Wohlfahrt der Bürger zuständig. Diese minimalinvasive[4] Aufgabe kann aus Vernunftgründen als legitim angesehen werden und die damit verbundenen staatlichen Ausgaben ebenfalls, auch wenn nicht jedermann dieser aus wechselnder Perspektive zu kleinen oder aber noch zu großen Aufgabe zustimmen wird.

Um sich einer differenzierteren Antwort auf die Frage: „Was sind legitime Staatsausgaben?" nähern zu können, gilt es sich eingehender mit drei Aspekten zu befassen:

- Was ist legitim?
- Was ist die Aufgabe des Staates?
- Welche Staatsausgaben sind legitim?

Den nachfolgenden Überlegungen sei eine Annahme voraus geschickt, nämlich die Existenz des Staates als gegeben anzusehen. Das entspricht der aktuellen und nahezu ausnahmslos der historischen Realität.[5] Angesichts schwer wiegender Einwände, die so erfrischende Autoren wie Anthony de Jasay, Murray N. Rothbard und Stefan Blankertz, aber auch Ronald Coase und Mancur Olson gegen den Staat erheben, bleibt der Ansatz zwar ein Stück weit unbefriedigend. Schließlich richtet sich die Frage der legitimen Staatsausgaben zugleich auf die Legitimität des Staatsumfangs und dieser kann gegen Null tendieren. In Übereinstimmung mit Anthony de Jasay und Mancur

---

3 Wilhelm von Humboldt: *Ideen zu einem Versuch, die Grenzen der Wirksamkeit des Staats zu bestimmen*, Stuttgart 2002, 120–131.

4 Vgl. Stefan Blankertz: *Minimalinvasiv. Acht kritische Nachträge*, Berlin 2012.

5 Bezeichnend ist in diesem Zusammenhang Martin van Crefeld: *The Rise and Decline of the State*, Cambridge 1999, der lediglich in einem vorangestellten kleinen Kapitel nicht-staatliche, genauer herrschaftsfreie Gesellschaftsformen thematisiert.

Olson ist allerdings ist Randall G. Holcombe[6] zuzustimmen, der die historisch gut begründete Formel geprägt hat, dass der Staat zwar nicht notwendig, aber unausweichlich ist. Demnach hat sich in der Geschichte der Menschheit stets ein „Staat" herausgebildet und zwar überwiegend aus stationären Räuberbanden zum relativen Vorteil von Räubern und Beraubten. Mit den diplomatischeren Worten von David Hume: *„Es ist offensichtlich, dass, wenn die Regierung gänzlich nutzlos wäre, sie niemals hätte bestehen können und dass die einzige Rechtfertigung für Untertanentreue der Vorteil ist, den sie der Gesellschaft bringt, indem Frieden und Ordnung unter den Menschen erhalten bleiben."*[7] Zusätzlich zu diesem „Sein Argument" lässt sich ein aus konsequenter Vernunftanwendung entwickeltes „Sollen-Argument" von Immanuel Kant anführen: Sobald und erst dann, wenn die Bürger zur Anerkennung des Rechts gezwungen werden können, ist das Recht gesichert – *„Recht und Befugnis zu zwingen bedeuten ... einerlei."*[8] Das ist das Recht des Rechtsstaat, das den bürgerlichen Staat ausmacht.

Legitim

Legitim bedeutet anerkennungswürdig. Legitim geht auf das Wort lex zurück, also Gesetz; legitimus bedeutet dementsprechend gesetzmäßig.

---

6 Vgl. Randall G. Holcombe: Government: *Unnecessary but Inevitable*, in: *The Independent Review* 2004 H. 3, 325–342. Anarchie sei keine realistische Alternative, zumal herrschaftslose Gesellschaften von Räuberbanden erobert und regiert werden würden. Holcombe konstatiert: „In fact, governments are not created to improve the public's well-being. In most cases, governments have been imposed on people by force, and they maintain their power by force for the purpose of extracting resources from subjects and transferring the control of those resources to those in government."

7 David Hume: *Eine Untersuchung über die Prinzipien der Moral*, Reclam Stuttgart, 3. Aufl. 2002, 126.

8 Immanuel Kant: Metaphysik der Sitten. Reclam Ausgabe Stuttgart 1990, 609.

Das ist ein substanzieller Unterschied. Tatsächlich gibt es zumindest zwei unterschiedliche Bedeutungen für legitim, die auch nachfolgend als beachtenswert gelten: einerseits gesetzmäßig, durch die Gesetze bestimmt, und andererseits rechtmäßig, also regel(ge)recht. Die erste Sphäre verweist auf den Staat, die zweite Sphäre auf das Recht, die Konventionen und die Wertvorstellungen, die außer- und vorstaatlich sind.[9]

Legitim kann nur Verhalten sein. Ergebnisse sind nur insofern legitim oder illegitim als es das vorangegangene Verhalten war. Legitimes Verhalten resultiert aus Handeln im Einklang mit Konventionen, die nach David Hume ein *„allgemein geteiltes Verständnis gemeinsamer Interessen*" darstellen, und der Übereinstimmung mit rechtmäßigen Gesetzen. Dazu gehört, dass alle Menschen unter dem Recht gleich zu behandeln sind.

Unter Staat wird nachfolgend eine politische Ordnung verstanden, in der eine Gruppe eine privilegierte Stellung genießt und (politische) Macht ausübt. Offenkundig ist „das Recht" das Schlüsselelement von Legitimität, anders als die Anerkennung von Herrschaft qua Tradition und Charisma sowie Zweckrationalität. Und Recht ist, um es zu betonen, vorstaatlich; Menschen sind per se mit unveräußerlichen Rechten ausgestattet.[10]

---

9 Recht ist freiwillig und besteht mit Kant in einer gegenseitigen Übereinkunft zweier Parteien, die sich im Konflikt befinden, auf eine friedliche Lösung, der sie sich unterwerfen. Die Rechtsprechung orientiert sich dementsprechend an Sitten und Gebräuchen.

10 Die bekannteste Begründung stellt das Naturrecht dar, das u.a. Murray N. Rothbard in den Mittelpunkt seiner „Ethik der Freiheit" gestellt hat, und dessen Quellen insbesondere Gott, die Schöpfung, die Natur und die Vernunft sind. Wer mit möglichst wenig Annahmen und Voraussetzungen das Verhältnis von Menschen zu einander beschreiben will, ist gut beraten, keine Herrschaftsverhältnisse, sozialen Kontrakte, göttlichen Instanzen und dergleichen zu bemühen.

Faktisch begründet wird Herrschaft machtpolitisch, begleitet von einer entsprechenden enthusiastischen oder aber resignierenden Anerkennung, methodisch vor allem theologisch, rechtlich in unterschiedlichen Strömungen, die vom Naturrecht bis zur Vertragstheorie reichen, sowie ökonomisch und sozial. In der Antike war Herrschaft nicht durch die heute gemeinhin angeführte Trias aus Staatsgebiet, Staatsvolk und Staatsgewalt gekennzeichnet, sondern auf einen Personenverband beschränkt, denn vor allem Frauen und Metöken (Zugewanderte) besaßen keine Bürgerrechte. Nach der optimalen Staatsform suchten schon Aristoteles und Cicero, später Thomas von Aquin, und seit der Aufklärung haben klassisch Liberale dazu herausragende Beiträge geleistet.

Heute ist ein legitimer Staat etwas Tautologisches geworden, handelt es sich doch bei der aktuell verbreiteten Legitimitätsauffassung um eine Art Zirkelschluss. Die Berechtigung zu herrschen durch verfassungsgemäßes Regieren lässt sich vielfach auf die vorherrschende Lage reduzieren: Die Macht des Staates existiert und zieht eine formaljuristische Legitimität nach sich, die zumeist mit der Zustimmung einer Mehrheit begründet wird, die vom Staat alimentiert wird. Mit der Fähigkeit Macht auszuüben geht regelmäßig das Vermögen einher, Gesetz und Ordnung festlegen zu können. Im Sinne Kants handelt es sich hierbei um positives Recht, das eben von der Obrigkeit festgesetzt wird, die sich zugleich die Befugnis der Gesetzgebung und Rechtsprechung anmaßt. Positives Recht ist indes – Kant zufolge – Willkür und birgt die Gefahr der Despotie.

Bemerkenswerterweise sind Staatsapparate und ihr Wirken heute derart umfassend geworden, dass sie und ihr Umfeld die öffentliche Meinung erheblich beeinflussen, vielfach geradezu determinieren. So soll etwa der demokratische Wohlfahrtsstaat anerkennungswürdig und alternativlos sein. Der Staat mehrt seine Macht durch ihre Übertragung an Multiplikatoren, darunter staatliches Fernsehen respektive Rundfunk und staatliche Schulen. Die Entwicklungslogik ist die der Okkupation von Recht und Wirtschaft, Bildung und Solidarität, die der Staat gleichsam kapert, mitunter pervertiert und nach Auffassung von Stefan

Blankertz in eine Klassenbildung münden lässt.[11] Nur eine kleine Schar von Freiheitsfreunden, aber auch von etablierten Rechtswissenschaftlern,[12] äußert grundsätzliche Einwände.

Offenkundig gibt es einen substanziellen Unterschied zwischen einer Herrschaft, die aus einer (Selbst-)Legalisierung durch das Gesetz resultiert, und einer Herrschaft des Rechts, die der Fähigkeit von Menschen, Macht über andere Menschen auszuüben, enge Grenzen setzt. An dieser Stelle sei an Frédéric Bastiat erinnert, der bekanntlich in „Das Gesetz" konstatierte, dass der Mensch nur jene Rechte an den Staat delegieren könne, über die er selbst verfüge. Der Mensch habe indes kein Recht beispielsweise einen anderen Menschen zur Wohltätigkeit zu zwingen. Genauso wenig wie ein Mensch einen anderen zwingen dürfe, für den guten Zweck seiner Wahl Geld zur Verfügung zu stelle, dürfe der Staat keinen Menschen zwingen, für die Zwecke seiner Wahl Geld bereit zu stellen.[13]

Damit führt die Frage „Was ist legitim?" zum Sollen. Die überzeugendste Begründung, was legitim ist, findet sich bei Kant: Recht ist weder willkürlich noch von Erfahrungen geprägten Meinungen abhängig, sobald es aus reiner Vernunft entwickelt wird. Recht dient einzig und allein dazu, die Freiheit[14] des einen mit der Freiheit des

---

[11] Vgl. Stefan Blankertz: *Das libertäre Manifest. Zur Neubestimmung der Klassentheorie*, Berlin 2012. Heute wird Staatsversagen regelmäßig in Marktversagen umgedeutet und produktive Menschen werden als unsozial oder gar als „Volksschädlinge" stigmatisiert.

[12] Siehe stellvertretend Daniel Zimmer und Paul Kirchhof; ersterer sieht Recht als Freiheitsinfrastruktur an, letzterer weist auf die Zerstörung des Rechts als schlimmste Folge der Euro-Krise hin.

[13] Frédéric Bastiat: *Das Gesetz, in: Der Staat – die große Fiktion, ein Claude-Frédéric-Bastiat-Brevier*, hg. v. Marianne und Claus Diem, Thun 2001, 17–60.

[14] Das Politische beruht auf Grundwerten, die sich auf einen letzten Wert zurückführen lassen. Seitdem Gott oder die Natur keine ultimativen Werte mehr darstellen, stehen Freiheit, Gleichheit und Gerechtigkeit als herausragende Werte in einer Art Konkurrenzverhältnis. Allein die Freiheit scheint in der Lage, alle drei Werte

anderen in Einklang bringen: „*Das Recht ist also der Inbegriff der Bedingungen, unter denen die Willkür des einen mit der Willkür des anderen nach einem allgemeinen Gesetze der Freiheit zusammen vereinigt werden kann*".[15] Freiheitszusammenstöße sind nur durch ihre Vereinigung unter dem Recht lösbar. Anstelle der Stärke des Rechts würde sonst das Recht des Stärkeren treten, was einen Freiheitsraub nach sich zöge. Eine Beschränkung der (äußeren) Freiheit durch das Recht ist nur dann zulässig, wenn es für alle Menschen gleich gilt. Handlungen, die mit diesem Prinzip in Einklang stehen, sind rechtmäßig. Hingegen ist Recht unzulässig, das Moral befördern, also Bürger erziehen soll, gerade weil eine derartige Moralisierung des Rechts Menschen ungleich behandelt. Folglich ist jede Handlung erlaubt oder legitim, die mit der Freiheit der anderen nach allgemeinen Rechtsgesetzen vereinbar ist. Offenkundig ist ein Staat also dann legitim, wenn seine Vertreter so handeln, dass ihre Handlungen mit der Freiheit aller Bürger unter allgemeinen Rechtsgesetzen vereinbar sind. Illegitim sind hingegen alle Eingriffe in das berechtigte freie Handeln eines jeden Bürgers – dazu zählt auch, jemanden an rechtlich erlaubten Handlungen zu hindern. Zwang ist nur dann legitim, wenn er

---

miteinander zu versöhnen und gleichzeitig ihre Verwirklichung unter dem Primat der Freiheit zu ermöglichen. Freiheit vermag alle Werte unter sich zu vereinen: die Gleichheit vor dem Recht und die Gerechtigkeit des rechtskonformen Handelns, nach der jedem das Seine zusteht. „Und unter dem Gesetz der Gerechtigkeit, unter der Herrschaft des Rechts, unter dem Einfluss der Freiheit, der Sicherheit, der Stabilität, der Verantwortung, wird jeder Mensch zu seinem vollen Werte kommen". Frédéric Bastiat: *Das Gesetz*, a.a.O., 58. Indes hat Ludwig von Mises aufgezeigt, dass eine schlüssige Freiheitsphilosophie nicht auf konkurrierenden Werten beruhen sollte, sondern vielmehr Freiheit eine Voraussetzung individuellen Handelns ist. Freiheit steht auf einer anderen kategorialen Ebene als etwa Gleichheit und Gerechtigkeit.

15 Immanuel Kant, *Metaphysik der Sitten*, 66f.

illegitimes Handeln (Unrecht) abwehrt. Jeder weitergehende Zwang ist selbst Unrecht.[16]

In dieser Perspektive sind Staat und Regierung lediglich ein notwendiges Übel, die keinen Vertrauensvorschuss genießen. Genau das war die Auffassung, die die klassisch-liberale Epoche auszeichnete. Klassisch Liberale hegten eine große Skepsis gegenüber der Fähigkeit und Bereitschaft von Politikern, das Wohl eines einzelnen Bürgers zu fördern.[17]

Angesichts der heutigen Irrungen und Wirrungen, wie der behaupteten und sogar im deutschen Grundgesetz festgeschriebenen Sozialpflicht des Eigentums zugunsten eines konstruierten, aggregierten Gemeinwohls und zulasten freiwilliger Solidarität, sei abschließend betont, dass Privateigentum ein unabdingbares Element einer Rechtsordnung ist und eine nicht ersetzbare Voraussetzung für (äußere) Freiheit darstellt. Alles Eigentum ist privat.

Aufgaben

Das Recht, das die Freiheit der Bürger vereinigt, ist Existenzgrundlage und -berechtigung des Staates. Der Staat hat die Aufgabe das Recht der Freiheit zu sichern. Das geschieht unter anderem durch eine Verfassung, die Rechte und Pflichten festschreibt, und allgemeine Gesetze, die Ausdruck eines rechtmäßigen Zusammenlebens der Bürger sind. Letztere stellen kodifiziertes Recht dar. Die Einhaltung des Rechts

---

16 Ludwig von Mises hat diese Argumentation aus einer anderen Perspektive weiter entwickelt: Da nur das Individuum selbst in der Lage ist, seine Handlungsziele zur Überwindung unbefriedigter Bedürfnisse zu wählen, kann und darf niemand die individuelle Autonomie beeinträchtigen.

17 1920 hat Ludwig von Mises bekanntlich nachgewiesen, dass der ökonomische Diktator mangels Marktpreisen nicht erkennen kann, was, in welcher Rangfolge und auf welche Weise zu produzieren ist.

wird vom Staat durchgesetzt. Verfassung und Gesetze sind kein Selbstzweck oder dienen gar dem Staat, sondern bestehen allein zu dem Zweck, die Rechte der Bürger zu schützen, darunter ihr Eigentum. Dazu gehört auch, die Aufgaben des Staates gleichermaßen klar zu definieren wie sie eng zu begrenzen.[18] Anders als die heute vorherrschende, degenerierte Sicht auf den Staat ist dieser keine Institution, die über den Bürgern steht, sondern soll eine von den Bürgern (aus Vernunftgründen) akzeptierte Institution, die ihrem Schutz dienen soll. Entsprechendes gilt für Gesetze, die nicht von wenigen Experten und wechselten Mehrheiten als Repräsentanten der Bevölkerung bestimmt werden sollen, sondern besser in einem Entdeckungsverfahren vor allem aus Konventionen gewonnen werden können. Werden sie kodifiziert, entstehen Gesetze. Vorbilder sind das Römische Recht und das englische Common Law. Ein Rechtswettbewerb non-zentraler Gesellschaften spielt eine zusätzlich wichtige Rolle.

In kantscher respektive klassisch liberaler Tradition gehört Wohltätigkeit nicht zur Aufgabe des Staates. Aufgabe des Staates ist der Schutz des Rechts, die Garantie der Freiheits- und Bürgerrechte. Aufgabe des Staates ist nicht, das Glück der Bürger zu mehren. Jeder ist seines eigenen Glückes Schmied. Nur das Individuum kann beurteilen, welche Ziele für sein Handeln richtig erscheinen, um seine unbefriedigten Zustände zu überwinden. Die Autonomie, das heißt die Selbstbestimmung des Individuums ist unantastbar. Niemand darf über

---

18 Seit der Aufklärung und der Trennung von Staat und Religion wird der Staat mit (Heils-)Erwartungen, Hoffnungen, Ansprüchen überhäuft, die im Zuge seines Ausbaus zum Sozialstaat einen zusätzlichen Druck erzeugt haben. Zugleich gibt es keine wasserdichte Begründung für die Abgrenzung eines Minimalstaats. Siehe Bodo Knoll: Minimalstaat. Eine Auseinandersetzung mit Robert Nozicks Argumenten, Tübingen 2008. Das gilt indes auch für die praktisch beliebig dehnbare Zuständigkeit des Wohlfahrtsstaates. Schließlich ist auch Anarchokapitalismus ein Gott, der keiner ist. Theoretisch handelt es sich damit um mehr oder minder überzeugend untermauerte Präferenzen, praktisch um die Fähigkeit, seine Ordnungsvorstellungen durchsetzen zu können.

das Glück eines anderen Menschen bestimmen. Der Staat dient gerade nicht dem Gemeinwohl, Recht ist ungeeignet, um (Verteilungs-) Gerechtigkeit herzustellen. Sobald Moralprinzipien wie die Glücksbeförderung neben die Freiheitssicherung treten, entsteht ein Zielkonflikt. Freiheit und Wohlfahrt lassen sich durch den Staat nicht gleichzeitig fördern. Der Staat handelt ungerecht, wenn seine Vertreter das Freiheitsrecht zugunsten der Glücksbeförderung schleifen. Schließlich gründet ein Staat auf Recht und nicht auf Moral.

Wohltätigkeit ist eine Bürgeraufgabe. Hier, im privaten Bereich, findet eine moralisch begründbare Pflicht ihren Platz. Tugend und Recht dürfen nicht vermischt werden. Mit Kant: „*Die beste Regierungsform ist nicht die, worin am bequemsten ist zu leben (Eudämonie), sondern worin dem Bürger sein Recht am meisten gesichert ist.*"[19] Die praktischen Konsequenzen der entgegengesetzten Praxis erleben wir inzwischen tagtäglich: „*Der Souverän will das Volk nach seinem Begriff glücklich machen und wird Despot*"[20]. Der Sozial- und Wohlfahrtsstaat, genauer seine Vertreter, verletzen durch ihre umfassenden Eingriffe in die Belange der Individuen zwangsläufig die natürlichen, individuellen Rechte der Menschen.

Der Zweck des Staates lässt sich in kantscher Tradition mit Wilhelm von Humboldt wie folgt zusammenfassen: Sicherung der Freiheit – Sicherheit der Bürger. Denn Sicherheit ist „*das einzige, welches der einzelne Mensch mit seinen Kräften allein nicht zu erlangen vermag.*" und „*daß die Erhaltung der Sicherheit sowohl gegen auswärtige Feinde als innerliche Zwistigkeiten den Zweck des Staates ausmachen*".[21] Legitim ist folglich alles staatliche Handeln, dass das Recht der Freiheit

---

[19] Zitiert nach Otfried Höffe: *Immanuel Kant*, 8. Aufl. München 2014, 119.

[20] Immanuel Kant: *Über den Gemeinspruch: Das mag in der Theorie richtig sein, taugt aber nicht für die Praxis*, hg. v. Julius Ebbinghaus, 5. Aufl. Frankfurt am Main 1992, 55.

[21] Wilhelm von Humboldt: *Ideen zu einem Versuch, die Grenzen der Wirksamkeit des Staates zu bestimmen*, Stuttgart, 1967, 59.

sichert. Die lebendige Entfaltung des Menschen ist nur in Freiheit möglich, die vom Rechtsstaat gesichert wird und ihren ökonomisch-sozialen Ausdruck in der Marktwirtschaft findet. Jedwede Form der Ungleichbehandlung, der Diskriminierung durch den Staat ist Unrecht; das gilt auch für Privilegierung.[22]

Als legitime Aufgaben zur Sicherung der Freiheit können dem Staat nach der klassischen Formel zugewiesen werden: der Schutz von Leib, Leben und Eigentum. Mit den Worten von Ludwig von Mises: "*the task of the state consists solely and exclusively in guaranteeing the protection of life, health, liberty, and private property against violent attacks*".[23] Das schließt die Durchsetzung rechtmäßiger Verträge ein, bedeutet Freihandel im In- und Ausland und die Ahndung von Handelsbetrug, schließt aber korrigierende oder fördernde Eingriffe in die Selbstentfaltung der Gesellschaft aus. Zuweilen werden auch die Festlegung monetärer Standards und die Gewährleistung des Zugangs zu allen Märkten, Branchen und Berufen genannt. Dabei handelt es sich indes nicht um legitime Staatsaufgaben: Die Erstellung eines Gutes wie Geld erfolgt auf freien Märkten und hat nichts mit der Staatsaufgabe zu tun, das Recht der Freiheit zu schützen. Eine Zentralbank ist keine legitime Einrichtung und wie Staatsgeld zudem aus ökonomischen Gründen abzulehnen. Der Staat behandelt bei der Usurpation des Gutes Geld nicht alle Menschen gleich, sondern privilegiert sich und die Finanzinstitute. Ein Recht, auf einem Markt tätig zu werden oder einen

---

22 Lediglich von nachrangiger, präzisierender Bedeutung ist die Frage, ob es sich um eine Benachteiligung oder Bevorzugung aufgrund von Geschlecht, Glaube, Gruppenzugehörigkeit oder dergleichen handelt. Über den entscheidenden Aspekt der Legitimität hinaus liegt ein erwähnenswerter Vorteil einer glaubwürdigen Staatsbeschränkung in dem inhärenten Anreiz für die Bürger, dann viel zu produzieren. Praktisch illustrieren das, trotz aller bestehenden interventionistischen Verzerrungen, die jährlichen Freiheitsindices.

23 Ludwig von Mises: *Liberalism: A Socio-Economic Exposition*, New York, 1979.

Beruf auszuüben, gibt es nicht;[24] indes sind Verträge zu Lasten Dritter unrechtmäßig, wie es in Kartellen der Fall sein kann, aber keineswegs zwangsläufig der Fall ist.

Was bedeutet das praktisch?[25] Für die Staatsaufgabe Schutz von Leib, Leben und Eigentum der Bürger ist eine Reihe von Teilaufgaben zu erfüllen. Dazu gehört vor allem innere und äußere Sicherheit, ferner Rechtssicherheit, unter Umständen könnten auch begrenzte Aufgaben aus den Bereichen Gesundheit und Infrastruktur dazu zählen, die allerdings auf Regulierung beschränkt sein dürften. Für den Verkehr, gerade was die sogenannten öffentlichen Verkehrsmittel betrifft, ist kein Staat erforderlich.[26] Die Wahl des passenden Verkehrsmittels wie der Verkehrswege entscheidet sich am besten auf einem freien Markt und wir absehbar entsprechende Wohnungsgewohnheiten ändern. Das sind allerdings nur Randthemen, wenn auch bedeutsame, die dem

---

24 Eine dominierende Marktstellung ist – solange sie nicht auf staatlichen Privilegien beruht oder durch Verstöße gegen das Recht der Freiheit gesichert wird – legitim. Siehe Erich Hoppmann: Marktmacht und Wettbewerb, Tübingen 1977, der die Aufrechterhaltung der Prinzipien, nicht der Ergebnisse, des Wettbewerbs fordert.

25 Für eine detaillierte Bestimmung der Aufgaben, die hier nicht vorgenommen werden kann, und den daraus resultieren Ausgaben bieten sich folgender Weg an: Eine Bestandsaufnahme der derzeit durchgeführten Aufgaben und ihre Beschränkung auf den legitimen Kern, während der weit überwiegende Teil dem freien Handeln von Menschen auf Märkten überlassen bleibt. Ein Blick in den deutschen Bundeshaushalt offenbart, dass die Masse der Aufgaben und damit verbundenen Ausgaben entfallen würde. Dazu gehören aktuell die 120 Mrd. Euro Wohlfahrtsstaatleistungen des Bundesministeriums für Arbeit und Soziales, 33 Mrd. Euro für die Bundesschuld, nachdem diese abgetragen worden ist, 25 Mrd. Euro für die Allgemeine Finanzverwaltung hinter der sich das Euro-Rettungsgeld, ein Fond für naturkatastrophenbedingte Aufbauhilfe und die Postbeamtenversorgung verbergen. Aber auch Bildung und Forschung, Familie, Gesundheit, Ernährung, Landwirtschaft und Verbraucherschutz sind keine staatlichen Aufgaben.

26 Schon der Bau der Eisenbahnen einschließlich des Schienennetzes erfolgte als private Initiative.

Entdeckungsverfahren überlassen bleiben und nicht vorgedacht werden müssen.

Von herausragender Bedeutung ist das Gewaltmonopol, das Organisationen wie Polizei und Armee sowie Nachrichtendienste erfordert. Die Armee ist als Berufsarmee, ggf. mit einer Miliz für die Landesverteidigung, zu konzipieren. Berufsarmeen sind zwar teuer, Wehrpflichtarmeen stellen aber einen tiefen Eingriff in die Grundrechte dar, der in konsequent liberaler Perspektive nicht zu rechtfertigen ist. Söldnerarmeen im Sinne beauftragter Sicherheitsunternehmen sind aufgrund ihres Macht- und Gewaltpotenzials keine Ersatzalternative. Hinzu kommt ein staatliches Rechtswesen, das auf die Kodifizierung, Kontrolle und Durchsetzung des Rechts beschränkt ist. Die Regierung wird zudem für ihre Arbeit einen kleinen Verwaltungsapparat benötigen, voraussichtlich über mehrere Ebenen hinweg von der Kommune über kommunale Zusammenschlüsse bis zu einem Bund.[27] Dazu wird auch ein vorrangig diplomatischen Kontakten dienender Apparat für außenpolitische Verbindungen gehören. Eine liberalen Prinzipien folgende Außenpolitik[28] ist naturgemäß sehr beschränkt und konzentriert sich darauf Recht und Freiheit durch Recht und Freiheit zu sichern.

Innere Sicherheit umfasst eine doppelte Aufgabe: die Sicherheit des Bürgers vor dem Staat und die Sicherheit vor Übergriffen anderer Bürger und ausländischer Nicht-Bürger im Inland. Hinzu kommt die als Gewissheit zu bezeichnende Erwartung der Bürger, dass staatliches

---

27 Ein öffentlicher Dienst – in Deutschland mit Beamten – ist für die Erfüllung der Staatsaufgaben nicht erforderlich. Befristete Zeitverträge reichen aus. Die erforderlichen politischen Aufgaben und Ämter können weitgehend ehrenamtlich oder aber gegen eine Aufwandsentschädigung verrichtet werden. Das gilt für das Staatsoberhaupt und die Regierung, aber auch für das Parlament (keine staatliche Parteienfinanzierung).

28 Vgl. Michael von Prollius: *Grundsätze liberaler Außenpolitik im 21. Jahrhundert*, in: Kerstin Brauckhoff (Hg.): *Liberale Außenpolitik im 21. Jahrhundert*, St. Augustin 2013, 19–46.

Handeln absehbar und verlässlich sein muss. Das Gegenteil hat Robert Higgs mit „*regime uncertainty*" treffend für die Grosse Depression analysiert.[29]

Für die Bereitstellung eines öffentlichen Gutes bedarf es nicht nur einer Behauptung, sondern eines Beweises. Der könnte mit Anthony de Jasay darin bestehen, dass staatlicher Zwang gerechtfertigt wäre, wenn freiwillige Versuche gemacht wurden, um ein öffentliches Gut zu erstellen, diese aber erfolglos blieben. Allerdings sei die Tatsache, dass kein Versuch unternommen wurde, kein Beweis: „*Diejenigen, die sagen, sie brauchen es, sind bemüht, es als Trittbrettfahrer zu bekommen. Ihre Bereitwilligkeit, die Grenzkosten hierfür zu tragen, bleibt ungeprüft.*"[30]

Unbehindert und privilegienlos drängt die wirtschaftliche Entwicklung zur Entstaatlichung. Auch aus ökonomischen Gründen sollte es daher kein staatliches Monopol geben. Aus der Effizienz-Perspektive ist klar, dass jede staatliche Tätigkeit besser privat auf Märkten erbracht werden kann. Politische Lenkung kann ökonomischen Fortschritt nur hemmen, statt ihn zu begünstigen. Mangelndes Wissen ist dafür eine zentrale Ursache. Das ist das Mises-Hayek-Argument. Folglich ist ein Verbot wirtschaftlicher Betätigung des Staates erforderlich. Mit Blick auf die herrschenden Zustände schließt das die Privatisierung aller sozialen Sicherungssysteme ein, aber auch die Entstaatlichung von Kultur, Kommunikation und Rundfunk, Transport und Verkehr, Bildung, Forschung[31] und dergleichen mehr. Effizienter

---

29 Robert Higgs: *Regime Uncertainty. Why the Great Depression lastet so long and why prosperity resumed after the war*, in: *The Independent Review* 1 (1997) 4, 561–590.

30 Anthony de Jasay: *Liberalismus neu gefaßt. Für eine entpolitisierte Gesellschaft* (englische Erstauflage: Choice, Contract, Consent: A Restatement of Liberalism, London 1991), Berlin 1995, 160–164.

31 Stellvertretend sei der Bereich Bildung herausgegriffen, weil hier eine zwingende Notwendigkeit für Staatsschulen propagiert wird. Das ist unzutreffend wie u.a. E. G. West: Education and the State, London 1965 historisch argumentierend zeigt. Bevor

und stärker auf die Nachfrager ausgerichtet, würden absehbar auch äußere und innere Sicherheit durch ein privatisiertes Militär und eine private Polizei, noch dazu im Wettbewerb, agieren. Indes sind hier nicht Effizienzfragen ausschlaggebend, sondern politik-ökonomische Aspekte. Aus machtpolitischen Gründen kann Sicherheit keine rein private Dienstleistung sein: Der Einsatz von Zwang als Dienstleistung setzt Anreize, diese nicht nur für die Kunden zu nutzen.[32]

Das bedeutet jedoch nicht, dass Teilaufgaben äußerer und innerer Sicherheit nicht auch durch Marktlösungen erbracht werden können. Dazu gehören insbesondere der Strafvollzug und auch Polizeiaufgaben. Die Polizei ist in ihrer derzeitigen Form auch in Deutschland weder in der Lage noch von ihrer Anreizstruktur geeignet, Rechtssicherheit und Zufriedenheit der Bürger sicherzustellen. Private Sicherheitsdienstleister haben längst eine Fülle von Aufgaben übernommen. Das Austarieren von staatlichen und privaten Sicherheitsdienstleistungen stellt offenkundig eine besondere Herausforderung dar.

Erwähnt seien noch zwei von Friedrich August von Hayek[33] gestellte Forderungen: Erstens kein staatliches Monopol gewähren, sondern

---

der Staat sich 1870 in die Bildung in England und Wales einmischte, betrugen der Anteil der Schulbesuche und die Alphabetisierung mehr als 90 Prozent.

32 Nach Robert Nozick (*Anarchy, State, and Utopia*) bildet sich ein natürliches Monopol, nach Tyler Cowen kommt es zu einer Kartellierung (*Rejoinder to David Friedman on the Economics of Anarchy*, in: *Economics and Philosophy* 10 (1994), No. 2 (October), 329–32.

33 Das 14. Kapitel in F. A. von Hayek: *Recht, Gesetz und Freiheit*, Tübingen, 2003 ist leider ein Paradebeispiel für Inkonsequenz und Inkonsistenz bei dem Versuch, die Grenzen des Staates wirksam zu bestimmen. Es mangelt an einem Kriterium, die Ausführungen sind vielfach lediglich Behauptungen, wie schon einführend ersichtlich wird an der vagen Formulierung, dass es nicht um einen Minimalstaat gehe und in einer fortgeschrittenen Gesellschaft der Staat Dienstleistungen bereitstellen solle, die „nicht oder nicht ausreichend über den Markt bereitgestellt werden können." Während er Schulgutscheine vorschlägt. weist er auch darauf hin, dass viele staatliche Dienstleistungen (Schulen, Museen, Theater) zuvor privat erbracht wurden.

private Tätigkeit und Wettbewerb zulassen, selbst wenn das Gut kollektiv finanziert werden soll. Zweitens, Verlagerung der staatlichen Tätigkeit auf die niedrigstmögliche Ebene, also lokal statt zentral: „*Die meisten Dienstleistungsfunktionen des Staates würden wahrscheinlich viel wirkungsvoller ausgeübt und kontrolliert, wenn solche lokalen Behörden in Befolgung eines Gesetzes, das sie nicht ändern können, um Einwohner konkurrieren müssten*[34].“

Zwischenfazit – legitime Aufgaben des Staates lassen sich wie folgt kennzeichnen:

- Sicherung des Rechts der Freiheit und damit der Sicherheit der Bürger nach außen und nach innen.
- Konsequente und widerspruchsfreie Begründung.
- Vorrang von Konventionen.
- Kein Staatsmonopol.
- Realisierung auf niedrigster Ebene.

Für eine freie Gesellschaft und den künftigen Übergang in eine tatsächlich freie Gesellschaft sind vielfältige, unbegrenzte Möglichkeiten für Individuen erforderlich, um aus staatlichen Strukturen auszutreten. Die Aufhebung eines jeden staatlichen Monopols, also die Pflicht, staatliche Angebote nutzen zu müssen, ist hierfür eine unabdingbare Voraussetzung.

Addendum: vermeintliche Kernaufgaben des Staates, die keine sind

Grundsätzlich überschätzt werden staatliche Aktivitäten in einem als originäre Staatsaufgabe angenommenen Tätigkeitsfeld: der

[34] Ebenda, 370.

Katastrophenhilfe. Über den lesenswerten Roman von Russ Roberts „The Price of Everything" hinaus, der die Funktionsweise des Preissystems auch in Fällen besonderer Knappheit wie bei Naturkatastrophen erklärt, bietet sich Hurrikan Katrina als Lehrstück an. So hat exemplarisch William F. Shughart II in seinem Aufsatz „*Disaster Relief as Bad Public Policy*"[35] aufgezeigt, dass staatliche Hilfe für Katastrophenopfer weit weniger effektiv ist als die Hilfe, die von Freiwilligen, Nichtregierungsorganisationen und Unternehmen erfolgt. Zudem werden durch staatliche Hilfen Korruption und Wachstum in krisenanfälligen Regionen gefördert sowie private Hilfe verdrängt.

Der üblichen Auffassung, die Regierung solle regulieren und für die Einhaltung von Standards sorgen, setzt der Nobelpreisträger Ronald Coase die freie Initiative und Vereinbarung der Bürger entgegen. Das gilt über seine Erkenntnis hinaus, dass vermeintlich öffentliche Güter wie Leuchttürme zunächst überwiegend privat finanziert wurden. In Coase' Argumentation dominiert die Kostenfrage, aber auch moralische Prädispositionen werden infrage gestellt. Demnach sind die günstigsten Lösungen zugleich die besten Konventionen. Illustrieren lässt sich das an einem von ihm gegebenen Beispiel. Ein Architekt hat ein Büro gemietet und benötigt Ruhe zum Arbeiten. In demselben Gebäude beginnt neben ihm ein Hersteller von Süßigkeiten mit erheblichem Lärm zu produzieren. Die Standardlösung wäre: die Regierung erlässt Lärmvorschriften und setzt deren Einhaltung durch. Coase Alternative lautet bekanntlich, der Architekt strebt eine Geräuschdämmung beim Süßigkeiten-Hersteller an und finanziert diese (anteilig). Dem Anspruch auf ruhiges Arbeiten steht ein Anspruch auf ungestörtes Produzieren entgegen. Das (anteilige) Finanzieren eines Lärmschutzes ist für den Architekten billiger als ein Bürowechsel. Anders wäre die Lage, wenn

35 William F. Shughart II: *Disaster Relief as Bad Public Policy*, in: *Independent Rview* 15 (2011), 519–539. Siehe zudem Steven Horwitz: Making Hurricane Response More effective: Lessons from the Private Sector and the Coast Guard during Katrina, Mercatus Policy Series, Policy Comment No 7, March 2008.

er das Büro mit dem Anspruch auf ruhiges Arbeiten gemietet hätte. Der Clou ist, die Regierung kann keine bessere und zugleich kostengünstigere Lösung als die individuelle Vereinbarung finden.

Herausgegriffen seien in diesem Zusammenhang noch drei als klassische Staatsaufgaben angesehene Tätigkeitsfelder. Während herkömmlicherweise bezweifelt wird, dass sich dafür private Marktlösungen mit hinreichender Qualität für jedermann finden, ist das Gegenteil der Fall. Die drei Themen lauten: Wohlfahrt, Recht und Geld.

In Hongkong werden Berichten des Economist zufolge 90 Prozent der sozialen Dienste durch Nichtregierungsorganisationen erledigt. „*We are in a transition from a big state to a small state, and from a small society to a big society.*" erklärte Ma Hong, hochrangige Bürokratin Chinas dem Economist zufolge. Eine differenzierte Begründung, warum Theorie und Praxis für Marktlösungen anstelle des Sozialstaates sprechen, bietet Daniel Shapiro. Er zeigt in seiner institutionalistischen Analyse „Is the Welfare State justified?" auf, dass eine verpflichtende Gesundheitsversorgung über den Markt sogar von den Verfechtern distributiver Gleichheit gewählt werden würde, weil die Alternative einer Rationierung durch den Staat, die Armen schlechter stellt. Das gelte sowohl für eine Gesundheitsversicherung als auch für Altersvorsorge. Wenn die Verfechter des Wohlfahrtsstaat wüssten, wie ein freier Markt funktioniert, würden sie die Seite wechseln und ersteren als ungerechtfertigt ansehen: „*market institutions are more just or better than present welfare-state instituions*".[36] Weder die historische Empirie noch das Argument des öffentlichen Gutes seien in der Lage, die Argumentation zu stützen, dass private Wohlfahrt nicht in ausreichendem Maße staatliche Wohlfahrt ersetzen könne. Ergänzend ließe sich darauf hinweisen, dass der moderne Wohlfahrtsstaat nicht aus sozialer Not, sondern als soziale Bestechung etabliert wurde: „*Mein Gedanke war, die arbeitenden Klassen zu gewinnen, oder wie soll ich*

[36] Daniel Shapiro: Is the Welfare State justified, New York 2007, 8.

sagen zu bestechen, den Staat als soziale Einrichtung anzusehen, die ihretwegen besteht und für ihr Wohl sorgen möchte.“[37] lautet das bekannte Diktum Bismarcks. Die gleichermaßen vielfältigen wie weitreichenden sozialen Privatinitiativen wurden dabei sukzessive usurpiert. Weder historische Argumente noch Aspekte der Theorie öffentlicher Güter können überzeugend begründen, warum eine Rückkehr, also der Ersatz staatlicher durch private Sozialhilfe, unzureichend bleiben sollte.

Im Bereich des Rechts besteht ebenfalls ein erheblicher Spielraum für mehr Freiheitsgrade und eine drastisch reduzierte Staatstätigkeit. Das liegt in Deutschland an der Notwendigkeit, das Arbeits- und das Steuerrecht komplett zu streichen und durch radikal vereinfachte Regelungen zu ersetzen. Herausgegriffen sei das Steuerrecht. Legitim kann nur eine Flat Tax sein, wie Robert E. Hall und Alvon Rabushka zeigen[38]. An die Stelle einer willkürlichen Progression unterschiedlicher Steuertarife für unterschiedliche Bürger tritt ein einheitlicher Steuersatz. Damit entfällt die diskriminierende Besteuerung höherer Einkommen, die von Mehrheiten gewünscht und durchgesetzt werden, die sich dieser Regelung aber selbst nicht unterwerfen. Ein nicht zu überschätzender Vorteil einer vollkommenen Abschaffung des in Wohlfahrtsstaaten vielfach pervertierten Steuersystems zugunsten einer einfachen Flat Tax besteht darin, dass produktive Kräfte zur Wohlstandsmehrung genutzt werden können und nicht für staatlich auferlegte Bürokratiekosten und deren Minderung verschwendet werden müssen.

Über die praktische Änderung einzelner Steuergesetze hinaus ist für einen legitimen Staat eine Kehrtwende im Verständnis von Recht und Gesetz geboten. Das bedeutet, das Rechtsmonopol des Staates in Frage zu stellen. Grundsätzlich steht die Formulierung des Rechts durch den

---

[37] Otto von Bismarck: Gesammelte Werke (Friedrichsruher Ausgabe) 1924/1935, Band 9, 195f.

[38] Robert E. Hall und Alvon Rabushka: *Flat Tax. Die Steuerrevolution*, deutsche Ausgabe herausgegeben von Kurt Leube, 2. Auflage Colombo, 2007.

Staat im Konflikt mit seinem Gewaltmonopol zur Durchsetzung des Rechts. Zudem werden Gesetze erlassen, um spezifische politische Ziele zu erreichen[39]. Per se mangelt es den Rechtsexperten an ausreichendem Wissen für die Formulierung von Gesetzen. Das gilt insbesondere für die mit Gesetzen verbundenen Anreizfolgen. Eine entscheidende Frage lautet folglich: Wie kann Recht entdeckt werden?

Der Markt, genauer der Wettbewerb auf einem Markt, stellt ein Entdeckungsverfahren dar. Ideal wäre es, einen Markt für rechtliche Regelungen zu entwickeln oder (wieder) zuzulassen[40]. Ein Lernprozess kann sich auch aus einem Wechselspiel zwischen staatlicher und privater Rechtssetzung entwickeln, wie sie bei der Vertragsgestaltung, bei arbeitsrechtlichen Kollektivverträgen und internationalen Rechtslegungsstandards der Fall ist. Damit wird das Setzen von Recht nicht länger auf eine Abfolge von Gesetzesakten reduziert. Konkret lässt sich heute privates Recht im Wettbewerb dadurch erweitern, dass private Akteure z.B. ein Gesellschaftsrecht entwickeln, welches ihren Bedürfnissen am besten entspricht und sie anschließend einen Staat finden, der bereit ist dieses Recht in seine Rechtsordnung aufzunehmen. Dann steht ein privat entwickeltes Recht allen Akteuren zur Verfügung. Und es entsteht ein besseres Recht statt einer „*legislativen Massenproduktion*" (Karen Horn). Schließlich kommt der Rechtsordnung nicht die Aufgabe zu, Wirtschaft und Gesellschaft nach den Vorlieben von Politikern oder Spitzenbeamten zu gestalten, urteilt Daniel Zimmer, Vorsitzender der

---

39 Siehe z.B. David Dürr, der beim Freiheitswerk (http://freiheitswerk.org) den Themenbereich „Recht" verantwortet, mit seiner Schrift: *Entstaatlichung der Rechtsordnung – Ein Modell ohne staatliches Rechtssetzungs- und Gewaltmonopol*, die beim Liberalen Institut, Schweiz im Internet abrufbar ist (http://www.libinst.ch/presentationen/LI-Duerr-Entstaatlichung-Rechtsordnung.pdf).

40 Institutionenökonomische und evolutorische Ansätze der Rechtsetzung begreifen sanktionsbewährte rechtliche Regeln als Institutionen, die intendierte und tatsächliche Wirkungen haben. Zu den Annahmen gehören die Existenz unvollständiger Informationen und eingeschränkte Eigennutz-Orientierung sowie beschränkte Rationalität. Siehe dazu die Arbeiten von Christian Kirchner.

Monopolkommission und Direktor des Center for Advanced Studies in Law and Economics der Universität Bonn: *„Das Recht dient vielmehr den Menschen als eine Infrastruktur zur Ausübung von Freiheiten.“* Deshalb darf es die Menschen nicht behindern, sondern soll ihr eigenverantwortliches Handeln unterstützen[41]. Kurzgefasst gilt mit Daniel Zimmer: *Recht muss sich von Politik emanzipieren und einen eigenen Status entwickeln* – das ist etwas anderes als die Gewaltenteilung.

„Der Vorschlag, der Regierung das Geldmonopol und die Macht zu entziehen, Geld zum 'gesetzlichen Zahlungsmittel' zu machen, mit dem alle vorhandenen Schulden zu tilgen sind, erfolgte hier in erster Linie, weil Regierungen diese Macht im Laufe der Geschichte ständig und unvermeidlich grob mißbraucht und dadurch den automatisch arbeitenden marktwirtschaftlichen Steuerungsmechanismus, nämlich das Preissystem, schwerwiegend gestört haben.“ lautet der bekannte Passus aus Friedrich August von Hayeks wegweisendem Buch „Die Entnationalisierung des Geldes“. Die Ursachen für das fortwährende Scheitern liegen auf der Hand: Eine Behörde ist nicht in der Lage, die tatsächliche Nachfrage nach Geld in Erfahrung zu bringen und vermag folglich allenfalls zufällig die angemessene Geldmenge bereitzustellen. Das liegt an einem unüberwindbaren Wissensmangel, der allen zentralen Institutionen auf ökonomischem Gebiet innewohnt. Wenige noch so kluge Experten sind dem verstreuten Wissen von Millionen Marktteilnehmern unterlegen, sowohl was das Wissen insgesamt angeht als auch im Hinblick darauf, was zu einem bestimmten Zeitpunkt getan werden muss. Preise bringen auf unschlagbare Weise dieses Wissen zum Ausdruck.

---

[41] Daniel Zimmer: *Weniger Politik wagen. Plädoyer für eine freiheitsorientierte Konzeption von Staat und Recht*, München 2013, kommt angesichts mangelnder Legitimität der EU und eines fehlenden politischen Diskurses in Europa zu dem Schluss, dass es der europäischen Rechtsetzung an Legitimität gebricht, sobald sie in bürgerliche Freiheiten eingreift.

„Free Banking" bedeutet, dass die Geschäftsbanken aus der Vormundschaft des Zentralbanksystems entlassen werden und ein freies Bankwesen entstehen darf. Das Ergebnis ist „*Geldfreiheit*" (Hans F. Sennholz). Geld wird nicht mehr von einer de facto oder de jure staatlichen Behörde als Monopol emittiert, sondern, wie bei anderen Gütern auch, privat durch im Wettbewerb stehende Unternehmen. Ein freies Geldwesen umfasst ein freies Bankenwesen – ohne Sonderprivilegien und mit unbeschränkter Haftung, idealerweise ohne staatlich Regulierung und Bankenrettungen, aber mit einer konsequenten Durchsetzung von Rechtsregeln. Historisch betrachtet waren die am wenigsten regulierten Geldwesen besonders erfolgreich im Hinblick auf Geldstabilität, wirtschaftliches Wachstum und die Vermeidung von Betrug, Falschmünzerei, Banken-Run sowie übermäßiger Kreditvergabe.[42]

Der Wettbewerb zwingt die Banken erfolgreich, ihren eigentlichen Aufgaben nachzukommen: Banken nehmen Einlagen entgegen und vergeben Kredite an Marktteilnehmer. Dabei werden sie sowohl zu einer strengeren Risikokalkulation gezwungen als auch zu einer marktgerechteren Solvenz- und Liquiditätsvorsorge. Erfolgreiche Banken werden ihre Kunden fair beraten müssen statt ihren Informationsvorsprung bei konstruierten Produkten für Provisionen auszunutzen. Anreize und Möglichkeiten für Spekulationsgeschäfte auf Aktien-, Devisen-, Renten-, Rohstoff und Interbankenmärkten werden schwinden.[43]

---

42 Siehe u.a. Michael von Prollius: Die Euro-Misere. Essays zur Staatsschuldenkrise, Jena 2011, 179–228.

43 Siehe statt anderer ausführlicher Thorsten Polleit und Michael von Prollius: *Geldreform. Vom schlechten Staatsgeld zum guten Marktgeld*, 3. Auflage München, 2014 und in Kurzform: Guido Hülsmann: *10 gute Gründe für eine Entstaatlichung des Gelde*, Progress Foundation, 35. Economic Conference, 29.10.2012 (http://www.progressfoundation.ch/pdf/referate/243_Referat_Guido%20Hülsmann_29.20.2012.pdf)

Es ist wohl nicht übertrieben, das Übel unserer Zeit in einem völlig verfehlten, staatlich regulierten und legitimierten Geldsystem zu sehen. Geldfreiheit mit Bankenhaftung hat den Vorteil, Staatsausgaben drastisch beschränken zu können. Staatsausgaben würde durch staatliche Einnahmen limitiert werden.

Ausgaben

Die als legitim erachteten Staatsaufgaben bedürfen einer Finanzierung. Herkömmlicherweise bestehen Staatseinnahmen vor allem aus Steuern und Abgaben sowie Beiträgen zur Sozialversicherung, darüber hinaus spielen auch Zölle und Gewinne von Staatsunternehmen oder Einnahmen durch deren Verkauf, ferner der Gewinn der Zentralbank und Einnahmen durch Strafen eine Rolle. Regelmäßig übersteigen die Staatsausgaben die Einnahmen. Das liegt daran, dass Schulden zu einer wesentlichen Finanzierungsquelle staatlicher Ausgaben geworden sind. Hinzu kommt, dass im staatlichen Geldwesen Dauerinflation auftritt. Das erleichtert die Finanzierung von Staatsschulden.

In Deutschland dient die Schuldenaufnahme seit Jahrzehnten nur noch zur Finanzierung der Zinsen. Die Verschuldung eröffnet indes keine Handlungsspielräume. Auch deshalb ist der Verzicht auf eine staatliche Neuverschuldung sinnvoll.[44] Statt Schulden zu machen, müssen Staatsführungen auf allen Ebenen Steuern erhöhen oder aber versuchen, Geld durch freiwillige Spenden einzuwerben. Das Verbot, Schulden zu machen, sollte in der Verfassung festgeschrieben werden.

Nur selten stimmten die Ansprüche von Politikern und Bürokraten, aber auch der Bürger, an die Leistungen des Staates mit dessen finanziellen Möglichkeiten überein. Staatsverschuldung, Inflation und

---

44 Vgl. Marc Hansmann: *Vor dem dritten Staatsbankrott? Der deutsche Schuldenstaat in historischer und internationaler Perspektive*, München, 2012.

Währungsreform sind daher stets wiederkehrende Erscheinungen des modernen Steuerstaats und der ungedeckten staatlichen Papierwährungen. Schließlich illustriert die Geschichte der öffentlichen Finanzen das kontinuierliche, kaum unterbrochene Verdrängen privater Initiative auf dezentralen Märkten durch bürokratische Planung und Steuerung in zentralisierten Organisationsformen. Wilhem Röpke nannte das Aufrollen des Marktes von der Fiskalseite her „*Fiskalsozialismus*". Als Triebkraft wirkten zunächst die Ausgaben für Streitkräfte und Kriege, dann die wachsende Betreuung der Bürger, die ihre unstillbaren Ansprüche an den paternalistischen Wohlfahrtsstaat richten.

Tatsächlich hat sich die Steuer von einem Instrument der Finanzierung zu einem Werkzeug der Steuerung entwickelt. Der Nationalökonom Albert Schäffle sprach 1895 erstmals von einem Steuerstaat. Der Steuerstaat hängt von der (Privat)Wirtschaft ab und gefährdet sie, sobald er ihre Substanz angreift. Hans-Peter Ullmann konstatiert in seinem Standardwerk: „*Die Geschichte des deutschen Steuerstaats vom 18. Jahrhundert bis heute ist ... die Geschichte des Wachstums der Staatsausgaben.*"[45] Diese Entwicklung ist Folge politischer Entscheidungen. An der Wende vom 18. zum 19. Jahrhundert dienten zwei Drittel der öffentlichen Ausgaben der Sicherung der Staaten nach außen und ihrer inneren Verwaltung, das übrige Drittel wurde für Infrastruktur, Bildung und Soziales verwandt. Beim Übergang vom 20. zum 21. Jahrhundert hatte sich das Verhältnis umgekehrt. Aus Militär-, Verwaltungs- und Rechtsstaaten waren Interventions-, Wohlfahrts- und Umverteilungsstaaten geworden. Die Geschichte des Steuerstaates ist also nicht zuletzt eine Geschichte der Funktionsänderung der Finanzpolitik. Umverteilungs-, Konjunktur- und Umweltpolitik wurden erst seit den 1880er, 1920er und 1960er sowie 1990er Jahren betrieben – mit der üblichen erheblichen Differenz zwischen intendierten und tatsächlichen Wirkungen.

---

[45] Hans-Peter Ullmann: *Der deutsche Steuerstaat. Geschichte der öffentlichen Finanzen*, München, 2005, 223.

Um das tatsächliche Ausmaß des Staates zu erfassen, ist es indes erforderlich, die Auswirkungen von Regulierungen zu berücksichtigen und die Schattentätigkeiten zu erfassen, die weit über die ausgewiesene Zahl der Staatsbediensteten hinausreicht. Vito Tanzi und Ludger Schuknecht[46] haben in ihrer empirisch gesättigten Studie über 17 Wohlfahrtsstaaten seit 1870 herausgearbeitet, dass sich der Staatsanteil am BIP vervierfacht hat. Fiskalpolitik und Regulierung oder „Regulierung durch Besteuerung" (Richard Posner) stehen im Mittelpunkt ihrer weiteren Ausführungen. Paul C. Light weist in seiner Untersuchung „The True Size of Government" (Washington 1999) auf die Schattenarbeitnehmerschaft des Staates hin, deren Umfang weitaus größer ist als die direkt für den Bundesstaat arbeitenden Menschen, die Angehörigen der Streitkräfte und der Post eingeschlossen. Insgesamt würden 17 Millionen oder neunmal so viele Menschen wie offiziell angegeben für den Bundesstaat arbeiten. Kurzum, die Ausgaben des Staates – von den Kosten ganz zu schweigen – sind erheblich umfangreicher als es zunächst scheint. Das soll an dieser Stelle als Fingerzeig auf das unterschätzte Ausmaß des Staates und seine nicht legitimierten Komponenten genügen.

Zu den legitimen Einnahmen eines legitimen Staates zählen Steuern und gegebenenfalls Gebühren für staatliche Dienstleistungen. Da alle Dienstleistungen auch privat verrichtet werden können, bleibt indes perspektivisch kaum eine Dienstleistung übrig. Ausweisdokumente müssen keineswegs durch Behörden erstellt werden, Heiraten ist der Abschluss eines privaten Vertrages, der zusätzlich durch eine religiöse Institution begleitet werden kann, aber keineswegs staatliches Handeln erfordert. Beiträge zur Sozialversicherung fallen nicht an, da diese Tätigkeit privat realisiert wird. Zölle sind illegitim, das sie gegen Freihandel verstoßen würden. Eine Zentralbank gibt es in einem legitimen Staatswesen nicht. Einnahmen durch Strafen dürften eine marginale Rolle spielen, da sie vorwiegend für die Kompensation von

---

[46] Vgl. Vito Tanzi und Ludger Schuknecht: *Public Spending in the 20th Century: A Global Perspective*, Cambridge, 2000.

Opfern, insbesondere Eigentumsverlusten, von privat zu privat geleistet werden.[47]

Die Einnahmen beschränken sich damit auf eine Flat Tax, die zugleich den Vorteil hat, die gerechteste und effizienteste Steuer bei der Erhebung zu sein, die es gibt. Die Einnahmen dienen weit überwiegend dazu, die Ausgaben für Sicherheit zu bestreiten.

Tab. 1: Entwicklung der Staatsquote

	1870	1960	2007
USA	7,3%	27,0%	35,3%
GBR	9,4%	32,2%	45,5%
DEU	10,0%	32,4%	45,5%
NOR	5,7%	29,9%	47,3%
CHE	16,7%	17,2%	39,4%
SWE	5,7%	31,0%	55,5%

Quelle: Lars P. Feld: Entwicklung und Struktur der Staatstätigkeit, Vorlesung an der Ruprecht-Karls-Universität Heidelberg, 2007.

Welches Ausmaß könnten diese Ausgaben haben? Einen Anhalt bietet die historische Perspektive. 1888 erklärte der französische Ökonom und ausgewiesene Kenner fiskalischer Entwicklungen Pierre Paul Leroy-Beaulieu eine Staatsquote von 12-13 Prozent des BIP als maximal tragfähige Obergrenze für moderne Staaten. 1960 betrug die Staatsquote in westlichen Wohlfahrtsstaaten durchschnittlich 28 Prozent und 1980 bereits über 43 Prozent.

---

47 In einem legitimen Staat werden keine opferlosen Straftaten sanktioniert (victimless crime), beispielsweise Drogenhandel und Prostitution.

Als Faustformel lässt sich festhalten, dass die Staatsquote vor der Jahrhundertwende zum 20. Jahrhundert durchschnittlich bei gut 10 Prozent lag (1890 durchschnittlich 11 Prozent) und sich einhundert Jahre später verfünffacht hatte (1993 durchschnittlich 52,5 Prozent). Bemerkenswerterweise ist der größte Zuwachs in den letzten 50 Jahren erfolgt. 1950 betrug die Staatsquote noch weniger als die Hälfte, nämlich 25,4 Prozent.[48] Zunehmender Wohlstand für alle und ein wachsender (Wohlfahrts-)Staat gingen also paradoxerweise Hand in Hand. Dementsprechend liegt die durchschnittliche Gesamtsteuer- und Abgabenlast der Arbeitseinkommen heute in Deutschland bei über 50 Prozent. Eine geringe Besteuerung und eine maximale Zurückhaltung des Staates werden einen bedeutsamen Begleiteffekt haben, da das rasante Wachstum der Steuereinnahmen und die ausufernde Bürokratie in Europa bisher parallel verlaufen sind, wie seit den 1960er Jahren aufzeigen lässt.[49]

Interessant ist in diesem Zusammenhang ein Blick auf Großbritannien, wo die Staatsquote noch 1913 bei nur wenig mehr als 10 Prozent lag. Das Britische Empire war zu dieser Zeit ein globales Weltreich, dessen Verwaltung und Verteidigung erhebliche Kosten verursachte. Dennoch stieg die Staatsquote erst durch den Ersten Weltkrieg signifikant an und erreichte, nach einer Reduzierung in der Nachkriegszeit, ein neues Plateau. Mit dem dann einsetzenden Ausbau des Wohlfahrtsstaates vervielfachte sich die Staatsquote.

Da vor 1900 bereits Sozial- und Wohlfahrtsausgaben durch den Staat getätigt wurden, die Staatstätigkeit also nicht auf Sicherheit konzen-

---

48 Quelle: Statista: http://de.statista.com/statistik/daten/studie/249719/umfrage/historische-staatsquoten-ausgewaehlter-laender-im-vergleich/. Die Staatsquote ist definiert als das Verhältnis der Summe der Ausgaben und Transfers von Staat und Sozialversicherungen zum Bruttoinlandsprodukt und gilt bekanntlich als Indikator für den Einfluss des Staates auf wirtschaftliche Aktivitäten.

49 Siehe dazu auch David B. Smith: *Living with Leviathan: Public Spending, Taxes, and Economic Performance,* 2006

triert war, lassen sich von den historischen Staatsausgaben noch ein paar Prozentpunkte abziehen. Das gilt umso mehr, als die Staatsausgaben generell nach 1840 erheblich angestiegen sind. Parlamentarische Staatsführungen und demokratische Bewegungen, Ausgaben für Aufrüstung, Eisenbahnen und Telegraphenleitungen zählen zu den Ursachen. Im Ergebnis würden legitime Staatsausgaben in der Größenordnung einer Staatsquote von unter 10 Prozent liegen, also im einstelligen Bereich. Das würde mit der 1913 in den USA eingeführten Einkommenssteuer korrespondieren – der Spitzensteuersatz betrug 7 Prozent.

Fazit: Legitime Staatsausgaben

Leitidee der vorangegangenen Ausführungen ist die klassische Maxime Wilhelm von Humboldts: der Staat hat sich nicht um die Wohlfahrt der Bürger zu kümmern, sondern allein deren Sicherheit zu gewährleisten. Die Erörterung, was legitime Staatsausgaben ausmacht, erfolgte in drei Schritten: Legitimität – Staatsaufgabe – Staatsausgaben. Zunächst wurde der Frage nachgegangen was legitim ist. Nach Kant ist Legitimität eine Frage der Vernunft und des Rechts. Das Recht dient nur dazu, die Freiheit des einen mit der Freiheit des anderen unter allgemeinen Rechtsgesetzen in Einklang zu bringen. Folglich ist ein Staat dann legitim, wenn seine Handlungen mit diesem Grundsatz in Einklang stehen. Dementsprechend beschränkt sich die Aufgabe des Staates darauf, die Freiheit eines jeden Bürgers zu schützen. Dazu gehören der Schutz von Leib, Leben und Eigentum sowie die Durchsetzung von rechtmäßigen Verträgen. Der Staat verfügt hierbei nicht über ein Monopol, wenn auch aus machtpolitischen Gründen über eine überragend dominante Stellung. Heute weithin akzeptierte, vermeintliche Kernaufgaben wie die Armen- und Sozialfürsorge sowie das Geld sind hingegen keine legitimen staatlichen Aufgaben; das Recht ist nur eingeschränkt eine Staatsaufgabe.

Aus den als legitim erachteten Aufgaben lassen sich die Staatsausgaben ableiten. Legitime Staatsausgaben sind Ausgaben für die Sicherung der Freiheit. Die erforderlichen Einnahmen werden über eine Flat Tax erhoben. Der daraus resultierende Staatsumfang lässt sich mit Hilfe der Staatsquote abschätzen, die im einstelligen Prozentbereich liegt. Zugleich lassen sich die Kosten für den einzelnen Bürger einfach und transparent ausweisen.

Diese Argumentation dürfte für die Masse der Menschen eine Zumutung sein; zugleich erscheint sie umso wichtiger, da der wohlfahrtsstaatliche Interventionismus als Dritter Weg eine Sackgasse darstellt; Ludwig von Mises hat Recht, Interventionismus führt zum Sozialismus. Selbst die interventionsfreudigen Väter der Sozialen Marktwirtschaft haben den Wohlfahrtsstaat vehement abgelehnt. Die Verantwortung der Bürger für sich und ihr Gemeinwesen unterliegt seit Jahren einem sukzessiven Verstaatlichungsprozess. Längst hat ein vorauseilender Meinungsgehorsam freiheitsbedrohende Ausmaße angenommen[50], der vielfach als politische Korrektheit beschönigt wird, aber nichts anderes bedeutet als individuelle Unterwerfung unter kollektive Glaubensmuster mit entsprechenden Denkverboten und öffentlich pflichtschuldigen Haltungsübungen. Eine wesentliche Ursache ist die mangelnde theoretische wie praktische Klarheit darüber, was als Staatsaufgabe legitim ist und was nicht.

Die Trennung von Staat und Gesellschaft gehört fast ein Vierteljahrhundert nach dem Zusammenbruch des sozialistischen Experiments erneut zu den großen Aufgaben der Menschheit. „Die Menschen haben Rechte, und einiges darf ihnen kein Mensch und keine Gruppe antun (ohne ihre Rechte zu verletzen). Diese Rechte sind so gewichtig und weitreichend, dass sie die Frage aufwerfen, was der Staat

---

50 Mit den Worten von James Buchanan: „Die Zuversicht, daß Personen durch gemeinsames Handeln in Kollektivgemeinschaften die spontan hervorgebrachten Resultate von Marktprozessen wirksam ‚verbessern' können, ist Bestandteil der modernen Psyche geworden." James Buchanan: *Die verfassungsrechtliche Ordnung des klassischen Liberalismus*, in: Detmar Doering und Fritz Fliszar (Hg.): *Freiheit: Die unbequeme Idee. Argumente zur Trennung von Staat und Gesellschaft*, Stuttgart 1995, 21–34, 30.

und seine Bediensteten überhaupt tun dürfen." konstatiert Robert Nozick treffend.[51]

Für ein Leben in Frieden, Freiheit und Wohlstand gilt es das Fundament eines Minimalstaats auszubauen und seine Aufgaben zu präzisieren.[52] Eine zeitlose Herausforderung besteht darin, der immanenten Ausdehnung des Staates einen Riegel vorzuschieben.

Keine begrenzte Regierung bleibt indes per se begrenzt, auch nicht durch verfassungsmäßige Mittel. Jede Regierung stellt jederzeit eine Gefahr für die Freiheit dar, ist sie doch bemüht und steht sie unter vielfachem Druck, das, was als legitimes staatliches Handeln angesehen wird, kontinuierlich auszuweiten. Das Beispiel der USA mit der Abkehr von den Ideen und Prinzipien der Gründerväter ist hierfür ein noch drastischeres Beispiel als in Deutschland die Verwandlung der sozialen in eine sozialistische Marktwirtschaft. Die staatliche Herrschaftsmechanik – Kosten verteilen, Nutzen konzentrieren – verführt viele Menschen. Dass so die Möglichkeiten für Lebensentscheidungen eingeschränkt werden und Passivität erzeugt wird, ist der Nährboden der etatistischen Gesellschaft.

Einen Gegenentwurf hat Wilhelm von Humboldt bereits in jungen Jahren skizziert: „*Vielleicht ließe sich demnach der folgende Grundsatz aufstellen: um für die Sicherheit der Bürger Sorge zu tragen, muss der Staat diejenigen sich unmittelbar allein auf den Handelnden beziehenden Handlungen verbieten oder einschränken, deren Folgen die Rechte andrer kränken, d. i. ohne oder gegen die Einwilligung derselben ihre Freiheit oder ihren Besitz schmälern ... Jede weitere oder*

---

51 Robert Nozick: *Anarchie Staat Utopia*, München o.J., 11.

52 Einen ersten Entwurf in Form eines liberalen Manifest gibt es seit 1995 unter dem Titel „*Bürger zur Freiheit!*" abgedruckt in Detmar Doering und Fritz Fliszar (Hg.): *Freiheit: Die unbequeme Idee. Argumente zur Trennung von Staat und Gesellschaft*, Stuttgart 1995, 11–19.

aus andren Gesichtspunkten gemachte Beschränkung der Privatfreiheit aber liegt außerhalb der Grenzen der Wirksamkeit des Staats.“[53]

Erneut lautet „Laissez-faire!“ die Parole. Und das hieß noch nie schrankenlose Freiheit im Sinne eines „jeder kann tun was ihm beliebt“. Ein Nachtwächterstaat hat eine wichtige Aufgabe, er wacht in der Nacht, wenn alle Katzen grau erscheinen und viele Menschen schlafen, die Gefahren also besonders groß sind für Leib, Leben und Eigentum. Die Schranken der Freiheit sind die allgemeinen Rechtsgesetze. Laissez-faire bedeutet, dass rechtmäßigem Handeln keine machtpolitischen und interessengeleiteten Hindernisse entgegen gestellt werden dürfen.

Das Ziel des Staates sollte außerhalb des Staates und in einer Selbstminimalisierung liegen.

53 Wilhelm von Humboldt: Grenzen der Wirksamkeit des Staates, 128.

Der Autor

Helmut Krebs (Jahrgang 1950) ist Philosoph und Pädagoge.

Nach seinem Studium an der Pädagogischen Hochschule Karlsruhe und einer Lehrerausbildung war er als ausgebildeter Schriftsetzer über zehn Jahre in Handwerks- und Industriebetrieben tätig. Dem Studium der Pädagogik, Psychologie und Philosophie an der Universität Heidelberg folgte eine Tätigkeit als Lehrer an Grund- und Hauptschulen von 1990 bis 2013. Sein Ruhestand bietet ihm Freiräume für ein autodidaktisches Studium der Philosophie und die Übersetzung der englischsprachigen Werke von Ludwig von Mises. Hinzu kommt ein Engagement in sozialen Medien im Sinne des klassischen Liberalismus, u.a. als Gründer der Plattform „Liberale Debatte" in Facebook. Als erste Übersetzung erscheint Ludwig von Mises': *Theorie und Geschichte. Eine Interpretation sozialer und wirtschaftlicher Entwicklung*. Helmut Krebs ist verheiratet, hat drei Kinder und vier Enkelkinder.

Der Herausgeber

Michael von Prollius ist Publizist und Gründer von Forum Freie Gesellschaft – zuvor von Forum Ordnungspolitik. Mehr im Internet: http://michael.von.prollius.de.

Forum Freie Gesellschaft

Forum Freie Gesellschaft (www.forum-freie-gesellschaft.de) ist eine Internetplattform, die für eine Ordnung der Freiheit wirbt. Die Autoren setzen sich mit Analysen und Kommentaren für eine freie Gesellschaft und freie Märkte ein. Grundlage bilden die Ideen der europäischen Humanisten, Ökonomen und Sozialphilosophen. Dieses Bewusstsein wach zu halten und an einer Erneuerung des klassischen Liberalismus mitzuwirken, ist das wesentliche Ziel von Forum Freie Gesellschaft.